"十四五"职业教育国家规划教材

新形态一体化教材

旅游学概论

（第四版）

主编 郭胜 张红英 曹培培

中国教育出版传媒集团
高等教育出版社·北京

内容提要

本书为“十四五”职业教育国家规划教材。本书内容包括旅游学概述，旅游的产生与发展，旅游者，旅游资源，旅游业，旅游市场，旅游对经济、社会文化和环境的影响，旅游业与其他产业融合，旅游业的可持续发展，旅游文化，旅游组织，旅游新业态十二章内容。

本书根据近年来旅游业发展的新业态、新实践和广大教师在教材使用过程中提出的建议，广泛吸收了旅游业发展新的理论成果和实践经验，补充了大量新材料和案例，力求反映旅游业发展最新动态，突出实践性教学内容。各章设有“知识链接”“拓展阅读”或“案例链接”等小栏目，章后设有实训项目，以利于对学生分析、解决实际问题能力的训练和培养。同时为了适应“互联网+职业教育”发展的新需求，打造新形态一体化教材，增加了信息化教学资源。

本书可作为高等职业院校、职业本科院校、应用型本科院校旅游类专业教材，也可供政府旅游管理部门和旅游行业从业人员的学习、培训和业务参考使用。

图书在版编目（CIP）数据

旅游学概论/郭胜，张红英，曹培培主编.--4版.--北京：高等教育出版社，2020.9（2023.8重印）
ISBN 978-7-04-054088-8

Ⅰ.①旅… Ⅱ.①郭… ②张… ③曹… Ⅲ.①旅游学-概论-高等职业教育-教材 Ⅳ.①F590

中国版本图书馆CIP数据核字（2020）第083365号

Lüyouxue Gailun

策划编辑 张　卫　　责任编辑 张　卫　　封面设计 张雨微　　版式设计 杜微言
插图绘制 于　博　　责任校对 吕红颖　　责任印制 刁　毅

出版发行	高等教育出版社	网　址	http://www.hep.edu.cn
社　址	北京市西城区德外大街4号		http://www.hep.com.cn
邮政编码	100120	网上订购	http://www.hepmall.com.cn
印　刷	北京市大天乐投资管理有限公司		http://www.hepmall.com
开　本	787mm×1092mm 1/16		http://www.hepmall.cn
印　张	20.5	版　次	2004年6月第1版
字　数	450千字		2020年9月第4版
购书热线	010-58581118	印　次	2023年8月第6次印刷
咨询电话	400-810-0598	定　价	45.00元

物 料 号　54088-A0

第四版前言

本教材第一、二、三版出版后，受到了广大教材使用院校师生和读者的欢迎和肯定。为了适应“互联网+职业教育”发展新需求，根据近年来旅游业发展的最新实践和广大教师在教材使用过程中提出的建议，以党的二十大精神为指引，对本书进行了修订。本书的修订过程中突出了以下特点。

1. 打造新形态一体化教材

本次修订落实党的二十大提出的“加强教材建设和管理”的要求，主要是突出教材配套的信息化资源开发，包括二维码微课资源、课件、案例、图片、题库等，方便教师的教和学生的学。

2. 反映旅游新业态和学术成果

对所有的章节都做了进一步的修订和完善，对过时的内容进行了删减，特别是根据近年来国内外旅游业发展的现状和前景，把最新旅游管理的实践经验和理论成果引入教材，使教材能够更契合旅游业发展的实际。

3. 突出产教融合和校企合作开发

体现旅游产业发展要求，努力使教材内容对接产业发展现状和趋势，对接旅游企业发展对人才规格的要求，对接旅游企业岗位对学生能力的要求，加强校企合作开发教材。同时，努力使教材对接国家职业标准、行业标准。

4. 体现应用性、实践性、职业性

加强案例教学和体验式教学内容，进一步补充和充实素养目标、知识链接、拓展阅读、案例解析等栏目，落实立德树人根本任务。增加实践教学内容和实训项目，以体现职业教育类型特色，提高学生分析问题、解决问题的能力。

本教材修订工作由无锡商业职业技术学院旅游管理学院有着丰富教学和实践经验的教师负责。其中第一章、第九章由吴兰桂修订，第二章、第十章由何调霞修订，第三章、第四章、第八章由曹培培修订和增写，第五章、第六章、第十二章由张红英修订和增写，第七章、第十一章由鲁瑾修订。全书由郭胜、张红英统稿。修订过程中得到无锡市旅游业协会王洁平、无锡中国国际旅行社赖霖大力支持，在此深表谢意。本教材也是江苏高等职业教育高水平骨干专业资助项目。

由于水平有限，本书错误和疏漏在所难免，希望得到广大读者的批评指正。

编　者

2023年6月于无锡

第三版前言

本书第一版、第二版出版后，受到广大读者的欢迎与肯定。根据近年来旅游业发展的最新实践和职业院校教师在使用本书过程中提出的建议，为了进一步适应教学需要，本书在本次修订过程中突出了以下特点。

1. 完善教材体例

力求修订后的教材架构设计更加合理，章节条目更加顺理到位。同时，进一步使教材体现课程教学重点、教学内容、学生能力结构以及评价标准有机衔接和贯通。

2. 反映产业发展成就和学术成果

对所有的章节都做了进一步的修订和完善，对过时的内容进行了删减，特别是根据近年来国内外旅游业发展的现状和前景，把旅游管理的最新实践经验和理论成果引入了教材，使教材能够更契合旅游业发展实际，具有时代特色和职业教育气息。

3. 突出产教对接

体现旅游产业发展要求，努力使教材内容对接产业发展现状和趋势，对接旅游行业企业发展对人才规格的要求，对接旅游企业岗位对学生能力的要求；同时，努力使教材对接国家职业标准、行业标准。

4. 体现应用性、实践性、职业性

加强案例教学和体验式教学内容，进一步充实知识链接、拓展阅读、案例链接等教学小栏目，增加实践教学内容和实训项目，以体现高职教育特色，提高学生分析问题、解决问题的能力。

本书的修订工作由无锡商业职业技术学院旅游管理学院有着丰富教学和实践经验的教师负责。其中，第一章、第八章、第九章由吴兰桂修订，第二章、第三章、第四章由曹培培修订，第五章、第六章、第七章由张红英修订，第十章由朱杰修订，第十一章、第十二章由郭胜增写。全书由郭胜、曹培培统稿定稿。本书在修订过程中得到无锡市旅游业协会王洁平、无锡中国国际旅行社赖霖的大力支持，在此深表谢意。

本次修订，编者参阅了一些专家、学者的著作，也引用了一些网络资源，由于时间仓促，有些资料的原始出处和作者未能查到和注明。在此，对有关作者表示诚挚的感谢，也欢迎各位作者与我们联系（guosheng@ jscpu.com），共同探讨旅游学概论课程的教学与研究。

由于水平有限，书中的错误和疏漏在所难免，希望广大读者予以批评指正。

编　者

2014年5月于无锡

第二版前言

旅游学概论是旅游类专业的一门专业基础课和必修课，相当于该专业所有课程的“导论”或“序言”，对其他专业课的设置和教学具有导向性作用。

本教材第一版出版后，受到读者的欢迎和肯定。为了更好地适应旅游业发展和旅游类专业教学的需要，我们对第一版内容进行了修改和完善。

为了修订好这本教材，编者广泛吸收了近年来国内外旅游研究成果和最新旅游业发展成就，努力使本教材反映旅游业发展实际，同时适应高职院校旅游专业的教学需要。本书在修订的过程中突出了以下特点。

（1）根据旅游业发展最新动态，增加了新的教学内容，如根据旅游业发展的实际，增加了旅游业的可持续发展、生态旅游、旅游业危机管理3章内容。同时，对个别章节的内容进行了压缩或删减。

（2）对所有的章节都做了进一步的修订和完善，特别是根据近年来国内外旅游业发展的现状和前景，修正并补充了许多新的资料，使教材能够跟上旅游业发展的步伐，努力反映旅游业发展的最新状况。

（3）加强案例教学和体验式教学内容。各章都增加了“知识链接”“拓展阅读”或“案例链接”等教学小栏目，章后设计了“实训项目”，以体现高等职业教育特色，提高学生分析、解决实际问题的能力。

参加本教材编写修订工作的有：无锡商业职业技术学院的郭胜（第一章、第二章、第四章、第七章、第十章）、郭文（第九章），浙江商业职业技术学院的李贤政（第五章）、彭磊义（第三章、第八章），安徽工商职业学院的柏杨（第六章），无锡市旅游局的王洁平（第十一章）。全书由郭胜统稿定稿。

本次修订完稿后，安徽财经大学的彭品志教授、无锡商业职业技术学院的梁幸平教授审阅了全稿，提出了许多有价值的修改完善意见，在此深表谢意！

本次修订，编者参阅了诸多的书籍和报刊，也使用了一些网络资源，由于时间仓促，有些资料的原始出处和作者未能查到和注明。在此，对各位作者、专家和学者表示诚挚的感谢，同时也欢迎各位作者与我们联系（guosheng@ jscpu.com），共同探讨本课程的教学和研究。

由于水平有限，本书错误和疏漏在所难免，希望广大读者予以批评指正。

编　者

2009年5月于无锡

第一版前言

本书是根据全国高职高专旅游服务类专业课开发指导委员会确定的旅游服务类专业主干课程"旅游学概论"的教学基本要求编写的，是新世纪高职高专旅游服务类专业规划教材。

"旅游学概论"是旅游服务类专业的一门专业基础课和必修课，在旅游服务类专业教材建设中具有重要地位。为了编写好这本教材，全国高职高专旅游服务类专业课开发指导委员会组织部分高职高专旅游院校的专业教师，在广泛吸收国内外学术成果和最新现代旅游业发展成就的基础上，深入钻研、反复商讨、精心写作，历时两年，终于完成此书。

本书的主要特点如下。

(1) 博采众长，理论充实，反映了现代旅游业发展的新观念、新思想、新方法。

(2) 体系完整，内容充实，系统性强。

(3) 理论联系实际，具有较强的实践性，并体现了国际国内旅游业发展的最新状况。

本书是为高职高专旅游服务类专业编写的，同时，本书也可以作为大专层次的自学考试用书和旅游从业人员的参考用书。

为了便于学生使用和学习，本书从体系编排上做了较大的调整，增加了"学习目标""本章小结""关键概念""同步练习"等板块，全书数据均采用最新的资料，以开阔学生的视野，丰富学生的课堂知识。

本书由郭胜担任主编，李贤政担任副主编，具体编写分工如下：郭胜编写第一章、第九章，虞艳编写第二章，彭磊义编写第三章、第七章，蔡海燕编写第四章，李贤政编写第五章、第八章，柏杨编写第六章、第七章，最后由郭胜、李贤政统稿定稿。

由于时间和水平有限，本书错误和疏漏在所难免，希望广大读者予以批评指正。

编　者

2004 年 2 月于无锡

目录

二维码视频资源目录

第一章　旅游学概述

学习目标

知识目标

- 理解旅游的含义。
- 理解旅游的特征和本质属性。
- 理解旅游活动的性质与类型。
- 掌握现代旅游活动的突出特点。
- 了解旅游学的研究对象和任务。

能力目标

- 能将旅游学的学习方法应用于本课程的学习中。

第一章素养目标

【关键概念】

旅游的定义　艾斯特定义　旅游活动
旅游的本质　旅游学的研究对象
旅游学的学习和研究方法

思维导图

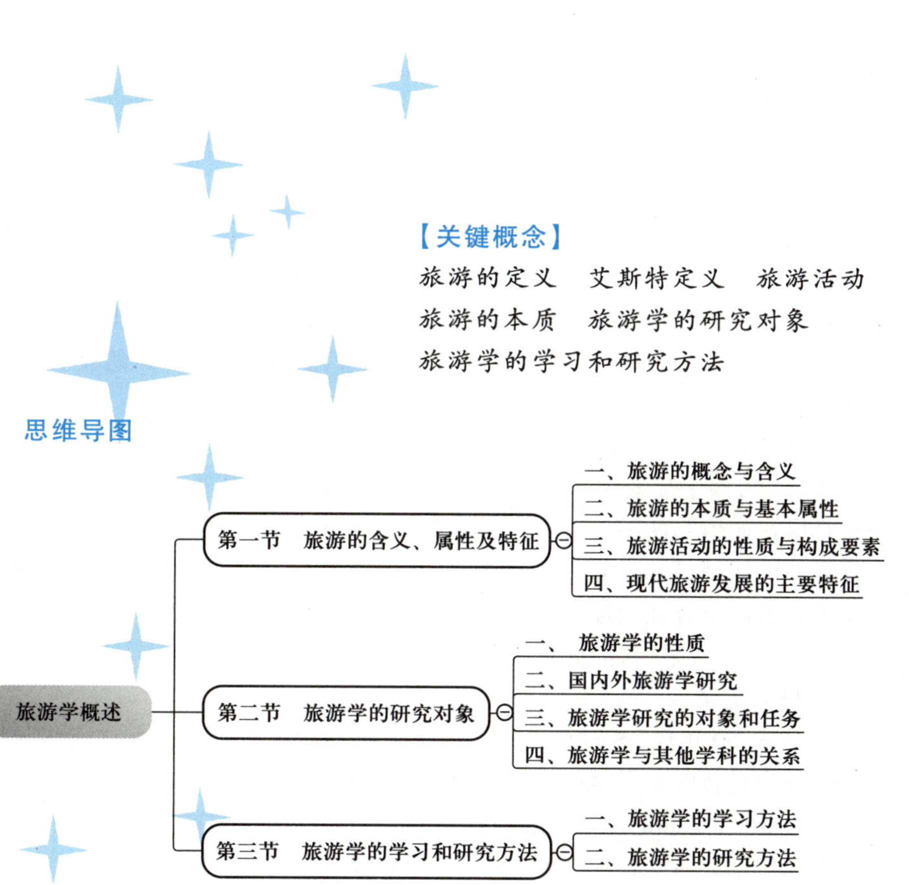

旅游是人类社会发展到一定阶段所产生的社会文化现象，是经济社会发展的产物。旅游学是研究人类旅游活动发生、发展的一般规律的科学，是社会科学中一门由多种学科理论和知识交叉的边缘性应用学科。旅游学概论是旅游专业的入门课程，要掌握学习和研究的方法。

第一节　旅游的含义、属性及特征

一、旅游的概念与含义

“旅游”作为一个科学概念，是随着旅游活动的出现及其在社会中的不断普及而引起人们的关注和研究而产生的。

中国是一个有着悠久历史的国家，有关旅游的词汇最早出现于《易经》中的“观国之光”一语，人们认为这便是“观光”即“旅游”一词的由来。在古代中国，由于中国经济的发展，出现了多种旅游形式，并出现了“商旅”一词，反映了商人们所进行的商务旅游活动。

在西方的发展史上也曾出现过“旅行”(travel)这一“旅游”(tourism)的同义语，两者的概念在20世纪60年代随着旅游的发展出现了同化现象。

有关旅游概念的科学研究，是在旅游成为一种普遍的社会现象、“旅游学”成为一门独立学科之后才出现的。人们从不同的角度对“旅游”进行了剖析和研究。

(一) 在国际上比较有影响的旅游概念性定义

1. 交往定义

1927年，德国的蒙根·罗德对旅游的定义：旅游从“狭义的理解是那些暂时离开自己的住地，为了满足生活和文化的需要，或各种各样的愿望，而作为经济和文化商品的消费者逗留在异地的人的交往。”这个定义强调的是：旅游是一种社会交往活动。

2. 艾斯特定义

1942年，瑞士学者汉泽克尔和克拉普夫对旅游的定义：“旅游是非定居者的旅行和暂时居留而引起的一种现象及关系的总和。这些人不会因而永久居留，并且主要不从事赚钱的活动。”这个定义强调的是：旅游活动中必将产生经济关系和社会关系，即强调了旅游的综合性内涵。由于这个定义于20世纪70年代为“旅游科学专家国际联合会”(IASET)所采用，因此称为“艾斯特定义”。

3. 目的定义

20世纪50年代，奥地利维也纳经济大学旅游研究所对旅游的定义：“首先，旅游可以理解为是暂时在异地的人的空余时间的活动，主要是出于修养；其次是出于受教育、开阔视野和交际的原因的旅行；最后是参加这样或那样的组织活动，以及改变有关的关系和作用。”这个定义强调的是，旅游的基本目的是消遣和增长知识。

4. 流动定义

1974 年,英国的伯卡特和梅特列克对旅游的定义:“旅游发生于人们前往和逗留在各种旅游地的活动,是人们离开他平时居住和工作的地方,暂时前往一个旅游目的地旅行和逗留在该地的各种活动。”这个定义强调了旅游的本质特征:异地性和暂时性。

5. 时间定义

1979 年,美国大西洋集团投资咨询有限公司的马丁·普雷博士在中国讲学时,对旅游的定义为:“旅游是为了消遣而进行旅行,在某一个国家逗留的时间至少超过 24 小时。” 这个定义强调的是各个国家在进行国际旅游者统计时的统计标准之一:逗留的时间。

6. 相互关系定义

1980 年,美国密歇根大学的伯特·麦金托什和夏西肯特·格波特对旅游的定义:“旅游可以定义为在吸引和接待旅游及其访问者的过程中,由于游客、旅游企业、东道主政府及东道主地区的居民的相互作用而产生的一切现象和关系的总和。”这个定义强调的是旅游引发的各种现象和关系,即旅游的综合性。

7. 世界旅游组织的技术性定义

1993 年,世界旅游组织(WTO)在关于旅游统计标准的一本科技手册中对旅游所下的定义是:旅游是指人们为了休闲、商务或其他目的离开他们的惯常环境,到某些地方并停留在那里,但连续不超过一年的活动。这个定义有三个要点:第一,规定了外出旅游的目的,包括休闲、娱乐、度假,探亲访友,商务、专业访问,健康、医疗,宗教、朝圣及其他;第二,离开其惯常环境到其他地方的旅行;第三,在外连续停留时间不超过一年。

基于不同的目的——理论研究的、统计的、立法和行政的、市场开拓的,人们对旅游所下的定义还有很多。

(二)本书对旅游的界定

在研究旅游概念的过程中,人们逐渐认识到,旅游是包含众多特征、很难准确给予定义的一个概念。但综合人们对旅游定义的不同表述,我们可以看到人们至少在以下三个方面已经取得共识。

(1) 旅游是人们离开自己的定居地,去异地的活动。这一点反映了旅游活动的异地性。

(2) 旅游是人们前往旅游目的地,并在那里作短暂停留的访问活动,这种短期停留有别于移民性的永久居留。这一点反映了旅游活动的暂时性。

(3) 旅游是人们的旅行和暂时居留而引起的各种现象与关系的总和。它不仅包括旅游者的活动,而且涉及这些活动在客观上所产生的一些现象和关系。这一点反映了旅游现象的综合性。

参照世界上现有的较具有代表性的各种旅游定义,依据现代旅游发展的客观实际,本书将旅游定义为:旅游是人们以审美、娱乐和文化需要为目的的,离开常住地到异地的非定居性旅行和暂时停留过程中所进行的具有较高消费特征的社会、文化、生活的体验和活动。

二、旅游的本质及基本属性

（一）旅游的本质

旅游不是一种单纯的经济现象，它在本质上是一种文化体验活动，同时具有经济、文化和社会等多种属性，是一种综合性的社会现象。

1. 旅游是一种经济现象，更是一种文化现象

旅游是综合的，既是经济现象，也是文化现象，可以说旅游具有经济的外壳和文化的内涵双重结构。在现代社会，旅游开始逐渐发展成为一种新型的生活方式，旅游的文化内涵非常突出。旅游的文化内涵具体体现在以下几个方面。

（1）旅游者本身就是在一定的文化背景下产生的。他们的思维方式、生活习惯都带有文化的烙印。怀着此种文化旅游动机的旅游者在感受异国、异族文化的同时，也把自身的文化传播到了这些地区。

（2）旅游资源是文化的载体。旅游资源本身是重要的文化载体，有些旅游资源甚至可以代表一种文化。例如，埃及的金字塔，其本身就是埃及的旅游象征。再如中国的长城、故宫、曲阜都代表了不同特点的文化。

（3）旅游过程中的接待设施，如交通、食宿等，都蕴含了文化的内涵。

2. 旅游是人类社会经济发展的产物

在远古时期，人类生活在茹毛饮血的部落群体中，为生存所迫，人们随着部落从一个地方迁徙到另一个地方，但这只是一种旅行而已（在一些专业旅游学著作中，一般把以往人们的外出游历活动称为“旅行”，19 世纪之后的活动才称为“旅游”）。随着三次社会大分工的出现，即畜牧业、手工业和商业从农业中分离出来（见图 1-1），产品交换的数量和范围扩大，产生了专门从事商品交换的商人阶级，从而在人类历史上最先出现了经商旅行。虽然最初的经商旅行是个人出外谋生的活动，然而，它是一种社会的必然，是社会生产发展的需要。但是，由于人们经济水平有限，远行只限于少数上层人物，距离也比现在近得多，并且受到交通和自然条件的限制。

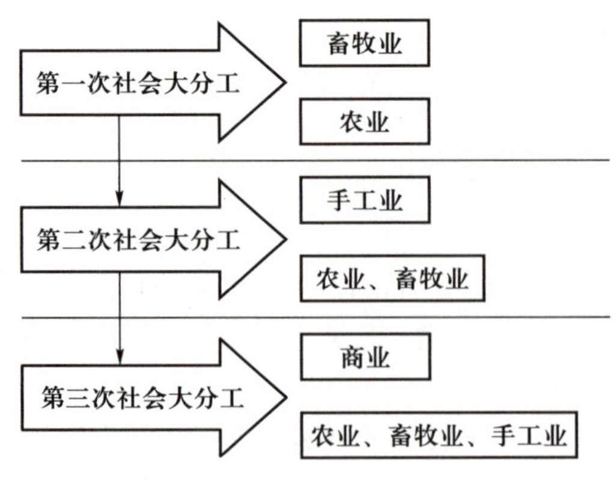

图 1-1　三次社会大分工

第二次世界大战以后，国际政治形势呈现相对稳定的状态，世界经济的迅速

恢复和发展，为旅游业的发展和繁荣创造了良好的条件。20 世纪末 21 世纪初，旅游已呈现爆炸式增长。所以说，人类的旅游活动是以社会经济发展为基础的，是社会经济发展的必然产物。随着社会经济持续发展，未来社会的旅游将进一步深入地发展。

【拓展阅读 1-1】

旅游断代史研究

刘德谦通过大量史料，证实了先秦旅游活动频仍，并对巡游、游畋、观光、游娱、托志、泻忧及伴随七种旅游类型进行了细致的探讨。

周思琴对魏晋时期旅游文化繁荣原因进行了研究，认为汉末至魏晋六朝虽是中国政治上最混乱、社会上最苦痛的时代，然而却是精神极自由、极解放、最富有智慧、最浓于热情的时代。其游人之多、游踪之广、游绩之丰，可谓中国旅游史上的一个高峰。

李松认为唐代知识分子的旅游生活丰富多彩，主要旅游形式有宴游、漫游、边塞游、宦游、隐游与闲游、考察游等。

刘菊湘主要从唐代旅游活动的主体——不同阶层旅游者的角度入手，对唐代旅游进行探讨。她认为普通百姓是出游人数最多的群体，而不是文人士大夫。

王福鑫对宋代的旅游者、旅游资源、旅游业及旅游的影响进行了具体分析，并总结了宋代旅游的特点，从学术和社会需要的双重背景，提出宋代旅游的研究问题，对于历史学科的建设和当代旅游业的发展具有积极意义；认为旅游史学从历史学和旅游学中分离出来是学科发展的必然趋势。

滕新才论述了明代中后期全国性的旅游热潮，认为当时旅游活动空前普及化、大众化，并对这种旅游热的形成与商品经济相联系，指出这与在新的社会环境下所形成的思维模式、生活方式密切相关。认为旅游促进了交通、旅舍、食店、茶馆、酒肆、戏院行业的发展，陶冶了旅游者的情操，丰富了旅游理论，形成了影响后世旅游事业的审美模式。

（资料来源：中国旅游史研究述评，三门峡职业技术学院学报，2015 年第 1 期，王欣）

3. 旅游形式将随着社会经济文化的发展日益丰富

旅游现象是动态的，是发展的，是与时俱进的。从旅游的发展可以看到，从原始社会到奴隶社会，再到封建社会，直到近现代，旅游的形式和种类越来越多。尤其是进入 21 世纪后，旅游进入持续、深入发展时期，旅游资源全面开发，旅游市场全面发展，旅游形式呈多元化发展，旅游产业不断扩大 。旅游必将随着社会经济文化的发展日益丰富。

视频：旅游的基本属性

（二）旅游的基本属性

1. 旅游是一种休闲体验

从主观上讲，人们外出旅游具有重要的休闲诱因。旅游是一种短暂的休闲生活方式，旅游者在目的地停留期间，除了吃、喝、睡等满足生理需要的活动之外，所有其他活动,如观光、游览、美食、购物、娱乐等都具有鲜明的休闲性质。旅游既可以增长见识,又可以调节身心,是人们打发闲暇时间的一种积极手段。许多康体性质的旅游活动还有益于缓解人们的亚健康状态,在现代社会备受青睐。

从客观上讲,旅游活动多发生在闲暇时间。在我国,旅游活动具有非常鲜明的时间属性特点。周末双休日适合近程旅游休闲,清明节、“五一”劳动节、端午节、中秋节四个小长假适合近程和中程旅游休闲,而“十一”和春节两个旅游黄金周则适合远距离旅游休闲。当然,工作性质不同的人,闲暇时间也不同,如教师的寒暑假以及国家公务员的带薪假期。

旅游作为一种社会现象,不仅是经济活动而且是广泛意义上的文化活动。在旅游活动过程中,无论是欣赏自然景观、考察人文古迹,还是感受风土人情,都需要旅游者有一定的文化修养;旅游资源主要体现的是该地特有的文化内涵;在旅游服务过程中则体现接待地人员特有的文化素质;旅游活动又使旅游者和接待地文化产生交流,促进了文化的传播。因此,旅游的文化性是无处不在的。

2. 旅游是一种高层次需要

按照马斯洛的需要层次论的解释,人的需要可分为生理需要、安全需要、社会需要、受尊重的需要和自我实现的需要 5 个层次。在旅游中,人们的社交、受尊重和自我实现这些高层次需要都可以得到体现。因此,旅游是一种高层次的精神消费活动。

同时,旅游也是一种高消费活动。随着现代社会的发展,居民的可自由支配收入逐步提高,旅游购买能力也逐步提高,又由于现代人们生活方式和生活环境的转变使人们外出旅游的愿望越来越强烈,因此,人们对这种高层次需要的高消费的旅游活动的参与也越来越多。

3. 旅游是一种以审美为特征的活动

旅游在根本上是一种主要以追求愉快和美好为目的的审美过程,是人类社会发展到一定的阶段时生活中不可缺少的活动。旅游审美活动的内容丰富多彩,除了秀丽的自然景观,还有文物古迹、园林建筑、戏剧、音乐、舞蹈、绘画、雕塑、风俗习惯等人文景观。它集自然美、艺术美、生活美之大成,融优美、崇高、喜悦、壮阔、秀丽、雄奇于一体,可满足旅游者不同层次的各种审美需求。旅游本身是一个创造美的职业,随着旅游业的发展,它必将带给人们更多、更新、更美的东西。

三、旅游活动的性质与构成要素

(一) 旅游活动的性质

旅游活动是一种社会文化活动。现代旅游活动涉及现代社会生活的众多层面,并在不同程度上对其有所反映或表现,从而使旅游活动成为多种现象的综合体现。

(二) 旅游活动的构成要素

1. 三要素说

旅游虽然是涉及众多方面的综合性社会文化活动,但按照三要素说,旅游活动主要由三要素组成，分别是旅游活动的主体、客体和媒介。在旅游活动的构成要素中，旅游者是旅游活动的主体，旅游资源是旅游活动的客体，旅游业是旅游活动的媒介。这三个要素相互依存、相互制约，紧密结合、共同发展。

2. 六要素说

旅游活动涉及面广，但一般认为旅游活动的核心内容主要体现为吃、住、行、游、购、娱，从而形成旅游活动的六要素说。饮食是旅游活动中的一个重要环节，它既是生理需求，又是旅游活动的享受之一。基于旅游活动的异地性特点，住宿是旅游活动顺利进行的基本条件之一。交通是实现旅游者从客源地到目的地的重要环节。游览是旅游活动中最重要的内容，是旅游者期望的旅游活动的核心部分。购物是现代旅游活动的一项重要组成部分，甚至成为一些旅游者出游的重要动机。娱乐是指旅游者在旅游活动中所欣赏和参与的文娱活动，它可以丰富和充实旅游活动。吃、住、行、游、购、娱六要素是旅游活动的最基本的要素。

（三）旅游活动的类型

世界旅游正在向多元化迈进。参加旅游活动的人数越来越多，旅游活动的地域范围越来越大，旅游活动的类型多种多样。因此，从旅游业的经营角度出发，需要对人们的旅游活动进行必要的类型划分，以便根据需要去分析和认识不同类型旅游活动的特点，指导和促进旅游行业的发展。

旅游活动的类型多种多样，根据不同的划分标准，可以将旅游活动划分为以下类型。

1. 按地理范围划分

按地理范围划分，一般将旅游活动划分为国内旅游和国际旅游。

2. 按旅行距离划分

按旅行距离划分，一般将旅游活动划分为远程旅游、中程旅游和近程旅游。

3. 按外出旅游的目的归属划分

按外出旅游的目的归属划分，一般将旅游活动划分为观光旅游、休闲旅游、商务旅游、会议旅游、探亲访友旅游和个人修学旅游等。

4. 按组织形式划分

按组织形式划分，一般将旅游活动划分为团体旅游和散客旅游。

国际旅游与国内旅游是旅游活动的最基本的类型之一。

1. 国际旅游

国际旅游是指跨国开展的旅游活动，即一个国家的居民跨越国界到另一个或几个国家进行的旅游活动。其中，又区分为两种情况。以我国为例，一种情况是其他国家或地区的居民前来我国旅游，称之为国际入境旅游或简称入境旅游。另一种情况则是我国的居民离开我国到境外其他国家或地区去旅游，称之为出境旅游或出国旅游。也就是说，国际旅游既包括国际来访的入境旅游，也包括本国居民的出国旅游。

按照在旅游目的国停留时间的长短，国际旅游活动又划分为过夜的国际旅游和不过夜的国际一日游。所谓国际一日游，通常是指来访旅游者不在旅游目的国停留过夜，而是当日离境的国际旅游活动。

2. 国内旅游

国内旅游是指人们在其居住国境内开展的旅游活动,通常是指一个国家的居民离开自己的长住地,到本国境内其他地方进行的旅游活动。需要注意的是,按照世界旅游组织的解释,并不属于所在国居民的长驻外国人在所在国境内进行的旅游活动亦属于国内旅游。这里所谓的长驻,是指该外国人在所在国的连续驻留时间已达一年或更长。例如,在桂林留学一年以上的外国留学生去我国其他省区市进行的旅游活动对我国而言则应属于国内旅游。

和前述国际旅游活动的分类情况相类似,国内旅游活动也可根据是否在旅游目的地停留过夜,划分为过夜旅游和不过夜的一日游。

3. 国内旅游与国际旅游的差别

国内旅游活动与国际旅游活动之间最根本的差别在于是否跨越国界。除此之外,从目前的情况来看,两者还有以下一些具体的差别。

(1) 从消费层次方面看,国内旅游的消费层次一般较低,而国际旅游的消费水平通常较高。2017 年,我国国内旅游的人均消费为 914 元/人次,入境过夜游客在华人均消费为 887 美元/人次,国内出境游客人均消费 880 美元/人次。

(2) 从便利程度上看,国内旅游一般很少存在语言障碍,而且不需要办理什么手续;而出国旅游大都会遇到语言障碍问题,而且必须办理各种规定的旅行手续,例如,出入境证件(护照与签证)、海关的报关与验关、卫生检疫、货币兑换手续等。

(3) 从经济作用方面看,国内旅游消费只是促使国内财富在地区间的重新分配,并不直接带来国家财富总量的增加;而国际旅游则是国际旅游者将其在客源国的所得收入用于在旅游接待国消费,所以会直接造成国家之间的财富转移。

(四) 旅游活动的特点

旅游是一项内容丰富、形式多样、涉及面广的综合性社会现象,具有消费性、地域性和季节性等特点。

1. 消费性

普遍认为之所以将旅游看作一种经济产业,是因为旅游活动本身的消费属性。人们不管是出行、住宿,还是购物、娱乐都要消费,需要交通部门提供交通,需要住宿部门提供住宿,需要餐饮部门提供饮食,需要娱乐行业提供娱乐项目和设施,需要保险公司提供保险,需要零售业提供旅游纪念品及当地的特色旅游商品。一个旅游者的消费行为会带来众多产业的联动,旅游的经济乘数效应非常大。

【拓展阅读 1-2】

旅游消费市场的流行趋势

在国人基本生活条件得到满足的同时,如何过得更有质量已成为消费者关注的重点,而旅游消费恰好满足了消费者的物质与精神需求,“行者无疆”的概念逐渐普及,旅游消费正在逐渐从非必要消费范畴向刚性需求的范畴转型,旅游就像吃饭穿衣一样渗透至各个消费群体。

与传统意义不同的是,未来消费者将逐渐摆脱观光游览的传统旅游观念,“漫游”

式的度假旅游将成为趋势，高端与大众路线两极分化愈发明显，但均会拥有固定的消费群。消费者将逐渐养成旅游规划意识，出行消费习惯将更加多样化。

趋势一：游客逐渐分化，呈现多个层次

目前，近九成中国消费者认为国民休闲计划非常必要。其中，超过六成的人认为，国内旅游休闲计划非常可行。同时，也有三四成的消费者认为，出国旅游应当成为自己旅游计划中的一部分。

在未来的一年，旅游市场呈现多层级的观光、休闲度假游共同发展的格局。区域经济发展、居民收入层次分布决定了旅游消费呈现梯级增长。以人均GDP5 000美元、3 000美元为标准划分，我国区域分为东部和沿海发达地区、中部和内陆省份与西部及欠发达地区，经济发展的层次性决定了旅游消费的梯次性，由此呈现了旅游市场多层级、多业态，观光游和休闲度假游共同发展的局面，观光游逐步向休闲度假游转换，多种业态发展各具特征。

未来两年，消费者在旅游消费中的选择两极分化倾向明显。以境外游为例，以美洲、大洋洲、南非为代表的高端出境产品和东南亚、日韩、中国台湾为代表的大众海岛游路线，均各自拥有庞大的消费群体，不同层面的旅游产品不论高端和大众，都会成为未来一两年的市场宠儿。

据相关统计：2018年，中国人奢侈品消费累计达1 073亿美元，同比增长4%，有74%的奢侈品购买行为发生在境外。中国人已成为节假日奢侈品消费人群中最具购买力的消费群体，居全球之首。

不同的群体需要不同的旅游形式，当旅游变成生活的必要组成部分时，消费者会根据自身消费情况选择旅游产品，旅游不再是一件可有可无的消费选项，而是生活的调味剂，少了它则暗淡无味，任何层次的旅游产品都可以不同程度地满足消费者“增长见识、放松身心”的心灵需求。随着市场的分化，不同定位的旅游产品都拥有广泛的消费群体。

趋势二：漫游式度假休闲渐成大趋势

在旅游市场两极分化的同时，漫游式产品一枝独秀，并且将在未来引领旅游消费领域。火急火燎的“上车睡觉、下车拍照”式观光旅游将逐渐淡出消费者的视线，而更能融入一方水土民情的漫游式旅游，可以让更多在繁华都市中被快节奏挤压出城市病的消费者更好地放松身心，体验不同的文化氛围。

（资料来源：消费日报网，2012年7月20日，潘思明）

2. 地域性

现代旅游活动在空间分布上呈现出不均衡的特点，这就是旅游活动的地域性特点。旅游者的活动范围往往集中在某些地区或国家，甚至相对集中于到某些区域乃至某些景点开展活动。例如，在全世界的国际旅游活动总人次中，在欧洲地区旅游的人次最多，其次是美洲，最后是东亚及太平洋地区。旅游活动的地域性不仅反映在全世界国际旅游活动的地区分布上，具体到某个国家，旅游活动在该国各省及各城市之间的分布情况也呈现出这一特点。需求较大的线路和旅游者数量比较集中的地区便形成了所谓的旅游热线和旅游热点。

3. 季节性

现代旅游活动在时间分布上也呈现出分布不均衡的特点，这就是旅游活动的季节性。气候条件的限制、闲暇时间的趋同性以及民俗传统节日的短期聚集效应等，使旅游者出游在时间上有一定程度的集中性分布。以黄山旅游为例，每年的4—5月、7—8月和10月为黄山旅游适宜季节，6月、9月和11月为一般季节，1—3月和12月为不适宜季节。黄山观光者以国内旅游者为主，2月份前后正值岁末年初，受传统习俗和生活习惯的影响，居民很少外出旅游，到山岳景区的就更少。每年的4—5月的春游、7—8月的暑假旅游，尤其是"十一"长假和端午节、中秋节等小长假的假日旅游，往往形成黄山一年中的旅游客流高峰。这种旅游的季节性特点是受自然和社会双重因素影响的结果。

【拓展阅读1-3】

用反季旅游破解旅游季节性难题

在中国旅游未来研究会和华东师范大学商学院联合举办的"中国旅游未来发展——结构转型与服务创新"研讨会上，关于如何破解旅游季节性难题、避免旅游产业链上各环节"旺季拥挤，淡季萧条"的现象，成为与会专家学者热议的焦点。

"我国大部分旅游资源的适游期与现有假期制度下旅游者的闲暇时间相重叠，这对旅游季节性产生了双重的强化作用，使旺季更加拥挤，淡季更加萧条。"华东师范大学商学院院长冯学钢教授结合国家社科基金的初期成果，以黄金周为切入点，解析了我国旅游业目前存在的严重的季节性问题。对此问题，身为旅游业者的中国旅游未来研究会副会长、浙江国际旅游集团副董事长孟笑廷也深有体会。她用一组组2012年"十一"黄金周期间我国各旅游景点爆满的图片展现了解决旅游季节性难题的刻不容缓。

在冯学钢看来，"十一"黄金周综合征暴露出了旅游淡旺季供需错位、长假少而集中、缺乏容量预警机制、旅游者消费行为不成熟等与我国旅游产业健康发展不协调的四个问题。"因此，必须鼓励反季旅游，用多种手段破解旅游季节性难题。"冯学钢提出。

据冯学钢介绍，反季旅游的目的是打破旺季和淡季界限，以缓解季节性带来的不良影响。反季旅游不仅仅是淡季出游，而是改变人们的旅游观念，将淡季出游常态化，形成一种具有一定规模的出游现象。他表示："我们可以通过力推淡季带薪休假和建立淡季假期制度，来给予反季旅游以制度保证。同时，不断地创新旅游产品，推进'全时'旅游。"

（资料来源：《中国旅游报》，2012年11月14日，张斌）

四、现代旅游发展的主要特征

纵观全球及中国的近现代旅游发展历程，现代旅游具有以下几个主要特征。

（一）旅游活动的普及性

随着国际社会经济文化的发展，各国带薪假期职工的增多和带薪假期的延长，各种形式的旅游成为人们现代生活的必需和重要组成部分。例如,英国平均每年外出旅游达 3 次的人占到全国人口的半数,法国平均每年外出度假 3 次的人占 45%,瑞士平均每年外出度假 3 次的人更是高达 75%。世界旅游组织的统计数据表明,2011 年全球国际旅游人数达到 9.8 亿人次, 2012 年全球旅游人数达到了 10.35 亿人次,首次突破 10 亿大关,同比增长 5.6%。

中国改革开放以来,旅游业发展迅速,旅游人数每年均以 10%~20% 的比例增长。原国家旅游局的统计数字表明,2012 年中国国内旅游人数达 29.57 亿人次,人均年出游率超过 2 次,这说明旅游已从奢侈的享受逐渐演变成人们的基本需求,旅游活动越来越普及,越来越多的居民正在加入旅游活动中来。

【拓展阅读 1-4】

国务院批准"5 · 19"为"中国旅游日"

2011 年 4 月 12 日上午,原国家旅游局召开"中国旅游日"新闻发布会,确定自 2011 年起,每年 5 月 19 日为"中国旅游日"。

原国家旅游局相关负责人在发布会上说,设立"中国旅游日",是贯彻落实《国务院关于加快发展旅游业的意见》(国发〔2009〕41 号)的具体要求,体现了党中央、国务院对旅游工作和旅游发展的高度重视;体现了社会各界对旅游促进经济发展、促进人类文明健康的广泛认同;体现了新时期人民群众对旅游生活的新期待,标志着我国旅游业正迈入一个更好地满足人民群众日益增长的旅游需求的新时代。

相关负责人表示,随着人民生活水平的不断提升,中国已进入大众化旅游时代。设立"中国旅游日"意义重大。一是有利于提高公民的旅游意识,更好地发挥旅游"寓教于游"的功能,促进公民提高文明素质;二是有利于通过旅游渠道,促进我国优秀文化的传承和发展;三是有利于社会各方面更加关注和重视旅游业发展,不断地优化旅游发展环境,积极促进旅游消费,推动旅游业发展成为战略性支柱产业,并带动第三产业发展,为国家经济战略性调整和转变发展方式服务。设立"中国旅游日"是与亿万群众息息相关的一件大事。

相关负责人介绍,设立"中国旅游日"工作从 2009 年 12 月 4 日正式启动以来,经历了征集方案、组织论证和提请审议 3 个阶段。其间原国家旅游局共收到 2010 年全国人大代表、政协委员的建议和提案 11 份;各级党政机关和个人来函 150 份;通过新浪网公开征集的有效选票 91.8 万张。原国家旅游局多次召开专家咨询会,听取了文化、体育、民俗、旅游、休闲等方面专家的意见,听取了国家发展改革委员会、国家民族事务委员会、教育部、原文化部、体育总局 5 部门及全国总工会的意见。国务院法制办收到相关的材料后,又征求了 17 个部委和 6 个地方政府的意见。2011 年 4 月 10 日,国务院以国函〔2011〕42 号文件正式批复,同意自 2011 年起,每年的 5 月 19 日(《徐霞客游记》开篇日)为"中国旅游日"。

相关负责人说,将 5 月 19 日《徐霞客游记》的开篇日确定为"中国旅游日",在文化内涵上与旅游联系密切。徐霞客是我国明代伟大的旅行家、地理学家、史学家、文学家。《徐霞客游记》既是系统考察祖国地貌地质的地理名著,又是描绘华夏风景资源的旅游巨著,在国内外具有深远影响。5 月 19 日在时间上具有旅游的普适性,在认识上具有广泛共识。其时，全国大部分地区正值仲春和暮春，是旅游的黄金季节。无论是政府部门、人大代表、政协委员，还是专家学者、普通百姓，都对这个日期较为接受，在工作上有现实的基础。近年来，“徐霞客旅游带”节点城市组建了“中国旅游霞客联盟”，在5月19日开展各种纪念活动。

相关负责人指出，希望社会各界高度关注和支持这个全民参与、全民受益的宣传日、推广日和发展日，使人民群众能共同分享旅游业发展的成果，真正享受旅游带来的开心、快乐和健康，让旅游成为人民群众生活的重要选择，并在人的全面发展与和谐社会构建中发挥更加积极的作用。

2011年开展首个“中国旅游日”活动以来，国家旅游管理部门和全国旅游行业广泛征集“中国旅游日”标志、口号，开展面向公众的宣传，研究制定促进“中国旅游日”活动常规化发展的措施。

（资料来源：中央政府门户网站）

（二）旅游增长的持续性

就整个世界范围来说，基于社会发展的持续性和经济发展的持续性，旅游活动的增长趋势具有持续性。

相关的统计数据表明，近年来，中国旅游业发展迅速，国内旅游人数和国内旅游收入增长率均高于同期国内经济增长水平（见表1-1）。

表1-1 2014—2018年中国国内旅游人次和旅游收入统计表

年份	国内旅游人次/亿	增长率	国内旅游收入/万亿	增长率
2014	36.1	10.7%	3.03	15.4%
2015	40.0	10.5%	3.42	13.0%
2016	44.4	11.0%	3.94	15.2%
2017	50.0	12.8%	4.57	15.9%
2018	55.4	10.8%	5.13	12.3%

据世界旅游组织相关报告预测，到2020年，全球旅游人数将达14亿人次；到2030年，这一数据则将攀升至18亿人次。报告特别提出，作为旅游目的地，新兴经济体国家的入境旅游人数增长率将达到4.4%，为发达国家的两倍；到2020年，新兴经济体国家的入境旅游人数将超越发达国家；到2030年，预计全球旅游人数的57%将选择赴新兴经济体国家旅游。而在1980年，70%的出境游客首选旅游目的地为发达国家。此外，从区域旅游业发展来看，亚太地区旅游发展将保持强劲势头，预计旅游人数以每年4.9%的速度增长，到2030年有望达到5.35亿人次。到2030年，旅游产业收入将增至16万亿美元，相当于全球GDP的10%；所提供工作岗位达3亿个，占全球就业总量的9.2%，从而进一步巩固其作为世界第一大产业的地位。

（三）旅游发展的政府主导性

很多国家和地区政府越来越重视旅游业的发展，积极参与到旅游政策制定、旅游发展规划、区域旅游形象塑造中来。政府重视国家旅游或区域旅游的发展，主要有以下几个方面的原因：旅游被誉为“永远的朝阳产业”，是绿色无烟可持续发展的产业，且未来发展前景广阔；旅游业是关联性非常强的产业，旅游行业自身的发展可以带动商贸、建筑等诸多行业的发展；旅游可以改善和提高一个国家或地区在世界或区域中的形象；旅游者的相互交流有利于促进区域间的文化交流；旅游的发展因为涉及土地、交通等众多环节，需要政府的政策扶持。

（四）旅游需求的多样性与个性化

视频：主题公园

现代旅游中旅游者需求的多样性和个性化趋势也越来越明显。近十几年来，传统的包价旅游和观光旅游已经远远不能满足现代旅游业的发展和旅游者的需求，发展较好的工作奖励旅游、康体旅游、生态旅游、探险旅游、蜜月旅行、主题公园游、会展旅游、农家乐等众多新兴旅游形式是旅游需求多样化和个性化的具体体现。随着信息技术的发展，新兴的自助游、自驾游逐步兴起。旅游者在旅游中追求更多的参与性，喜欢放松身心的旅游项目，喜欢呼吸新鲜的空气，喜欢观看特色的表演活动，希望能亲身体验旅游目的地人们的生活，更直接地感受异国的民族文化风情，通过参与和交流得到感情的慰藉与心灵的撞击。因此，现代旅游开发已转变为以旅游市场需求为导向，注重产品的休闲性、文化性、参与性和旅游地环境的美观与安全。

（五）旅游电子商务的广泛运用

现代旅游随着社会科技发展而不断发展。人们在产生旅游需求的同时，旅游经营者在旅游经营和产品生产中也广泛运用了现代化的手段，旅游电子商务被广泛运用。旅游电子商务是指以网络为主体，以旅游信息库、电子化商务银行为基础，利用最先进的电子手段运作旅游业及其分销系统的商务体系。旅游电子商务为广大旅游业同行和旅游者提供了一个互联网的购买与销售平台。例如，人们在旅行之前通过携程旅行网预订机票和酒店，这就是旅游电子商务。

【拓展阅读 1-5】

“去哪儿”网商务新模式

游客通过在“去哪儿”网上设计对机票、酒店、度假等在线旅行产品的需求条件，就能够得到一系列最新且有效的信息列表，可在明确比较后链接到产品提供网站进行预订。消费者可以按时间先后、价格高低等多种方式，对搜索到的全部产品进行排序，进而自主选择出最符合个人需求的产品。

“去哪儿”网存在的价值，主要体现在两方面：一是所有与旅游有关的产品，如机票、酒店、景点等，在“去哪儿”网都能搜索出最低的价格，并可以让消费者自由组合；二是采用直销模式，让游客彻底享受“直销一体式”电子商务新服务。

【拓展阅读 1-6】

上海迪士尼的新媒体运作

1. 新浪微博

2014 年 7 月 1 日上海迪士尼度假区注册新浪微博账号，并在同年 7 月 28 日发布了第一条微博“所有的故事都是从一只老鼠开始的”，下面留言的用户都在述说自己的期待，就这样开启了微博运营工作。微博主要发布宣传视频、抽奖活动、乐园动态、活动资讯等内容，在内容上会和粉丝进行一些小互动。

2. 微信公众号

上海迪士尼度假区开通了上海迪士尼度假区服务号和订阅号。订阅号日常推送乐园最新资讯及活动，服务号主要提供游园须知、乐园时间表、购票服务等资讯。另外推出“迪士尼奇妙心意”小程序提供购票后赠送给好友的服务，可以在小程序中选择自己喜欢的卡面，支付完成后生成微信礼品卡赠送给好友。

3. 天猫旗舰店

迪士尼线上旗舰店，包含两家天猫线上店铺：Disney迪士尼官方旗舰店、Disney迪士尼时尚旗舰店。Disney迪士尼官方旗舰店主要售卖毛绒玩具、卡通手办、儿童服饰箱包等商品。Disney迪士尼时尚旗舰店主要售卖箱包、配饰服饰、家居、数码周报等商品。

4. 飞猪旗舰店

“上海迪士尼度假区官方旗舰店”入驻飞猪，主要售卖一日门票、两日联票、季卡、餐饮代金券、尊享导览服务、乐拍通+门票套餐等。

5. 迪士尼App

2016年5月，上海迪士尼度假区官方App在App Store上线，旨在提升游客的游玩体验。App支持实时查看景点和娱乐演出预计等待时间、在线领取“迪士尼快速通行证”或购买“迪士尼尊享卡”、查看娱乐演出时间安排、浏览交互式地图等。基本可以做到下载一个App就能解决游客大部分的游园问题。

【拓展阅读1-7】

武夷山景区旅游电子商务系统已正式上线运行

2012年4月20日，武夷山景区旅游电子商务系统上线运行。今后，游客可通过身份证、指纹等身份识别方式进入景区。

据了解，武夷山景区旅游电子商务系统整合武夷山旅游资源，主要包括基础网站平台、门票、观光车票、竹筏观光车调度等六部分，游客可通过互联网随时预订景区出售的旅游产品。该系统的投入使用，可进一步降低景区资源调度管理成本，提高工作效率，同时运用高科技手段进一步提升景区管理能力，合理调控客源，使服务更加精准，提高游客旅游舒适度。

第二节 旅游学的研究对象

一、旅游学的性质

旅游学研究已有100多年的历史，经过不断地探索，人们对旅游活动、旅游业、旅游者等有了一定的认识，初步构建了旅游学的理论基础。

(一) 旅游学属于社会科学

旅游学属于社会科学,原因在于:第一,科学划分为自然科学和社会科学两大类,哲学则是二者的概括和总结。旅游学的研究对象是旅游,而旅游是一种社会现象,是社会经济发展到一定阶段的产物。离开社会经济的发展,旅游就不可能产生和发展。所以,社会经济的发展既是旅游产生和发展的前提,又是其不断发展的基础。第二,从个体角度来说,旅游是人们到异地去进行休闲享乐性的消费活动。人们从一地到另一地的转移,要采取一定的形式,借助一定的交通工具。这是一种旅行,它属于社会行为。到异地进行休闲享乐性消费需要向有关方面购买消费品和服务,与它们发生经济联系,所以这种个人消费实际上是社会消费的一个组成部分。第三,旅游是一种以个人或家庭行为表现出来的社会经济文化活动。个人是家庭的元素,家庭是社会的细胞,个人或家庭进行的旅游活动在内容上与社会经济、文化领域和社会诸多方面有着密切的联系。因此,这种联系的学科自然属于社会科学范畴。

(二) 旅游学是一门边缘交叉学科

旅游学是一门具有多学科交叉性质的边缘交叉学科,原因在于:第一,旅游的主体是人,但人们要进行旅游活动,除了主观意愿外,还需具备一定的经济条件和社会条件。这些经济条件、社会条件和人们主观出游动机的关系以及对促成这些条件形成因素的分析,都需要运用经济学、社会学和心理学等相关学科的知识。第二,人们在旅游的过程中,与自然界和社会发生诸多关系,即旅游的主体会对自然界和社会的许多方面产生影响。反过来,自然界和社会也会对旅游的主体留下印记。旅游结束时,旅游主体会自觉不自觉地对其旅游经历有所感受和反映,不管这些感受和反映的客观性如何,都会对其本人、他人和旅游目的地与经营者产生影响,研究旅游主体的感受及其影响同样需要运用有关学科的知识。

总之,从旅游的全过程看,旅游涉及多种学科的知识,除了社会科学中有关学科知识外,还需要自然科学的知识。因此,旅游学是一门多学科交叉的边缘交叉学科。

(三) 旅游学是一门应用性较强的学科

旅游学作为一门科学,是旅游实践经验的总结,它和旅游活动与旅游实际工作的联系更加密切,是一门应用性较强的学科,原因在于:第一,在旅游过程中,人们的吃、住、行、游、购、娱等方面的消费活动是日常社会生活的基本内容,以人们出游中这种日常消费活动以及由此引起的各种社会关系为基础的旅游学的研究就更加贴近实际,更为具体,和旅游与旅游工作实际的联系也更为密切。第二,在旅游中,人们主要消费的是各种形式的服务。服务消费的特点是服务的供给者与消费者是面对面的,即服务的生产与消费是同时发生的,因而消费者对服务的期望和满意与否能较快地反映出来。以旅游服务的供给与需求为主要内容的旅游学就更具有针对性,更能适应旅游实际工作的需要。

综上所述,旅游学是社会科学中一门由多种学科理论和知识交叉的边缘性应用学科。

二、国内外旅游学的研究

(一) 国外的研究

19 世纪末至 20 世纪初,伴随着资本主义大工业生产的进一步发展,西方国家的旅游业也以较快速度发展并引起了人们的关注和重视,一些学者和政府机构人士开始了对旅游的探索和研究。最早对旅游活动进行比较研究的是意大利、奥地利、德国、英国和美国的学者。1927 年,意大利罗马大学马里奥蒂教授出版了《旅游经济讲义》,是第一次对旅游经济进行系统研究的尝试,其内容不仅限于国际旅游,而且对本国的旅游状况、旅游统计、旅游代理商以及旅游中的问题广泛地进行了研究。1933 年,英国人奥格威尔出版的《旅游活动》,运用数学经济方法研究了游客的流动规律,并从经济学的角度给“旅游者”下了定义。1935 年德国学者吕克斯曼发表《旅游业概论》,内容涉及旅游的经济和社会作用。同年,英国学者诺尔瓦勒的《旅游事业论》出版。总之,这一时期的研究侧重从经济的角度来认识游客的流动规律,认为旅游是一种经济现象,旅游活动是旅游业的经营活动。

第二次世界大战后,国际政治形势相对稳定。随着世界经济的恢复和发展,旅游业迅速发展起来。尤其是 20 世纪 60 年代后,各国政府对旅游业的经济作用更加重视。这一时期旅游学研究有两个特点:一是实践性更加鲜明。旅游学研究的一切理论、问题和观点都来源于旅游活动的实践,又反过来为旅游发展服务。二是多学科性倾向加强。旅游活动渗透到各个领域,各种学科都从其不同侧面研究旅游,并组成一个完整的旅游学科体系,包括旅游经济学、旅游市场学、旅游地理学、旅游心理学及饭店管理等。这一时期的主要代表是德国的克拉普特、意大利的特罗伊西、美国的伦德伯格和日本的前田勇一等。1954 年克拉普特以形成旅游消费的动力和以旅游消费的过程为中心论题,写出了《旅游消费》一书。1955 年特罗伊西出版了《旅游及旅游收入的经济理论》一书,对旅游经济概念、旅游收入及旅游经济效益进行论述。20 世纪 70 年代,加利福尼亚州立大学伦德伯格出版《旅游业》专著,对旅游业各个方面特别是经营管理方面作了比较完善的论述。1979 年,前田勇一教授主编的《观光概论》,对现代旅游的要素和特点,旅游资源的开发、旅游业的构成、旅游政策和旅游组织等方面作了全面的论述,具有现代旅游学的基本体系。

20 世纪 90 年代以后,旅游对发展中国家的影响尤其是社会文化方面的影响受到学者的关注,可持续旅游、生态旅游、社区参与旅游等逐渐成为旅游研究热点问题。

综上所述,国外旅游研究的发展可以划分为三个阶段。20 世纪 60 年代之前为第一阶段。这一阶段人们主要从经济学的角度去研究旅游的活动过程,因此功利主义的倾向十分突出,学科的渗透性不强。20 世纪 60 年代中期至 80 年代末为第二阶段。这一阶段随着大众旅游和旅游业的迅速发展,旅游研究进入了全面发展阶段。现代旅游概念的形成以及对旅游学体系的探讨都发生于这一时期。多学科渗透到旅游研究领域中,是这一时期的发展特点。在此期间,哲学、经济学、社会学、心理学、数学、地理学、环境科学、生态学、管理学、政治学、史学、文学、美学、规划学、建筑学等学科的理论、方法和概念,都为旅游学研究的发展作出了贡献。20 世纪 90 年代后为第三阶段。

这一阶段西方旅游研究的重点开始向非经济领域倾斜，其目的是研究如何使旅游和旅游业能够持续、健康地发展下去。

总体看来，虽然西方学术界对旅游现象的研究如火如荼，但对旅游学是否是一门独立的学科至今仍存在较大的分歧，尚未形成一致的观点。主要原因在于，有相当一部分研究者一直视旅游为一项产业而非一门学科，认为旅游研究缺乏系统的理论支撑，研究视野过于广泛、分散，一些基本概念的认识存在多种不同理解、难以形成统一意见，等等。这使得西方的旅游研究长期存在重应用、轻理论的局限。国外旅游学相关研究所取得的积极成果，对我国研究旅游学有一定的启发作用。

（二）中国的研究

在我国，旅游学是一门新兴学科。改革开放之前，虽然我国也接待一些海外旅游者，但规模很小，而且没有把这种旅游活动建立在现代旅游业的基础上。所以，在1978 年以前旅游科学理论的研究一直是一块空白。改革开放之后，为了适应我国旅游业发展的需要，旅游学科建设、旅游科学研究蓬勃发展起来。

图 1-2　上海旅游高等专科学校

在旅游学科建设上，1979 年我国建立了第一所旅游大专院校——上海旅游高等专科学校（见图 1-2）。20 世纪 80 年代初期，一些高等院校先后开办了旅游学院或旅游系，有的高等学校还设立了旅游科研机构。原国家旅游局发布的《2016 年全国旅游教育培训统计》显示，2016 年全国开设旅游管理类本科专业的普通高等院校 604 所，开设旅游管理类高职高专专业的普通高等院校 1 086 所，开设旅游类专业的中等职业学校 924 所。2016 年全国旅游相关专业（方向）博士研究生在校 1 403 人，硕士研究生在校 4 481 人。本科旅游管理专业包括旅游管理、酒店管理、会展经济与管理、旅游管理与服务教育和旅游管理类专业 5 个专业，全国在校生 22.1 万人。高职高专旅游管理类专业包括旅游管理、酒店管理、会展策划与管理、休闲服务与管理、景区开发与管理、旅行社经营与管理 7 个专业，全国共招生 11.6 万人。中职旅游类相关专业全国共招生 10.4 万人。

为了配合旅游教育的发展，旅游学科建设也步入了快车道，涌现出一大批致力于旅游教育和旅游科学研究的学者与专家，他们在借鉴国外旅游研究成果的基础上，结合我国旅游的实际，编写了一批教材和专著，如多种版本的《旅游学概论》《旅游市场学》《旅游经济学》《旅游心理学》《旅游地理 》《饭店管理》《旅行社管理》等，为我国旅游学科的建设作出了贡献。

1978 年，原国家旅游局最早成立了政策研究室，集中一些专家和实际工作者，潜心研究国际旅游市场的动向及其发展规律，结合中国旅游发展的实际，探讨具有中国特色的旅游业的方针政策。1981 年，编辑出版了《兴旺发达的世界旅游业》丛书，系统地介绍了 31 个国家发展旅游业的经验，为我国旅游业的发展提供了宝贵的资料。此外，为了扩大旅游研究成果的影响，更好地指导旅游实践，原国家旅游局、部分旅游院校和一些省市旅游部门还创办了定期旅游刊物，如《中国旅游报》《旅游学刊》《旅游调研》《旅游论坛》《旅游管理》《旅游科学》《中外饭店》等，为旅游科学研究和传播提供了园地。进入 21 世纪以来，基于旅游业发展实践的旅游科学研究十分活跃，研究领域和范围不断扩大，研究成果不断涌现，有力地推动了旅游业的发展。2007 年，根据中央编办复字〔2007〕98 号文件，经原国家旅游局党组研究决定，成立中国旅游研究院，作为原国家旅游局直属的专业研究机构。中国旅游研究院以“促进中国旅游产业发展和国际交流的政府智库、业界智囊、学术高地”为建设宗旨，重点开展影响旅游业发展的基础理论、政策和重点、难点问题的研究，参与旅游发展规划的研究、编制和论证工作，承担对地方报审的旅游发展规划审查的相关技术支持工作，积极开展旅游领域的高层次人才培养、专业人才培训和国际国内学术交流工作。

总之，我国的旅游科学研究取得了重大的进展，大量的论文和专著，涉及我国旅游业发展的各种问题，有力地指导了我国旅游实践。但综观 30 多年来的研究工作，也存在一些不足的方面，主要表现在旅游科学理论的研究欠缺，特别是对旅游这种多学科交叉性质的综合研究开展得不够。今后应拓展研究范围，改进研究方法，结合我国国情拓宽理论的深度和广度，这样才能使旅游学真正成为指导旅游发展的最具有活力的学科。

三、旅游学的研究对象和任务

旅游学作为一门新兴学科，与其他学科一样，有其特定的研究对象和任务。

（一）旅游学的研究对象

对于旅游学的研究对象的分析，能使我们深入了解旅游活动的本质和旅游学研究的重要性。很多学者都对旅游学的研究对象提出过自己的看法。

1. 旅游学是研究旅游现象的科学

在旅游学研究的早期阶段，很多学者认为旅游学的研究对象是旅游现象。而旅游现象的核心是旅游实践活动。旅游学研究的旅游现象包括旅游活动及其引发的后果、旅游活动的规律以及由此产生的各种旅游现象的总和。

由于对旅游现象的性质认识不同，在旅游现象具体表述上出现了分歧，因此具体研究对象也就各有差异。有些学者把旅游现象当做经济现象来研究，有些学者把旅游现象看做多种社会关系和现象的总和加以研究。

2. 旅游学的研究对象是人

旅游学的研究对象是人——参与到旅游活动中的人，包括旅游者、旅游从业人员、旅游管理者、旅游目的地居民等。该观点把握住了旅游活动的要素，通过分析旅游者的行为和心理实现旅游业的稳步前进，通过研究旅游从业人员和旅游管理的行为实现旅游业的巩固，通过分析旅游目的地居民的态度实现旅游业的可持续发展。

旅游业的主体要素是人，但同时还包括旅游资源和旅游媒介等要素。人作为要素之一是非常重要的，但还是不能涵盖旅游资源和旅游业对旅游活动的影响。

3. 旅游学的研究对象是旅游资源

旅游资源才是真正的吸引力，才是旅游者向往的事物，才是旅游者出游的重要源头。该观点提高了旅游资源在众多要素中的位置。这源于20世纪80年代以来对于生态环境保护活动的兴起。对于旅游资源的开发和保护同样得到了重视,生态旅游、绿色旅游等概念被提了出来。

这种观点突出了旅游资源,但无法描述旅游的本质、产生和发展的历程。

因此,我们认为旅游学的研究对象是旅游现象的发生、发展及其本质,直接、具体的对象包括旅游者、旅游资源和旅游业。

(二)旅游学的研究任务

通过对旅游学研究对象的界定,我们可以清楚地得知旅游学的研究任务。

1. 认清旅游活动的本质,并解释旅游现象

随着时代的发展、旅游的发展,各种旅游形态层出不穷,如文化旅游、探险旅游、生态旅游等。旅游学通过抓住旅游活动的本质,分析各种旅游现象出现的原因、规律及影响,进而对所发生的旅游现象进行解释和指导。

2. 认识旅游业的发展规律,指导旅游活动的开展

旅游学是一门实用性科学。在国内外旅游发展过程中,各种旅游实践曾出现过各种问题,如环境污染、产品重复、投资浪费等,实践发展需要学科理论的指导,旅游学是应运而生的一门学科。旅游学要研究旅游市场规律,旅游的经济、社会和文化影响,旅游各要素之间的矛盾,把握其发展规律,引导旅游者的旅游行为,指导旅游地开发和旅游管理,指导旅游活动的开展。

3. 构建学科理论框架,推动旅游业的发展

旅游学的研究必须不断地加深对旅游本质的认识,不断地分析旅游现象,不断地协调旅游各要素之间的矛盾,深入、系统地研究旅游者的需求和行为、旅游资源的保护与开发和旅游业各要素的协调配合,以期更好地推动旅游业的持续、健康发展。

四、旅游学与其他学科的关系

旅游学是一门综合性的边缘交叉学科,其所涉及的领域很广,同时牵涉的学科也很复杂。与旅游学关系密切的主要有以下几门学科。

(一)经济学

旅游学研究的动力产生于旅游对经济的重要作用。由于旅游业在国民经济中的重要影响,促使人们对旅游的本质和社会属性进行研究。在研究旅游学时,经济学的思维和规律影响较大,并且形成了交叉学科——旅游经济学。旅游经济学是现代旅游学的重要组成部分,它从经济角度来研究旅游活动,揭示市场经济条件下旅游活动的规律,并形成了自己的一些研究方向,如由研究旅游经济指标的变化规律和统计方法而产生的旅游统计学,由研究旅游产品需求和供给及旅游产品的营销策略而产生的旅游市场营销学等。

(二)管理学

人是旅游活动的要素之一,涉及人的地方就必然有管理现象存在。随着旅游业的日益壮大,旅游者人数和旅游从业人员的数量均日益增加,为了更好地服务旅游者,规范旅游活动过程,就需要旅游管理学的指导。旅游管理学包括旅游企业管理和旅游行

业管理。旅游企业管理包括旅游饭店管理、旅行社经营管理、旅游区经营管理等。旅游行业管理包括旅游政策制定、旅游质量管理等。

（三）地理学

地理学是一门实用面非常广泛的学科，专门研究位置、环境、气候、自然风光等。地理学与旅游学的关系非常紧密。旅游学本身包含了很多地理内容，人、旅游资源、旅游业经营都有一定的地理位置。旅游客源地、旅游目的地、旅游流的流向等都与地理密切相关，因此，很多院校旅游专业都开设了“旅游资源学”“旅游地理学”等课程，并且运用地理学的很多理论和观点来解释旅游现象。很多旅游活动的规律都与地理学息息相关。运用地理学的相关理论来研究旅游，可以阐明旅游区的最佳位置，解释什么样的旅游目的地更能吸引人们去旅行，指出旅游开发可能带来的环境问题。

第三节　旅游学的学习和研究方法

旅游作为社会实践，从19世纪中叶算起，已超过了一个半世纪。但是，由于社会现象相当复杂，虽然许多专家、学者倾注了不少心血进行研究，但作为一门学科，仍处于尚未成熟的阶段。即使在旅游业发达的西方国家，旅游学作为一门独立的学科在学术领域中也尚未得到完全的确立。它的知识领域不断扩大，学科体系在变化中发展。因此，旅游学不像其他成熟的学科，有一套现成的学习和研究方法可以借鉴。但是，正因为它是新的，所以也就有更大的创造余地。

一、旅游学的学习方法

（一）认真读书，学好基础理论

旅游活动是综合的社会经济现象，其产生和发展与社会经济发展有极密切的联系，需要以马克思主义的历史唯物论观点为指导，从社会的经济关系出发，考察旅游的发展过程，分析旅游学各范畴的内在矛盾，透过复杂的旅游现象把握其发展的规律性。旅游学和其他学科一样，有其特定的基本范畴、规律和原理，只有认真读书，深刻领会基本范畴和基本原理，才能把握旅游学的科学体系。“旅游学概论”是高等院校旅游专业学生的基础理论课，它所阐明的基本范畴、基本原理和观点，对大学生打好专业基础，进而学习各门专业课程都是大有好处的。

（二）努力实践，锻炼和培养从事旅游活动的实际能力

旅游学是一门应用性、实践性很强的学科，只有理论，没有从事旅游业实践活动的能力是不行的。学习者要把学到的理论反复应用于实践，用实践中得来的经验丰富和充实书本理论，才能深刻领会和记住理论。学生利用一切机会，到旅游活动的实践中去，了解和认识旅游活动的实际情况，从中找出规律性的东西，到旅游业各部门去实习，掌握旅游管理和服务的技能与方法，成为一个真正懂得旅游的人。

二、旅游学的研究方法

在对旅游的研究过程中,专家、学者分别采用了不同的方法,取得了不同的进展,这些方法主要有以下几方面。

(一)理论与实际相结合的方法

理论来源于实践,但又有别于实践,它是以实践为基础,通过对其经验的总结、概括而形成的,然后再回到实践中进行检验,以验证它是否具有普遍的指导意义。在实践过程中,理论联系实际,主要体现在以下几种方法中。

1. 观察法

通过观察各种类型旅游者的日常旅游活动,了解他们的动机、需求和爱好,经过综合分析,找出市场变化的规律性。

2. 个案法

在一段时间内,通过对个体旅游者、旅游群体和旅游组织的连续调查和了解,研究其旅游活动的全过程。

3. 模式分析法

通过对旅游发展的常规道路(如欧美许多国家)和非常规道路(如西太平洋地区的许多国家)的成功经验的分析,寻找发展中国家旅游业发展的规律性。

4. 社会统计法

运用科学方法,考察各种旅游现象,收集旅游经济统计资料,分析旅游市场的变化规律。

(二)定性分析与定量分析相结合的方法

任何事物都有质和量的规定性。质是一种事物区别于其他事物的内在规定性,是由事物内部的特殊矛盾规定的。量是事物存在的规模和发展程度,是一种可以用数量表示的规定性。事物是质和量的辩证统一。对旅游这种社会现象的研究,也必须坚持质与量的统一观,将定性分析与定量分析结合起来。

定性分析是指对事物本质特征的分析。例如,一个人希望到某地去旅游,除了他本身的意愿之外,还要受到其闲暇时间和经济实力的限制。就是说,他要成为一个旅游者,必须具备旅游动机、余暇时间和可自由支配的收入这三个基本条件,它们共同规定了他是旅游者,或者不是旅游者,即将旅游者与非旅游者区别开来。

定量分析是研究量的变化对事物本质的影响。如旅游者选择到某地去旅游,而不是到其他地方去旅游,是由其余暇时间的长短和可自由支配的收入的多少决定的。如果他在这两个条件上都比较充裕,他就可能选择到更远的地方去,甚至到多个地方去旅游,即使到该地去,他在停留时间上也可能更长一些,或在消费水平上更高一些。可见,定量分析有助于在旅游学的研究中从动态上探索人们出游的特征与变化趋势,对指导旅游实际工作更具有现实意义。

(三)借鉴国外研究成果和我国旅游实际相结合的方法

国外的专家、学者对旅游的研究远比我国要早,虽然他们结合的是各国在各个时期的旅游发展情况,但已经取得许多成果,其中不少成果对世界各国具有普遍意义。

因此，对于那些具有普遍意义的成果，可以进行借鉴，并在此基础上结合我国的旅游实际进行修正、补充和完善。

本章小结

对旅游的含义，古往今来国际国内有许多说法。本书认为，旅游是人们以审美、娱乐和文化需要为目的的，离开常住地到异地的非定居性旅行和暂时停留过程中所进行的具有较高消费特征的社会、文化生活的体验和活动。旅游是社会经济发展的产物，是现代人生活的一部分，是经济、文化、社会、政治等多种因素的综合现象。旅游活动涉及现代生活的众多层面，是多种现象的综合体现。从系统论角度看，旅游活动由主体（旅游者）、客体（旅游资源）和媒介（旅游业）三要素构成；从旅游的过程来看，旅游活动由吃、住、行、游、购、娱六要素构成。现代旅游活动具有普及性、持续性、政府主导性、旅游需求的多样性与个性化、旅游电子商务的广泛运用等显著特征。旅游学就是将旅游作为一种综合的社会现象，以世界范围为统一体，以旅游活动中的各种矛盾因素为研究对象，研究旅游的本质特点、社会作用、内外条件和发生发展活动规律的新兴学科。学习和研究旅游学应注意学习和研究的方法。

同步练习

一、填空题

1. “观国之光”一语出自《________》，这便是“观光”一词的由来。

2. 国家确定自 2011 年起，每年________为“中国旅游日”。

二、单项选择题

1. 瑞士学者汉泽克尔和克拉普夫关于旅游的定义为（　　）所采用。

A. 旅游科学专家国际联合会（IASET）　　B. 世界旅游组织（WTO）

C. 世界旅游业理事会（WTTC）　　D. 国际社会旅游局（IBST）

2. 1954 年，德国的克拉普特以形成旅游消费的动力和以旅游消费的过程为中心论题，写出了（　　）一书。

A.《旅游消费》　　B.《旅游及旅游收入的经济理论》

C.《旅游活动》　　D.《旅游业概论》

三、多项选择题

1. 现代旅游发展的主要特征有（　　　）。

A. 旅游活动的普及性　　B. 旅游增长的持续性

C. 旅游发展的政府主导性　　D. 旅游需求的多样性与个性化

2. 旅游学的研究方法有（　　　）。

A. 理论与实际相结合的方法

B. 定性分析与定量分析相结合的方法

C. 借鉴国外研究成果和我国旅游实际相结合的方法

D. 认真读书，学好理论

四、简述题

1. 怎样给旅游下定义？在旅游含义的不同表述中，人们已取得哪些共识？

2. 如何理解旅游的本质和社会属性？

3. 旅游学研究的对象和任务是什么？

4. 怎样学习和研究旅游学?
5. 现代旅游活动具有哪些显著特点?
6. 试述旅游季节性的成因。

实 训 项 目

结合本章学习内容,讨论应该怎样理解“旅游”的含义。

第二章 旅游的产生与发展

学习目标

知识目标

- 了解旅游产生的过程。
- 掌握工业革命对近代旅游发展的影响。
- 掌握世界现代旅游发展的原因及特点。
- 掌握我国现代旅游各个发展阶段的特点。

能力目标

- 能够正确认识旅游产生的基础条件。
- 能将近代的旅行社和现代的旅行社业务进行客观的比较。
- 能够根据现代旅游的发展原因分析当前的一些旅游现象。
- 能够客观分析当今中国旅游业的发展状况和发展趋势。

第二章素养目标

【关键概念】

古代旅行　近代大众旅游　现代全球旅游

古代中国旅游　近代中国旅游　现代中国旅游

思维导图

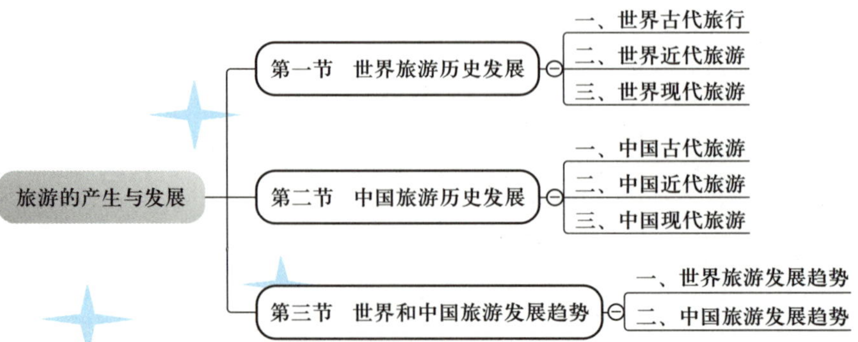

旅游是人类的一种活动,不是自古有之,它是人类社会经济发展到一定阶段的产物,会伴随着社会经济的发展而发展。从人类早期的生产活动到现代全球性的人类活动,旅游的发展大致经历了古代的旅行、近代大众旅游和现代全球性旅游三个发展阶段。研究人类旅游的产生和发展,可以发现旅游发展的内在规律,从而促进现代旅游业发展。

第一节　世界旅游历史发展

纵观世界旅游发展历程,根据各个时期旅游(行)活动的特点,参考人类社会发展的历史分期,可以将世界旅游发展分为三个时期:一是从原始社会末期至 19 世纪中叶的古代旅行时期;二是从 19 世纪中叶至第二次世界大战结束的近代旅游时期;三是第二次世界大战结束至今的现代旅游时期。

一、世界古代旅行——国际旅游的萌芽

(一) 世界古代旅行的发展

1. 原始社会末期——人类旅行的起源时期

旅游的基本特征之一就是人们空间上的流动性。没有人口流动,旅游无从谈起。人口流动现象归纳起来可分为三种方式:迁徙、旅行和旅游。它们是在不同的历史条件下,出于不同的目的而产生的,具有本质的区别。

(1) 原始社会的迁徙活动。在原始社会早期,生产工具落后,生产力低下,人类客观上缺乏旅行的物质基础,主观上也没有外出旅行的愿望。人们出于谋生的目的,或者出于自然原因(如气候、天灾等对生存环境的破坏),或者出于人为原因(如部落间的战争等)而被迫离开定居地,在新的定居点定居下来,不再回到原来的定居点的活动被称为迁徙。例如,非洲原始人类向亚洲、欧洲的迁徙;亚洲东北部的因纽特人、印第安人通过白令海峡向美洲大陆的迁移等等。这些迁徙活动具有求生性和被迫性的特点,是为了最基本的生存需要,而不是消遣游玩。由此可以看出,虽然迁徙和旅游有共同的外部特征——空间转移,但迁徙不属于现代旅游,两者有本质的区别。

(2) 人类旅行的产生。旅行作为一种经济活动产生于原始社会末期,它是伴随商业活动的兴起而产生的。在早期人类历史上,有三次社会大分工。第一次是畜牧业与农业的分离。第二次是手工业从农业、畜牧业中分离出来。第三次是原始社会末期和奴隶社会早期,商业从农业、畜牧业和手工业中分离出来。商品经济的发展使不同商品交换的地域范围不断扩大,人们需要了解其他地区的需求情况,要到其他地区交换自己的产品,旅行活动由此而产生。正如世界旅游组织在很多研究报告中指出的那样:在最初的年代中,主要是商人开创了旅行的道路。

旅行既不属于迁徙,又有别于旅游。

(3) 旅行与迁徙的区别。第一,目的不同。迁徙通常是出于生存所迫,或者为了

改善生活条件而进行的。而旅行是人们出于迁徙以外的任何目的,可以是经商、学习,也可以是旅游,离开自己的常住地到异地作短暂停留的活动。第二,旅行在离开居住地后一般还要返回,而迁徙则不会返回了。

（4）旅行和旅游的区别。

① 目的不同。单纯的旅游是指人们出于消遣性目的而暂时离家外出的活动。而旅行则是泛指人们出于任何目的,商务、求学、打工等,往来于不同地点间的空间转移活动。

② 离开时间不同。旅游的人们在完成目的地访问活动后,必须返回其原来的居住地,旅行则不一定。

③ 内容不同。旅行仅仅是为完成某个动机的一般空间流动过程,旅游则包含旅行和游览。有旅游必定有旅行,有旅行不一定有旅游;旅游者同时是旅行者,旅行者不一定是旅游者。

所以,人类的旅游行为虽然孕育于人类的迁徙和旅行行为中,但迁徙和旅行都不是人类纯粹意义上的旅游行为。

2. 奴隶社会时期——人类旅行的发展时期(原始社会末期至 476 年)

奴隶社会时期,政治、经济秩序相对稳定;社会各行业分工更加细密,商业更加发达;生产力水平提高,社会文明也大为进步,艺术、科学和宗教都得到了一定的发展,社会上的物质财富和文化生活大大丰富起来。这些都为旅行活动的发展提供了良好的条件。同时,道路状况的改善和交通工具的产生,马车、畜力的应用,为人们的出行节省了体力,节约了时间,对奴隶社会的商业旅行、宗教旅行、考察旅行等的兴起和发展起到了很大的推动作用。

奴隶制时代的旅行首先是在古埃及、古巴比伦、古印度、古中国等文明古国发展起来的,并在古希腊、古罗马时代达到全盛。

公元前 28 世纪,埃及进入古王国时代,大规模修建金字塔和神庙,吸引了无数人前来旅行、观赏。埃及每年都要举行几次宗教节日集会活动。其中,规模最大、最为隆重的是布巴斯提斯市(Bubastis)的阿尔铁米司祭,前往参加盛会的男女老幼,沿途唱歌、跳舞,表演节目,到达布巴斯提斯市后,参加正式的祭祀活动。

公元前 6 世纪,横跨欧、亚、非三洲的波斯帝国建立起来,在帝国境内修建了两条“御道”,其完善的旅行设施,极大地方便了来往的商旅,推动了境内的商业旅行活动。

公元前 5 世纪,古希腊奴隶制达到全盛时期。宗教旅行和商贸旅行在古希腊最为活跃,当时的提洛岛、特尔斐和奥林匹亚山是著名的宗教圣地。在古希腊雅典西南的奥林匹亚山有宙斯神庙(世界七大奇迹之一),每 4 年举行一次宙斯神大祭活动,同时举办大规模的运动会(今天的奥林匹克运动会即源于此)。此后,随着犹太教的创立,耶路撒冷成为圣城,朝拜者络绎不绝。

古罗马时代是世界古代旅行的全盛时期。公元 3 世纪的古罗马帝国幅员辽阔,政治统一,水陆交通非常发达,加上铸币的使用,以及希腊语和拉丁语的流行,大大方便了旅行者的旅行游览活动。当时奴隶主贵族、商人、学者、宗教人士的旅行游览十分频繁,除了商务旅行外,还开始出现以艺术鉴赏、疗养、游览古迹、建筑观赏、自然观光等为目的的各种闲暇性旅行游览活动。

【知识链接 2-1】

世界七大奇迹

世界七大奇迹常称为七大奇迹，最早提出七大奇迹概念的是公元前 2 世纪拜占庭人斐罗的著作《世界七大奇迹》，书中描述了当时在地中海附近 7 个伟大的建筑。可是由于地震等自然灾害，现在只剩下了金字塔。

金字塔

建造时间：公元前 2700—公元前 2500 年。

建造地点：埃及开罗的吉萨附近。

埃及共发现 90 余座金字塔，其中最大的一座金字塔是在公元前 2600 年前后建成的位于开罗郊区吉萨的胡夫金字塔，全部由人工建成。金字塔中心有墓室，可以从甬道进去，墓室顶上分层架着几块几十吨重的大石块。建成的金字塔被用作陵墓。

宙斯神像

建造时间：公元前 470 年—公元前 456 年。

建造地点：希腊雅典卫城东南。

宙斯神像主体为木制，身体裸露在外的部分贴上象牙，衣服则覆以黄金。头顶戴着橄榄枝编织的皇冠，右手握着象牙及黄金制成的胜利女神像，左手则拿着一把镶有各种耀眼金属打造的权杖，杖顶停留着一只鹫。

罗德岛巨像

建造时间：公元前 282 年完工。

建造地点：爱琴海，希腊罗德港。

它是希腊太阳神赫利俄斯的青铜铸像，高约 33 米，以大理石建成，再以青铜包裹，以后更被用作灯塔。传说中雕像两腿分开站在港口上，船只是从两腿中间过去，非常壮观而有趣。它只存在短短 56 年，便毁于公元前 226 年的一次地震中。

巴比伦空中花园

建造时间：大约公元前 6 世纪。

建造地点：巴比伦幼发拉底河河东，今巴格达以南 25 千米。

一般认为空中花园是由尼布甲尼撒二世王为了安慰思乡成疾的王妃安美依迪丝，仿照王妃在山上的故乡而兴建的。据说它要由奴隶们转动机械装置，从下面的幼发拉底河里抽上大量的水，来灌溉空中花园里的花草。

阿尔忒弥斯神殿

建造时间：约公元前 550 年。

建造地点：希腊古城爱菲索斯中，约在今土耳其南面 50 千米。

阿尔忒弥斯是希腊神话中的月亮神、狩猎女神，是太阳神阿波罗的妹妹。神庙建筑以大理石为基础，上面覆盖着木制屋顶。整个建筑最大的特色是内部有两排至少 106 根立柱，每根高 12~18 米。神庙的底座约为 60 米×120 米。

摩索拉斯王墓

建造时间：大约公元前 353 年。

建造地点：土耳其西南地区。

这座伟大的白色大理石陵墓是为摩索拉斯和他的妻子修建的。整座建筑高约45米，外面装饰以奇异的雕刻花纹，顶端还雕有摩索拉斯的雕像，底座上部呈阶梯形的金字塔状。陵墓毁于3世纪的一次地震中。

亚历山大灯塔

建造时间：大约公元前300年。

建造地点：在埃及的亚历山大港附近的法洛斯岛上。

灯塔建筑在三层台阶之上，预估高度115~150米，用闪光的白色石灰石或大理石建成。在它的顶端，白天用一面镜子反射日光，晚上用火光引导船只。14世纪的大地震彻底摧毁了它。

（资料来源：百度百科）

3. 封建社会时期——旅行活动一度陷于沉寂，但也有所发展（476年—16世纪）

（1）阿拉伯宗教旅行

7世纪初，穆罕默德创立伊斯兰教后，建立了阿拉伯国家，8世纪中期形成地跨亚、非、欧三洲的大帝国。辽阔的地域、特殊的地理位置（欧亚之间）以及宗教原因，促进了其旅行活动的发展。

创立于7世纪初的伊斯兰教，其创始人穆罕默德是著名的宗教家、思想家、政治家和军事家，生于阿拉伯半岛麦加城（今沙特境内），630年，率领万人组成的穆斯林大军征服麦加，以麦地那为中心，统一阿拉伯半岛，建立政教合一的国家。伊斯兰教规定，只要条件允许，每个穆斯林一生必须到其宗教圣地麦加朝圣一次，这就形成了伊斯兰教教徒的长距离、大规模宗教旅行活动。

伊斯兰教的兴起，恰逢中国隋末唐初。为了鼓励追随者寻求友谊、增进知识，穆罕默德发出了一条有名的“圣训”：“学问虽远在中国，亦当求之。”表达了这位伊斯兰教创始人对中国古老文明的向往和对中国人民的友好感情。随着伊斯兰教的广泛传播，穆斯林商人不断地东来中国，使经济贸易密切往来，政治外交和平发展，也促使了宗教旅行的发展。

（2）意大利商务旅行

11世纪，罗马教皇为了转移内部矛盾，发动9次十字军东征，从而控制了东西方贸易，商人为了谋利，开始了商务旅行。意大利旅行家马可·波罗，本为经商前往中国，经两河流域—伊朗高原—帕米尔到上都，在元朝为官17年，任职期间游遍中国，回到威尼斯，在威尼斯与热那亚战争中被俘，狱中口述在东方的见闻，称道东方富有，遍地黄金，成书《马可·波罗游记》，对以后开辟新航路的旅行产生了相当大的影响。

（3）开辟新航路探险旅游

476年，西罗马帝国灭亡后，欧洲经过一段时间的混战和动荡，逐渐进入封建社会。中世纪的欧洲是欧洲历史上最黑暗的时代。在政治上，民族纷争，国家林立，大小领主拥有对自己的土地上的绝对管理权，相互间攻伐不断，始终没有安宁的环境。在经济上，封建庄园自给自足，社会缺少需求。在思想文化方面，罗马教会用宗教神学控制人们的思想。

11世纪之后，欧洲城市开始兴起，西方封建领主对财富的追求，促进了远航探险热潮。14—16 世纪文艺复兴时期，西方资本主义开始萌芽，为了积累资本，寻找原料，抢占市场，西班牙和葡萄牙王室终于在 15 世纪出现开辟新航路的伟大的探险旅行活动。

达伽马受葡萄牙王室之命，沿西非海岸南下绕过非洲南端好望角到印度。

哥伦布出生在印度，受西班牙王室之命，据“地圆说”另寻他途，希望到达中国和印度。哥伦布横渡大西洋发现了加勒比海诸海以为是到了印度，称当地土著居民为“印第安人”，发现了美洲新大陆。

麦哲伦奉命率西班牙船队穿越大西洋，沿巴西海岸南下，经南美洲麦哲伦海峡进入太平洋，最后到达菲律宾，实现了世界首次环球航行。

（二）世界古代旅行活动的特点

1. 旅行活动的兴衰与政治经济关系紧密

世界古代旅行活动的发展历史表明，当政治稳定、经济繁荣的时期，旅行活动就会兴旺。反过来，当政权动荡、经济衰退时期，旅行活动就会减少甚至消失。

2. 商务旅行是世界古代最主要的旅行活动

人类最早的旅行活动是经商旅行，商人拉开了人类旅行的大幕。纵观整个世界古代旅行发展史，尽管各种形式的旅行活动层出不穷，例如帝王巡游、宗教旅行、公务考察旅行及教育旅行等，但商务旅行一直贯穿整个旅行的发展过程。

3. 消遣性旅游的参加者主要是统治阶级及其附庸阶层，对整个社会不具有普遍意义

在整个古代社会中，具备进行消遣性旅行条件的人数十分有限，主要是统治阶级，如国王、贵族、高官等，他们仅是社会中极少的一部分人，他们的行为不具有普遍性。

4. 这个时期出现了大批旅行家及旅行专著

这个时期的旅行是处于不断上升中的，在这个过程中也出现了很多旅行家及旅行作品，成为旅行研究的重要史料及佐证。

二、世界近代旅游——国际旅游的形成

近代旅游是指工业革命到第二次世界大战这个时期从旅行到旅游的发展。就整个世界而言，到 19 世纪初期，旅行在很多方面都已开始具有了今天意义上的旅游的特点，“旅游”一词也于此时开始出现。专门经营旅游活动的旅行社开始问世并发展迅猛，极大地促进了旅游业的发展。

（一）工业革命对旅游的影响

近代旅游的兴起在很大程度上是与工业革命的影响分不开的。工业革命是指资本主义机器大工业代替工场手工业的过程，是社会经济发展的必然产物。它始于 18 世纪 60 年代，首先发生在英国，至 19 世纪 30 年代末在英国基本完成，使英国成为当时世界上最为发达的国家。法、德、美、日等国的工业革命也在 19 世纪内完成。工业革命大大地促进了生产力的发展，深刻地影响着生产关系的变革，对人类社会的各个方面产生了巨大的影响，并促进了旅游的兴起。具体表现在以下几个方面。

1. 工业革命加速了城市化进程

工业革命加速了城市化进程,并且使很多人的工作和生活地点从农村转移到工业城市。这个变化最终导致人们需要适时逃避快节奏的城市生活和拥挤嘈杂的环境压力,产生对返回自由、宁静的大自然环境中去的追求。大量的事实证明,城市居民外出旅游的人数大大高于乡村居民外出旅游的人数,时至今日仍然如此。因而这种工作和生活地点方面的变化对工业革命后的旅游发展是一种重要的刺激因素。

2. 工业革命改变了人们的工作性质

除了工作和生活地点的变化外,工业革命也改变了人们的工作性质。随着大量人口涌入城市,原先那种随农时变化而忙闲有致的多样性农业劳动开始为枯燥、重复的单一性大机器工业劳动所取代。这促使人们强烈要求假日,以便能从中获得喘息和调整的机会。

3. 工业革命带来了阶级关系的新变化

工业革命造就了工业资产阶级,从而使生产出来的财富不再只流向封建贵族和土地所有者,也流向了资产阶级。新兴的资产阶级拥有金钱,追求吃喝玩乐,喜爱游山玩水、外出度假、漫游世界,从而扩大了有财力外出旅游的人数。此外,工业革命还造就了出卖劳动力的工人阶级。随着生产力的提高和工人阶级的不懈斗争,资本家有可能增加工人的工资以及给予他们带薪假日,使其有可能成为近代旅游活动的参与者。

4. 大规模的人员流动成为可能

工业革命促进了科技的进步,蒸汽技术在交通工具中得到应用,出现了蒸汽动力的轮船(18 世纪末)、火车(1814 年)等新式交通工具。这些新式交通工具极大地缩小了旅游的时间距离,降低了人们外出旅游的交通费用,扩大了人们外出的活动范围,为外出旅游创造了便利条件,从而使大规模的人群流动成为可能。同时,电梯的发明、防火材料的日益完善,出现了楼层高、规模大、设备好而安全的新式旅馆,使大规模的旅游接待成为可能。

(二) 托马斯·库克的活动与旅游业的发展

工业革命带来了社会经济的繁荣,更多的人有能力并有愿望旅游,然而外出旅游仍面临种种不便,如缺乏对旅游地的了解、语言障碍、食宿条件不能事先确定等。这就需要有人提供这方面的服务。英国人托马斯·库克(1808—1892)认识到了这些问题,并开始设立相应的组织机构来满足这种社会需要,从而使他成为旅游发展史上里程碑式的人物。

1841 年 7 月 5 日,库克利用包租火车的方式组织了 570 人从莱斯特前往拉巴夫勒参加禁酒大会。严格地说,这次活动并非世界上第一次团体火车旅行,但这次活动却标志着近代旅游及旅游业的开端,因为这次火车包价旅游具有如下特点。

(1) 这次活动具有广泛的群众性。参加者来自各行各业,他们为了戒酒而参加了这次活动,活动结束后便四散离去,这种情况和现代旅行社组织的旅行团的情况基本相同。

(2) 托马斯·库克不仅发起、筹备和组织了这项活动,而且自始至终随团陪同照顾。这一点可以说是现代旅行社全程陪同的最早体现,具有重要意义。

(3) 这次活动参加者的规模之大在当时是空前的,这是现代组团开展规模化旅游的雏形。

（4）这次活动为托马斯·库克旅行社的建立奠定了基础并提供了经验。

【知识链接 2-2】

托马斯·库克简介

1808 年 11 月 22 日，托马斯·库克出生于英格兰德比郡墨尔本镇。自幼家境贫寒，3 岁丧父，母亲改嫁。迫于生计，托马斯·库克 10 岁时不得不辍学从业。先在一家蔬菜花草店当帮工，每周的工钱仅为 6 个便士。但该雇主死于酗酒，使托马斯·库克丢掉了饭碗。后又随姨父改做木工学徒，但不久其姨父同样因酗酒而去世。17 岁时进入拉特兰郡的浸礼教会做诵经人。

1826 年，库克成为一名巡回传教士，云游四方，散发浸礼教会的小册子，宣传教义。这使托马斯·库克游历了英格兰的许多地方，对旅游产生了兴趣。成年后的托马斯·库克成为一名印刷商人，积极参加禁酒活动。毕生大部分时间从事与旅游相关的工作。1892 年，托马斯·库克卒于英格兰萨里郡泰晤士河畔，享年 84 岁。

（资料来源：百度百科）

这次旅游活动的成功使托马斯·库克名声大振。在此后几年中，他又多次应邀组织旅游活动，但都是他尽义务的"业余活动"。1845 年 8 月，托马斯·库克旅行社在莱斯特正式诞生，并第一次组织了为期一周、有 350 人参加的团体消遣性观光旅游，目的地是利物浦。此前，托马斯·库克做了大量准备工作，从路线考察、旅游点的确定、吃住安排，到《旅游手册》的印制，后来又推出旅游代用券（相当于现代的旅行支票）用于支付旅馆费用。

这次活动与以往的完全不同，充分表现出旅行社的业务特点：第一，这是一次营利性的商业旅游活动；第二，这是一次长途旅游；第三，托马斯·库克不仅自己充当导游、陪同，还雇用了地方导游；第四，编印出版了《利物浦之行手册》；第五，在活动过程中还进行路线考察和组织产品。

同年，他亲自率领有 30 个人参加的团队出国旅行，目的地是瑞士。1846 年，托马斯·库克组织了一个大型旅游团，去苏格兰旅行。1851 年，托马斯·库克组织数十万人参加在伦敦举办的第一届世界博览会。1855 年，托马斯·库克组织了从英国莱斯特前往法国巴黎参观第二届世界博览会的团体旅游。1856 年，托马斯·库克推出欧洲大陆游，从伦敦出发，途经安特卫普、布鲁塞尔、滑铁卢、科隆、莱茵河、美因茨、法兰克福、海德堡、巴登巴登、斯特拉斯堡，最终到达巴黎。为了扩大业务，托马斯·库克于 1863 年在瑞士成立了一个营业所，专门受理和经营赴瑞士旅游的团体业务。1865 年，托马斯·库克与儿子约翰·梅森·库克联合成立了托马斯父子公司。以后相继在美洲、非洲、亚洲设立分公司，成为当时世界上最大的一家旅游企业。此后，托马斯·库克还创造出一种代金券。旅游者持这种代金券可在与托马斯·库克旅行社有合同关系的交通运输公司和旅游接待企业中用于支付，并可在指定的银行兑换现金。这种代金券是旅行支票的雏形，实际上也可以称为最早的旅行支票。1872 年，托马斯·库克组织的环球旅游更使他的旅行社名声大噪。托马斯·库克的名字也成了旅游的代名词而在欧美地区尽人皆知。总之,托马斯·库克的活动说明了人们对旅游的需求已经成熟。托马斯·库克旅行社的问世标志着近代旅游业的诞生。

同时,许多类似的旅游组织在欧洲大陆纷纷成立。例如,1857 年,英国成立登山俱乐部,1885 年成立的帐篷俱乐部,1890 年法国和德国也分别成立了观光俱乐部。从 1850 年起,美国的运通公司兼营旅行代理业务,并于 1891 年发行了旅行支票,后来与英国的通济隆旅游公司、比利时的铁路卧车公司并称为 20 世纪初三大旅行代理业务公司。

(三)世界近代旅游发展的特征

1. 资本主义工业革命所带来的生产率的提高、财富的增加扩大了旅行和旅游的人数

当然,真正能参加旅游的毕竟限于少部分人:一是少数正在成长着的中产阶层,他们要求到就近的山地风景区和海滨胜地做短暂的旅游;二是那些中上层人物,有比较多的金钱和时间到异国去旅游,如到地中海游览,或者欧洲人到北美去旅游;三是伴随着对外殖民侵略和扩张到国外的部分人。

2. 近代旅游产生于近代交通工具发明之后

陆地旅游除继续使用以马车为主的交通工具以外,铁路成了主要的旅游交通工具。铁路不仅能运送更多的人,而且可以让人花少量的钱到更远的地方去旅行。轮船的大型化和高速化,极大地便利了海上旅行。

3. 近代旅游开始成为一项经济活动

托马斯·库克开始的旅行代理业逐渐确立其地位,成为旅游事业中的重要环节。旅行社进行团体包价旅游不仅可获得规模经济效益,而且能从多方获取其他经济利益,旅行和旅游这项古老的社会活动开始变成一项经济活动。

4. 旅游景点和旅游设施得到了迅速发展

紧靠城市的山地风景区和海滨,逐渐建设起具有先进娱乐设备和宜人环境的综合企业,那些原有的专供上层社会享受的游玩风景区、海滨浴场,变成了常年开放的旅游景点。

虽然近代旅行、旅游活动已有很大发展,但还未发展到能称之为独立的经济行业——旅游业从整个时代来看,只是一种局部地区个别人经营的旅游代理业。

三、世界现代旅游——国际旅游快速发展

现代旅游是指第二次世界大战以后的世界旅游发展。人类的旅游活动历史悠久,但在第二次世界大战以前,无论是旅游者的人数、参加的阶层、旅程的距离还是旅游消费都受到较大局限。第二次世界大战以后,世界经济逐渐得到恢复,尤其是进入 20 世纪 60 年代,和平与发展逐渐成为时代主流。宏观环境的改观,为现代旅游的兴起和普及创造了前所未有的良好条件,并使其在半个多世纪里保持持续、蓬勃的发展。

(一)现代旅游迅速发展的原因

1. 第二次世界大战后世界人口迅速增加

在第二次世界大战后初期,全世界人口仅约 25 亿。到 20 世纪 60 年代,已增加到

36亿。在短短的20年中,世界人口增加了44%。2013年,世界人口已突破70亿。世界人口基数的扩大成为第二次世界大战后大众旅游人数增加的基础。

2. 第二次世界大战后世界经济迅速发展

第二次世界大战结束以后,世界各国都致力于经济的恢复和发展,世界范围内的紧张局势的缓和为世界经济的快速增长提供了必要的前提和保证,几乎所有国家战后的经济增长速度都大大超过了战前的增长速度。经济的发展必然导致人们收入增加和支付能力提高,这对旅游的迅速发展和普及起到了重要的刺激作用。

3. 交通运输工具的进步缩短了旅行的时间

第二次世界大战后,在铁路和轮船提高运载能力与速度的同时,汽车和飞机的发展尤为迅速。在欧美发达国家中,拥有小汽车的家庭比例不断增加,长途公共汽车运营网络也不断扩大和完善。由于汽车自由、方便、灵活,因此成为人们中、短途旅游的主要交通工具。与此同时,民航运输的发展也使人们有机会在较短的时间内做长距离旅行,进一步扩大了人们的旅行空间,促进了国际、洲际乃至环球旅游的发展。

4. 科技的进步导致闲暇时间增加

第二次世界大战后,科学技术广泛应用于生产,生产自动化程度大大提高,生产效率也迅速提高,人们不再像过去那样付出繁重的体力和劳动时间。同时,劳动阶级坚持不懈的斗争,使人们的带薪假期得以增加。20世纪60年代以后,很多国家都在不同程度上规定了带薪假期制度。这种变化使人们的闲暇活动得以更多地开展,参加旅游活动的人数迅速增加,并且出游的距离和在外逗留的时间也大大延长。

5. 第二次世界大战后各国城市化进程普遍加快

第二次世界大战后,几乎在所有的经济发达国家中,农村人口都在不断下降。例如,到20世纪70年代初,美国的农村人口已下降到不足全国人口的1%。在美国全国劳动力人口中,只有大约5%从事农业生产。在这些国家中,绝大多数人口聚居在城市,绝大多数劳动者都在从事单调乏味的重复性工作。这些都使城市居民,特别是劳动就业人员的身心承受着极大的压力。他们需要定期使自己紧张的体力和神经得到放松,从而更向往重返没有城市污染和工业污染的大自然,向往能使人耳目一新的异域环境。这种情况成为第二次世界大战后旅游度假迅速发展的重要社会心理原因之一。

6. 第二次世界大战后教育事业和信息技术不断发展

第二次世界大战后世界各国的教育事业不断发展,加之信息技术的进步,越来越多的人对自己的乡土和本国以外其他地区和国家的事物增加了了解,并因此产生兴趣。这种情况对于第二次世界大战后的旅游热无疑也有极其重要的影响。

影响第二次世界大战后旅游迅速发展的其他因素还有很多,上述因素只是从需求方面观察而归纳出来的主要推动因素。实际上,第二次世界大战后旅游的迅速发展是需求和供给两方面因素共同推动与促成的结果。如果从供给方面继续分析,那么至少还有两项重要因素推动了第二次世界大战后旅游的蓬勃发展:其一是廉价团体包价旅游的发展;其二是很多国家的政府为了发展本国的旅游业,特别是为了吸引和便利国际旅游者来访而采取的支持态度和鼓励措施。例如支持和参与旅游资源的开发、放宽出入境限制、支持和组织旅游宣传等。

（二）现代旅游的特点

1. 旅游活动的大众性

自工业革命后工人阶级诞生之日起，他们便一直为提高工资和获得带薪休假的权利进行不懈的斗争。但这些斗争持续了100多年之后才取得基本胜利。虽然第二次世界大战之前的旅游者队伍中已经有劳动阶层参加，然而劳动阶层真正形成旅游大军的主力则是在战后，或者更确切地说，是20世纪60年代中期以后的事情。自此开始，大众旅游便成为现代旅游活动的一大特点。

所谓大众性，一是指旅游阶层越来越广泛。旅游休闲由过去只有贵族、官僚、富商、巨贾等少数人才能享受的一种奢侈的游乐活动，变成普通劳动阶层也能参与的一种民众性的社会活动。旅游活动在世界各地各个阶层都普遍开展起来。二是参加旅游的人数越来越多，人们外出旅游的频率不断增加。这个特点在发达国家表现比较明显。早在20世纪80年代，美国国内旅游就已达近12亿人次；英国每年出国旅游的人次近乎达到全国人口的半数，英国每年平均外出旅游3到4次的人占全国总人口的55%，在瑞士该比例更高达75%。在今天，这些数字则会更高。可见，旅游已经成为人们日常生活不可缺少的部分了。三是旅游作为一种激励员工的手段，已被企业或各种组织所广泛采用。目前，随着人们观念的改变，越来越多的企业将奖励员工出游的机会作为激励员工的一种重要手段，通过商务会议旅游、海外教育培训奖励对公司运营及业绩增长有功的人员。奖励旅游并非一般的员工旅游，而是企业的所有者提供一定的经费，委托专业旅游业者精心设计的“非比寻常”的旅游活动。奖励旅游目前已经成为高级旅游市场的重要组成部分，并且还在迅速扩大。四是社会补贴旅游日渐普及。对于社会低收入阶层，西方国家又创造了以各种社会补贴和奖励的方式，使其加入“社会补贴旅游”的行列。我国也出现了由单位出资、集体参与的“福利型旅游”方式，从各个方面通过各种不同的方式使大众性的现代旅游活动越来越深入人心和普及。

2. 地理上的集中性

随着现代科学技术的发展和交通运输工具的进步，世界各地之间的往来时间不断缩短，现代旅游活动已经普及到世界各地，现代旅游者也几乎是无处不至。但是，他们的旅游活动绝不是平均或大致平均地分布在地球表面的各个地方。恰恰相反，现代旅游的空间分布表现出明显的不平衡性。由于旅游资源的质量和地理分布存在空间差异，旅游业发展水平也存在地域差别，而旅游者的旅游动机和旅游行为空间差异性相对较小，从而导致旅游者的流量和流向往往表现出地域的集中性，即人们往往集中到某些地区、某些国家乃至某些线路和景点从事旅游活动。例如，在全世界的国际旅游活动总人次中，在欧洲地区旅游的人次最多，其次是美洲。这两个地区合到一起，每年接待的国际旅游者数量都占该年全世界国际旅游者总量的80%以上。相比之下，非洲、中东、南亚等地区的国际旅游接待量很小，三个地区的接待量合到一起，也占不到全球总量的6%，并且这种分布格局自第二次世界大战结束以后一直没有太大的变化。就一个国家而言，旅游接待量在各地的分布往往也会呈现相对集中的特点。正是由于旅游活动地区分布的不均衡，才有了旅游热点地区、温点地区和冷点地区之分。从来访旅游者在一个地区或一个城市中的活动情况看，同样也多是集中在某些区域乃至某些景点，而不是于各处平均分布。例如，伦敦是世界上著名的旅游城市，旅游景点众多，但 80% 以上的旅游者都集中在市内的特拉法格广场、威斯敏斯特大教堂（见图 2-1）、白金汉宫和伦敦塔这些景点。

图 2-1 威斯敏斯特大教堂

旅游活动的地理集中性对于旅游企业的选址和经营来说无疑有其有利的一面，但是一个旅游目的地的来访旅游者的规模一旦超过该地的旅游承载能力或负荷能力的临界点，便会给该地带来较大的负面影响，甚至可能形成较为严重的环境问题和社会问题。如果不能加以解决或者措施不力，“人满为患”所造成的损失便会抵消甚至会超过当地发展旅游业所带来的收益。这些情况都与旅游活动的地理集中性有关。因此，了解和认识这个特点是发展旅游的国家和地区，特别是有关政府规划部门必须十分注意的问题。

3. 季节性

在旅游业经营中，人们把一年中旅游者来访人数（或某地人口中外出旅游的人数）明显较多的时期称为旺季，明显较少的时期称为淡季，其余时期则称为平季。其实，旅游活动数量在时间布局上的这种变化不仅存在于一年中的各季、各月以及各周之间，而且在一周中的不同日期之间也同样可以见到。周末旅游人数较多便是明显的一例。在有些国家，特别是那些依赖自然旅游资源吸引外国旅游者来访的国家和地区，旅游接待量的季节性波动更大。在这些国家中，很多旅游企业都是季节性经营，因为每到旅游淡季，旅游者十分稀少，企业为了不致更多地亏损甚至不得不关门停业，从而造成设施设备的闲置、从业人员的季节性失业以及其他方面的经济和社会问题。正因为如此，世界各国一直都在设法特别是通过旅游规划开发和市场营销工作去减小季节性的影响。

旅游季节性的形成有多方面的原因。在旅游目的地，当气候变化决定旅游吸引因素的时候，季节性就很明显。在旅游客源地，当人们是因为公务、会议及工商贸易为外出目的或者家庭及个人事务原因而出游时，季节性就相对较小。当人们以消遣为主要目的外出度假旅游时，季节性就比较明显。

4. 旅游新概念不断推出，旅游形式多样化

经济的发展、社会的进步，使人们的观念逐渐发生转变。人们以新的视野、新的思路来审视和认识旅游活动，而不再抱着传统观念不放。旅游作为经济与文化的互动，引发了旅游和商业设施的结合、旅游与保险的结合等一系列的旅游新概念。旅游的需求也越来越多样化。人们从传统的"景点+观光""景点+饭店"之类的自然风光旅游，逐渐转向度假性的休闲旅游。同时，特种旅游，诸如绿色旅游、生态旅游、探险旅游、工业旅游、农业旅游、森林旅游、修学旅游、寻根旅游、志愿者旅游、保健旅游、残疾人旅游也应运而生，成为时尚和潮流。

5. 旅游经营逐渐走向集团化

集团化经营可以说是战后现代旅游发展的方向。一些旅游企业，尤其是大型的旅游企业，为了适应旅游业高速发展的需要，也为了在旅游市场上加强竞争实力，不仅在行业内与其他企业实现联合，还组建跨行业、跨国界的企业，实行集团化的经营。在饭店业，出现了饭店连锁集团和饭店合作集团。在旅行社行业，则有世界著名的卡尔森和瓦根里特两家大旅游公司的洲际联合。值得人们关注的是，在 20 世纪 90 年代中后期，还出现了旅游企业和相关行业企业合并及合作经营的浪潮，而且这种合作联盟和合并趋势，目前有增无减。

第二节 中国旅游历史发展

中国是具有 5 000 多年历史的文明古国，也是世界上旅行游览活动兴起最早的国家之一。中华文化光辉灿烂，博大精深。研究中国旅游活动，科学地对其予以分类，对深入了解作为文化现象的中国古代的旅游活动，提高中华民族的认同感和自豪感，增强中华民族的吸引力和凝聚力，进行爱国主义教育，具有重要意义。

一、中国古代旅游

（一）中国古代旅游的发展

中国是世界文明古国，也是旅游发生最早的国家之一。在先秦古书中就有关于华夏先民在遥远古代的旅游传说，而有文字记载的旅游活动也可以追溯到公元前 2250 年以前。随着朝代的更迭，社会经济、政治和科技文化的发展变化，旅游活动也经历了兴衰起伏的发展变化过程。

在原始社会的前期，人类主要使用石块等简陋的生产工具，在自然分工的基础上，靠渔猎和采集为生。由于生产工具落后、生产力低下，人类的生存无时无刻不处在饥饿和自然灾难侵袭的威胁之中。到新石器时代，随着生产工具的改进，生产效率有了很大的提高。在这个时期，畜牧业和原始农业开始形成和发展，从而导致人类历史上

的第一次社会大分工的出现，这是这个时期生产结构中具有革命性的变革。同时，在这个时期，人类还发明了制陶术和弓箭。但是，这些生产工具和生产技术的进步都未能改变当时人类社会生产的落后面貌。人们的劳动所获除供自己食用之外，几乎没有什么剩余物。人们的社会活动基本上也只限于在自己的氏族部落范围内进行。上述情况说明，到新石器时代中期为止，由于缺乏劳动剩余物，人类还不存在有意识的自愿外出旅行的需要。新石器时代晚期，金属工具开始问世。生产工具和生产技术的进步，导致生产效率的提高和劳动剩余物的出现。随着金属工具的推广和改良，农业和畜牧业有了较快的发展，手工业也逐渐发展起来。原始社会末期，手工纺织技术已发展到使用简单的织机。与此同时，冶金、建筑、运输和工具制造等方面也都有所发展。社会生产力的加速发展，促使手工业成为专门性的行业，并从家庭生产中分离出来，从而出现了人类历史上的第二次社会大分工，即手工业与农业和畜牧业的分离。它使劳动生产率进一步提高，使商品经济得到发展，并加速了私有制的形成。

虽然早在第一次社会大分工，即畜牧业和农业分工之后，游牧部落与农业部落间的产品交换现象便已开始萌发，但由于当时生产力低下，劳动剩余物甚少，这种交换实际上并不普及，而且这不多的交换也仅限于在相邻部落间进行。到第二次社会大分工之后，由于社会分工范围的扩大，特别是由于生产技术的进步和生产率的提高，使劳动剩余产品数量增多，从而使产品交换的范围和数量都得以扩大，很多产品的生产目的就是交换，交换本身也就成为一种重要的社会职能。随着商品生产和交换的发展，到原始社会瓦解和奴隶社会形成时期，开始出现专门从事商品交换的商人阶级，这便是所谓的第三次社会大分工，即商业从农业、牧畜业和手工业中分离出来。商品经济的发展使不同产品交换的地域范围不断扩大。人们需要了解其他地区的生产和需求情况，要到其他地区交换自己的产品或商品，因而便产生了旅行经商或外出交换产品的需要。所以，旅行最初实际上并不是消遣和度假活动，而是由人们扩大贸易、扩大对其他地区的了解和接触的需要所产生的一种活动。因而在最初的年代中，主要是商人开创了旅行的通路。

奴隶制社会是一个相当残酷的社会，但是，在当时的条件下是一个巨大的进步。它实现了社会生产各行业之间、体力劳动与脑力劳动之间更进一步的分工，从而使生产力的提高、交换的扩大、艺术和科学的创立等成为可能，使人类比在原始社会取得了更大的进步。在奴隶制鼎盛时期的商代，生产工具和生产技术的进步以及新的社会分工使生产效率空前提高，从而也使商朝成为中国奴隶社会的经济繁荣时期。剩余劳动产品的增加和以交换为目的的商品生产的扩大，加之商人对生产和流通的促进，使商品经济得到很大的发展。夏代发明的舟车到了商代更加普及和先进，牛、马等大牲畜也普遍用于交通运输，使商代商人的足迹东北到渤海沿岸乃至朝鲜半岛，东南达今日浙江，西南达到了今日的皖、鄂乃至四川，西北达到了今日的陕、甘、宁乃至远至新疆。到春秋战国时期，商业活动有了更大的发展，出现了许多大商人，他们负货贩运，周游天下。当然，在奴隶制社会，促使人们外出旅行的主要原因是产品交换和经商贸易，但这并不意味着当时没有以消遣为目的的旅行。在中国奴隶制社会中，以消遣为目的的旅行主要表现为奴隶主阶级的享乐旅行。当时，生产力的发展所带来的劳动剩余物被奴隶主及其家庭生活享用，其中包括供其外出巡视和游历时享用的部分，但这种享乐旅行仅限于以天子为代表的少数奴隶主。

旅行与交通是密不可分的。中国封建社会时期的交通情况在一定程度上可反映当时的旅行发展情况。水路交通在我国有着悠久的历史，早在春秋时代便有水运的记载。随着汉朝漕运政策的实施，以后的历代封建王朝也大都将漕运纳入国家的重要政策，从而使水路交通运输成为中国封建时期重要的交通方式。其中，隋代在发展水路交通上的贡献最大。隋文帝时期首先开凿山阳渎，打通淮水连通长江的水路。到隋炀帝时期，又相继开凿了通济渠（由黄河连接汴、泗两河以通淮水）、邗沟（即山阳渎，以通长江）、永济渠（通至黄河以北的涿郡）和江南河（由镇江经苏州至杭州，以连通长江与钱塘江），从而构成华北与江南的运河网。由此，水路交通日盛。唐朝建都长安，在水路运输上也利用隋代所开的运河，江南物资多经长江、邗沟、淮水、汴河、黄河，溯洛水而至洛阳，由洛阳再溯黄河上行，经渭水直抵长安。宋朝建都开封后，则利用汴河的漕运，运输荆南、两浙、江南物资和荆湖南北“六路粮米”。元、明、清三朝均建都北京，为了弥补内河漕运的不足，遂又发展海运。由江苏太仓起，过长江口北上，绕山东半岛至天津，然后再经通州（通惠河）至北京。封建社会水路交通的发展虽由国家发展漕运所致，但客观上也便利了人们利用水路旅行往来。

在中国封建社会中，陆路交通建设也有很大的发展。首先是秦朝“驰道”和“直道”的建设。“驰道”以咸阳为中心，“东穷燕齐，南极吴楚，江湖之上，濒海之观毕至。道广五十步，三丈而树，厚筑其外，隐以金椎，树以青松”（《汉书・贾山传》）。“直道”从咸阳北的云阳至九原郡（今包头西南），全长700多千米。此外，秦朝还在西南边疆地区修筑了“五尺道”，在今日的湖南、江西、广东、广西之间修筑了“新道”，形成了以咸阳为中心四通八达的道路网。秦以后历代的道路建设也不断有新的发展，这一点可以从历代驿站制度的发展中得到反映。驿站是历代政府沿陆路和水路所设立的馆舍机构，其目的在于传送官方文书和国家物资以及招待公务往来人员，供给宿舍、车马、船轿、人夫、米粮及饲料等。其名称因时代而有所不同，史书中见到的有置、邮、驿、亭、站、军台、赤台、水驿、递运所等名称，可统称为驿。早在《周礼》和先秦典籍中，便有传、置、邮、驿的记载，但那时驿站的设置并不普遍。秦统一之后，随着历朝道路的建设，驿站制度不断发展。以唐朝的驿制为例，当时每隔15千米设一驿。据《新唐书・百官志》记载，唐朝设驿站计1 639所。照此推算，仅设有驿站的道路里程便达近25 000千米。随着以后朝代疆域的扩大，道路的通达范围也不断发展。

（二）中国古代的旅游形式

古代的中国旅游在不同的时期有不同的形式和内容，这主要是由当时的社会背景决定的。概括一下古代社会人们的旅行游览活动，主要有以下几种基本形式。

1. 帝王巡游

自古以来，中国各朝代帝王为了加强中央集权制的统治，颂扬自己的功绩，炫耀武力，震慑群臣和百姓，同时也为了满足自己游览享乐的欲望，大都兴师动众地到各地巡狩、巡幸、巡游。很多人把西周时期的周穆王视为帝王巡游的第一人，传说他曾宣称：天下诸侯各国要遍布王辇之车辙和御骑之蹄印。此外，秦始皇五次巡游监察四方，汉武帝周行天下巡察天地，隋炀帝修运河下扬州，康熙、乾隆下江南等，都是史学家公认的巡游活动。

2. 政治旅行

政治旅行是指具有某种政治动机而进行的旅行活动。它起始于奴隶制行将崩溃、封建制逐渐形成的春秋战国时期。代表不同阶级、阶层的思想家、理论家从各自的阶级利益出发，著书立说，争鸣论战，或带领门徒周游各国，宣传自己的政见，以求得到重用。虽然当时士族阶层的游说活动主要是为名利忙碌，但长期的旅行实践也必然从中获得审美感受，加强了对旅游理论的思考，并对后代产生了深远的影响。孔子、孟子、苏秦便是其代表人物。

3. 士人漫游

士人漫游主要是指文人学士为了各种目的而进行旅行游览活动。士人漫游起始于先秦，各个时期的士人漫游的目的又各有侧重，其形式和内容也有相应的变化。如先秦时期的士人漫游主要是从政，故游说之士较多。魏晋南北朝主要是政治上不得志而追求适意娱情，消遣排忧，故多走上寄情山水、啸傲风月的漫游道路。唐以后因科举制度调动了中下层知识分子从政的热情，因此，“宦游”（为谋取官职的旅游）和“游学”（考察旅游）十分盛行。陶渊明、李白、杜甫、柳宗元、欧阳修、陆游、苏轼等，便是其杰出的代表人物。

4. 学术考察旅行

学术考察旅行主要是指一些专家、学者或矢志求学之士为了考证先贤遗著的正误或探索客观世界的奥秘，开创一门新学科而进行的治学与旅游相结合的实践活动，它是中国文化的优良传统之一。许多矢志求学之士，崇尚实学或深知“尽信书则不如无书”的道理，或为了获得“读万卷书”所无法获得的知识信息，都热衷于“行万里路”，以补“读万卷书”之不足。他们通过长期艰苦的实地考察旅行，在取得学术和科学上的伟大成就的同时，也成为著名的旅行家。司马迁、李时珍、徐霞客、顾炎武便是其杰出的代表人物。

【知识链接 2-3】

徐霞客生平简介

徐霞客（1587 年 1 月 5 日—1641 年 3 月 8 日，即万历十五年十一月二十七日—崇祯十四年正月二十七日），生于江苏江阴马镇南旸岐，名弘祖，字振之，号霞客，是明代著名的地理学家和旅行家。

徐霞客一生足迹遍布现在的河北、山东、河南、江苏、安徽、浙江、福建、山西、陕西、江西、湖南、湖北、广东、广西、云南、贵州等 16 个省区，所到之处，探幽寻秘，并记录了观察到的人文、地理、动植物等状况。

徐霞客尤其对石灰岩地貌（喀斯特地貌、岩溶地貌）进行了深刻的研究并加以详细记录，包括溶洞分布，石钟乳、石笋、溶沟、石芽、石梁成因等，是举世第一人。同时对长江源头做了考察，纠正了古代文献对“岷山导江”的错误论断。

明崇祯十三年（1640），徐霞客在云南腾越（今腾冲）游历时得病，双足不能行走，由当地知府用轿子送返江苏江阴，去世前托其外甥季梦良（字会明）整理原稿。季梦良、王忠纫将游记手稿编辑成书。他第二年去世后，清军进攻江阴时，季梦良帮助守城，全家被杀，游记手稿大部分被焚于兵火，季会明、徐李寄收集残存的抄本编辑成

《徐霞客游记》，清初吴江人潘耒为《徐霞客游记》作序。1980年，褚绍唐、吴应寿又对此书进行整理、校点。其内容包括他所到之处的地理、地貌、地质、水文、气候、植物、农业、矿业、手工业、交通运输、名胜古迹、风土人情，仍然具有很高的科学和文学价值。

（资料来源：百度百科）

5. 外交旅行

外交旅行是为了达到某种政治目的，肩负国家使命而进行的一种旅行。先秦时期的外交旅行突出地表现为各诸侯的外交活动和说士的游说。吴国季札北上“观周乐”就是这种旅行的代表。另一个著名的外交家是西汉时期的张骞，他两次出使西域，到达大宛、康居、月氏、大夏、安息等国，并把各国使节带回汉朝，汉武帝连年派很多使官去这些国家，打开了中国通往西域的道路，中国丝绸从这条道路源源不断地运往西方，因而称这条路为“丝绸之路”。此外，三国时期的朱应、康泰，唐代的杜环，元代的汪大渊，明代的郑和，都是中国古代外交旅行的杰出代表。

6. 宗教旅行

宗教旅行是以朝拜、寻仙、取经、求法、布道为目的的一种古老的旅游活动形式，至今仍然有很大的吸引力。但古代中国的国际性宗教旅游，主要是佛教徒以朝拜、学佛、传法为目的的旅行活动，从魏晋盛行到唐代形成高潮，并出现了法显、玄奘、鉴真等著名的宗教旅行家。

【知识链接 2-4】

鉴真六次东渡

鉴真（688—763），唐朝僧人，江苏扬州江阳县人，律宗南山宗传人，日本佛教律宗开山祖师，著名医学家。

出生及受戒

唐武后垂拱四年（688），鉴真出生于扬州，俗姓淳于。702年，鉴真入扬州大云寺为沙弥；706年，受菩萨戒；709年，随道岸禅师入长安，在实际寺荆州弘景律师门下受具足戒，跟随他学习南山律宗。在长安期间，鉴真勤学好问，不拘泥于门派之见，广览群书，遍访高僧，除佛经之外，在建筑、绘画、医学方面，都具有了一定的造诣。715年，他回到扬州大明寺修行。733年成为当地佛教领袖、大明寺方丈，受其传戒者前后有4万余人。时人誉其“江淮之间，独为化主”。

六次东渡

742年，日本留学僧荣睿、普照到达扬州，恳请鉴真东渡日本传授“真正的”佛教，为日本信徒授戒。当时，大明寺众僧“默然无应”，唯有鉴真表示“是为法事也，何惜身命”。遂决意东渡。

第一次东渡：742年冬，鉴真及弟子21人，连同4名日本僧人，到扬州附近的东河既济寺造船，准备东渡。后被诬告勾结海盗，第一次东渡就此夭折。

第二次东渡：744年1月，做了周密筹备后，鉴真等17名僧人，连同雇佣的“镂铸写绣师修文镌碑等工手”85人，共100余人再次出发，因遭遇风浪再次失败，第二次东渡遂结束。

第三次东渡：越州僧人得知鉴真等人准备再次东渡，为挽留鉴真，他们向官府控告日本僧人潜藏中国，目的是“引诱”鉴真去日本。于是官府将日本僧人荣睿投入大牢，遣送杭州。荣睿途中装病，伪称“病死”，方能逃离。第三次东渡就此作罢。

第四次东渡：江浙一带既然不便出海，鉴真于是决定从福州买船出海，率30余人从阿育王寺出发。刚走到温州，便被截住，原来鉴真留在大明寺的弟子灵佑担心师父安危，苦求扬州官府阻拦，淮南采访使遂派人将鉴真一行截回扬州。第四次东渡不了了之。

第五次东渡：748年，荣睿、普照再次来到大明寺恳请鉴真东渡。鉴真即率僧人14人，和工匠水手等共35人，从崇福寺出发，再次东行。为等顺风，出长江后鉴真一行在舟山群岛一带停留了数月，直到11月才能出海。在东海上，该船遭到强大北风吹袭，连续漂流14天才看到陆地，16天后方能上岸，发现已经漂流到了振州（今海南三亚），入大云寺安顿。鉴真在海南停留一年，为当地带去了许多中原文化和医药知识，时至今日，三亚仍有“晒经坡”“大小洞天”等鉴真遗迹。

之后，鉴真北返，经过万安州（今海南万宁）、崖州（今海南海口）、雷州、梧州到达始安郡（今广西桂林），在始安开元寺鉴真又住了一年，又被迎去广州讲法，途经端州（今广东肇庆）时，荣睿病死该地龙兴寺。在广州，鉴真动心前往天竺，被慰留。入夏之后，鉴真继续动身，经韶州时，普照辞去，临别之时，鉴真发誓“不至日本国，本愿不遂”。此时，鉴真由于水土不服，加之旅途劳顿，又为庸医所误，导致双目失明。过了大庾岭，鉴真大弟子祥彦又在吉州（今江西吉安）坐化，鉴真十分悲痛。接下来鉴真又经过了庐山、江州（今江西九江）、润州江宁县（今江苏南京），回到了扬州。第五次东渡结束。

第六次东渡：由于鉴真的游历遍于半个中国，因此名声大噪。753年，日本遣唐使藤原清河、吉备真备、晁衡（即日本人阿倍仲麻吕）等人来到扬州，再次恳请鉴真和他们一道东渡。当时唐玄宗崇信道教，意欲派道士去日本，因此不许鉴真出海。鉴真便秘密乘船至苏州黄泗浦，转搭遣唐使大船。随行人众24人，其中僧尼17人。11月16日，船队扬帆出海，此时，普照也于余姚赶来。11月21日，鉴真所乘舟与晁衡所乘舟失散。12月6日，剩余两舟一舟触礁。12月20日，抵达日本萨摩。第六次东渡终于成功。

（资料来源：百度百科）

7. 商务旅行

商务旅行主要是以经商为目的的旅行，旅行者主要是商人。在中国古代，商与贾两字联用，以区别不同的商业活动。东汉经济学家郑玄认为：“商”指往来各地做买卖，“贾”指设肆售货。“商旅”则是指为做买卖而往返各地的商业旅行活动。“商路”指商旅所经路线。中国古代有许多著名的“商路”。春秋战国时期商业发展，出现了陶朱公（范蠡）、吕不韦等有名的大商人，他们负货贩运，周游天下。

视频：范蠡三徙

8. 节庆旅游

在中国古代各族人民的生活习俗和喜庆佳节中，都有具备浓郁的民族特点和地方特色的旅行或游览活动。在人民群众的生活习俗中，春节庙会、元宵灯市、清明踏青、重阳登高、中秋赏月等，都是中国亿万群众沿袭数千年带有旅游活动的喜庆佳节。中国各个少数民族的传统节日，更多是伴随旅游内容的载歌载舞的群众性活动，如蒙古族的那达慕大会、藏族的雪顿节、彝族的火把节、白族的三月街、傣族的泼水节等，都是各族人民群众为欢庆节日举行的健康、愉快、生动活泼、丰富多彩的游览和娱乐活动。

（三）中国古代旅游的特点

（1）旅行的发展与国家的政治经济状况有着直接的关系。在政治安定、生产力发展、经济繁荣的统一时期，旅行活动便会发展。反之，则会停滞甚至倒退。

（2）旅游和旅行随生产力的发展向多样化发展，商务旅行占据主导地位。

（3）消遣性质的旅行和旅游的参加者多为帝王、官僚、封建贵族、地主等统治阶级及附庸阶层人士。他们人数不多，而广大劳动群众客观上缺乏参加旅游活动的能力。

（4）旅游和旅行的条件很差，人们也缺乏主动旅游的意识。

二、中国近代旅游

（一）中国近代旅游业的崛起

近代中国的旅游是指 1840 年鸦片战争以后到中华人民共和国诞生前这段时期的旅游。1840 年以后，帝国主义用坚船利炮打开了中国闭关锁国的大门，西方的商人、传教士、学者和一些冒险家，纷纷到中国来，有的还在中国的名胜地区，例如北戴河海滨、庐山等地建造房舍作为居住区，中国几乎成了外国冒险家的乐园。所以，这个时期外国人来华的旅行和旅游，与帝国主义的殖民侵略活动是密不可分的。与此同时，中国人出国旅行的人数也大大增加，其中有的是出国考察游历的旅行者，有的是出国求学的留学生等。其中许多人的共同目的是到外国寻找救国救民的真理。虽然旅行和旅游在我国自古有之，而作为一项经济事业的旅游业，只是 20 世纪 20 年代才开始出现。1923 年 8 月 15 日，上海商业储蓄银行旅行部正式宣告成立。经过苦心经营，业务有了明显发展。由于银行总行国外部已不能总揽银行业务和旅行社业务，于是 1924 年 1 月旅行部脱离国外部独立对外开展业务。当年春天，即组织了第一批国内旅游团，从上海赴杭州游览，因人数众多，由铁路局开专列运送。不久又组成第一个赴日本旅游的“观樱团”。从 1923 年 8 月起的 5 年内，上海商业储蓄银行在 11 家外埠分行开设了旅行部分部，其间还先后与 20 家中外铁路公司、23 家中外航运公司建立业务联系。上海商业储蓄银行旅行部开创了中国旅游发展史上的四个第一：办理第一艘旅美学生专轮，举办国内第一个游览团，组织第一个国外游览团，发行中国第一张旅行支票。旅行部以诚挚的态度和良好的服务赢得了旅游者的好评与信任。1927 年 6 月 1 日，旅行部从上海商业储蓄银行独立出来，正式领取了营业执照，成立了中国旅行社，这是我国第一家旅行社。1928 年至 1938 年，是中国旅行社获得大发展的 10 年。中国旅行社在全国各地设立了 58 个分支社或办事处，另在纽约、伦敦、新加坡、加尔各答、河内、仰光、马尼拉、中国香港等地设立了办事处，建立了办事机构。从 1931 年中国旅行社建立第一家招待所旅馆，至 1938 年共建招待所、饭店 21 家，同时与国际上的多家旅行社建立了业务往来。1927 年，中国旅行社创办了我国第一本旅游行业的专业杂志——《旅行杂志》。该杂志为季刊，其宗旨是：“供社会之参，对于国内外交通之状况、商业之情形及民情风俗，悉加调查而载录之……冀由此引起国人对于旅行上之观感，以推求其益之普及。”杂志自一问世，即深受读者欢迎，销路十分看好。创刊号不到一个月即售完，故从 1929 年第三季度起，改季刊为月刊。该刊物一直出版到 1954 年。从 1933 年 11 月起，中国旅行社又在上海发行《行旅便览》月刊，内容以报道舟车路线、船期、时刻、票价为主，免费向旅游者赠送。其中 5 种英文小册子，还是埃德加·斯诺亲自为旅行社编写的。为了配合客运和游览业务，中国旅行社还在 1931 年到 1937 年出版了中外游记和导游等书籍 20 多种。除中国旅行社外，当时还产生了“铁路游历经理处”“公路旅游服务社”“浙江名胜导游团”“中国汽车旅行社”“国际旅游协会”“友声旅行团”“精武体育会旅行部”“萍踪旅行团”“现代旅行社”等一批旅游组织和旅行社。现代旅馆、饭店和交通客运也有了惊人的发展。20 世纪 20 年代至 30 年代，上海、北平、天津、汉口等大城市，宁波、汕头、青岛、大连等港口商业城市，长沙、郑州、南京、张家口等交通枢纽城市，掀起了一股建造现代饭店的热潮，仅上海就有中西旅馆、饭店 300 多家，如维多利亚饭店、圣乔治饭店、远东饭店、爵禄饭店、金门饭店、大中华旅馆、东亚旅社等，如果加上地方交通旅馆，全国共有 1 057 家。20 世纪 30 年代，上海在中国沿海航运业的枢纽地位和中国海运中心、东亚交通中心地位已经确立。1930 年至 1937 年，全国新建铁路 2 400 多千米，正在建筑的有 1 000 千米。国有公路从 1927 年的 129 170 千米增长到 1936 年 6 月的974 000 千米。20 世纪 30 年代，民用航空已有中国航空公司、欧亚航空公司、西南航空公司 3 家，开辟了 10 条航线。远洋航运企业有轮船招商局、中国邮船公司、中华航业公司等，通航于欧洲、美洲、亚洲、大洋洲之间。通信设施也有显著发展。以中国旅行社为首的一批旅行社的诞生、现代饭店业的兴起和交通客运的迅速发展，标志着中国旅行业作为一个新兴的行业产生了。

（二）中国近代旅游的特点

1. 近代中国旅游活动局部存在，未形成产业

近代中国旅游活动局部存在，但未形成产业，原因在于以下几方面。

（1）与帝国主义的殖民侵略活动紧密联系，西方的商人、传教士、学者和一些冒险家来到中国，在一些通商口岸和风景名胜地区巧取豪夺，建造房舍，供其经商、传教、游览和休憩之用。

（2）旧中国政府与西方列强建立外交关系，向西方各国派驻使节，不少外交官员考察异域，游历甚为广泛。

（3）不少人出国出卖劳动力，其中也有一些人在谋生之余顺道游览观赏。

（4）为了学习西方的科技知识，不少青少年漂洋过海出国留学，尤其是 19 世纪 70 年代洋务运动时期，出现“留学热潮”，得以游学欧美。

2. 近代中国旅游发展所依赖的基本载体形成

（1）旅行社。中外联系加强，来华旅行的外国人和出国旅行的中国人数都大大增加。西方来华旅游大多与帝国主义殖民侵略活动联系在一起，中国人出国旅行大多和洋务留学联系在一起。由此产生了专门为旅行服务的机构和组织。1923 年 8 月，中国第一家旅行社前身——上海商业储蓄银行旅行部成立，1927 年 6 月更名为中国旅行社。

（2）交通。铁路是近代旅游的主要交通工具，中国从 1876 年起铁路建设有胶济

铁路、滇越铁路、广九铁路、中东铁路。近代中国的内河航运、远洋航运、公路运输和民用航空为旅游和旅游业的发展提供了一定的条件。

（3）旅游住宿。近代旅馆从清代末期开始发展，有外资经营的西式旅馆、民族资本经营的中西式旅馆、铁路沿线的招商旅馆以及公寓等。

西式旅馆是指清末英、美、法等外国资本侵入中国后，按照西方建筑、设备、装修、经营方式等建造并经营的旅馆。西式旅馆大多建于帝国主义列强在中国的租借地或势力范围之内，其中上海最多，如法国卢夫勒式的皇宫饭店、德国恺撒式的德华饭店、美国斯塔特勒式的美国饭店、英国皇家式的维多利亚饭店等。

中西式旅馆是中国民族资本向旅馆业投资兴建的半中半西风格的新式旅馆。中西式旅馆既接受了西方旅馆的某些影响，又继承了中国的历史传统，其建筑形式多为庭园式或园林式，如北京 1912 年的长安春饭店、1918 年的东方饭店、1922 年的中央饭店，天津 1923 年的国民饭店，以及当时上海的中央饭店、大中华饭店、扬子饭店、国际饭店等。

招商客栈是指"中华民国"建立以后随铁路兴建而发展起来的旅馆。据有关部门统计，1934 年重要铁路线上见于记载的旅馆和客栈有 1 000 多家，主要接待过往旅行者和客商。

会馆和公寓在中国出现较早，汉代京师已有外地同郡人的邸舍。公寓与旅馆相似，不同之处是接待对象以居住较长时间的旅客为主，房租收取也多以月计。

三、中国现代旅游（1949 年以后）

中国现代旅游是指中华人民共和国成立以来的旅游。新中国旅游事业的发展，大体经过了初创、开拓、停滞和发展 4 个阶段。

（一）初创时期（1949—1955 年）

这个时期，我国旅游业发展的主要任务是增进我国与各国人民的相互了解和友谊，宣传我国的社会主义。新中国旅游业首先经营的是国际旅游业务。新中国成立后成立的第一家旅行社是厦门的华侨服务社。厦门成立华侨服务社后，广东省的深圳、拱北、广州、汕头等十几个城市都建立起华侨服务社。1957 年 4 月 22 日，华侨旅行服务总社在北京成立。从此，新中国旅游业从早期的公费接待少量观光团，发展到组织华侨、港澳同胞自费回国或回内地观光、旅游、探亲。侨乡探亲旅游是初创阶段的主要旅游形式。1954 年 4 月 15 日，新中国第一家面对外国人的旅行社——中国国际旅行社在北京诞生。自 1954 年日内瓦会议后，特别是 1955 年万隆会议的召开，使中国的国际地位得到空前提高，国际影响日益扩大，与中国建立外交关系的国家的数量明显增加。1954 年以后，该社开始接待外国自费旅游者。

（二）开拓时期（1956—1966 年）

1. 华侨旅行服务总社的建立

1957 年 3 月，华侨服务社专业会议在北京召开，对各地华侨服务社成立以来的工作进行了总结，并决定建立全国华侨旅行服务总社。同年 4 月 22 日，在将全国华侨服务社统一为华侨旅行服务社的基础上，正式成立了华侨旅行服务总社。

2. 国际旅游业务的新拓展

20 世纪 50 年代中期，国际旅行社积极采取各种措施，组织各国自费旅游者旅华。到 60 年代中期，客源构成发生了明显的变化，由 50 年代末 60 年代初苏联、东欧国家旅游者占到国际旅行社接待国际旅行者总数的 90% 以上，转为西方国家的旅游者占到该社接待外国旅游者总数的 85% 以上。

3. 中国旅行游览事业管理局的诞生

国内外形势的发展和国际合作、交往的拓宽，使国际旅行社的业务已无法跟上发展的步伐，党中央决定将建立国家旅游行政机构摆到议事日程上。1964 年 6 月 5 日，国务院决定成立中国旅行游览事业管理局（简称旅游局）。经由全国人大常委会 1964 年 7 月 22 日正式批准，旅游局作为国务院的直属机构，负责全国旅游事业的管理。旅游局成立后，国际旅行社总社以接待为主，旅游局则负责管理全国的旅游事业，制订发展规划、年度计划和进行统筹安排等。从此，我国的旅游事业开始进入了正常发展的轨道，并于 1965 年接待了 12 877 名旅游者，创造了新中国成立后 10 年来的最高纪录。

（三）停滞时期（1967—1977 年）

1966 年 5 月开始的 10 年“文化大革命”时期，正是现代旅游业作为国民经济主要部门在工业发达国家得以确立的时代。而刚刚起步的新中国旅游事业却受到了严重干扰和破坏，处于历史上的萧条、停滞阶段。十年动乱时期，旅游业遭受极大破坏，入境旅游者骤减，华侨旅行服务总社被迫撤销，各地旅游行政机构停止正常工作。

（四）发展时期（1978 年以后）

十年动乱结束后，我国旅游事业逐渐得以恢复，尤其是改革开放以后，旅游事业进入了一个全面大发展的时期，取得了巨大成就。具体表现在以下几个方面。

1. 从中央到地方建立起了一套旅游管理体制

1978 年，中国旅行游览事业管理局改为中国旅行游览事业管理总局，各省、直辖市、自治区相应建立省、直辖市、自治区旅游局。1981 年 4 月 7 日，国务院成立旅游工作领导小组，同年制订了我国旅游业发展的五年计划。1982 年 8 月 23 日，中国旅行游览事业管理总局改为中华人民共和国国家旅游局，以加强对全国旅游业的统一领导，更有效地贯彻党中央和国务院有关发展旅游业的一系列方针政策。其间，许多县、市也陆续成立了旅游局。2018 年，国家旅游局与文化部合并，组建文化和旅游部。2022 年，党的二十大胜利召开，指出要坚持以文塑旅，以旅彰文，推进文化和旅游深度融合发展，这为新时代中国文旅事业的发展进一步指明了方向。

2. 经营体制多元化使竞争机制增强

从 20 世纪 80 年代开始，旅游业和国内其他行业一样，经营体制由原来的国家独家经营逐渐转向多元化经营，出现了以国有旅游企业为主导，集体企业、中外合资企业、中外合作经营企业、独资企业、私有企业等多种形式并存的竞争态势。在资金筹集方面，实行国家、地方、部门、集体、个人一起上的方针，极大地调动了各个方面的积极性，同时加快了旅游业的发展步伐。

3. 实行政企分开

新中国成立以来，旅游行业一直扮演着政府部门外事接待工作的角色。从 1979 年开始，明确将实行企业化定为旅游体制改革的核心。1979 年 10 月，中国国际旅行社等真正成为名副其实的国有企业单位。旅游业实现了从事业型向企业经营型的转变。

4. 推行现代企业制度

20 世纪 80 年代后期，在我国旅游行业中集团化组织开始萌芽。跨入 90 年代，随着改革的不断深化，旅游企业集团又朝公司化方向迈进。一部分国有企业实行股份制试点，建立了大公司；一部分旅游企业集团获得国有资产管理局授予的国有资产管理权；一批饭店管理公司开始建立。江苏、云南等旅游部门直属企业及一些其他部门的旅游企业先后建立了公司化的旅游企业集团。中国国际旅行社总社还被列为全国 100 个现代企业制度试点单位之一。

5. 实行股份制

1993 年 6 月 7 日，上海新锦江成为我国第一家在上海证券交易所挂牌上市的旅游企业。这种通过发行股票上市的办法，使这些旅游企业获得了一个重要契机，从而使企业实现了发展的飞跃。同时，企业突破了原有的传统融资渠道，进入一个资本大市场，利用社会力量发展企业，发展旅游业，取得了意想不到的效果。旅游企业的改制上市，加快了全行业建立现代企业制度的步伐，对全行业企业制度创新具有重要意义和促进作用。

6. 产业规模不断扩大，形成全国旅游市场网络

自改革开放至今，旅游供给全面增长，旅游生产力得到全面快速发展，基础配套设施明显改善。旅行社方面，由 20 世纪 80 年代三大旅行社——中国国际旅行社、中国旅行社、中国青年旅行社三足鼎立的局面，到 2018 年全国纳入统计范围的旅行社共有 27 939 家。旅游资源方面，1978 年以来，国家每年拨出专款对风景名胜区进行开发建设、整修和保护，并投资新建了一批新的旅游区和旅游点。截至 2018 年，全国景区景点 3 万多个，其中 A 级景区 10 340 个。饭店方面，自 20 世纪 80 年代采取多种渠道集资，改建、扩建和兴建厂一大批现代化饭店。到 2018 年全国共有星级饭店 10 782 家，其中一星级 82 家，二星级 2 066 家，三星级 5 225 家，四星级 2 558 家，五星级 851 家。

7. 三大市场全面发展，市场前景越来越广阔

国内旅游自 20 世纪 80 年代中期开始升温，90 年代走上快车道，近几年已发展成为广大城乡居民重要的消费领域和国家扩大内需的重要力量。入境旅游也持续快速发展。邓小平提出的到 20 世纪末我国旅游外汇收入要达到 100 亿美元的宏伟目标，实际上在 1996 年就提前实现了。我国出境旅游也经历了一个从无到有、从“出境探亲游”到“公民自费出国游”的发展过程。

旅游业发展到今天，国内旅游市场持续高速增长，入境旅游市场稳步进入缓慢回升通道，出境旅游市场平稳发展。2018 年，国内旅游人数 55.39 亿人次，比上年同期增长 10.8%；入境旅游人数 14 120 万人次，国际旅游收入 1 271 亿美元，入境外国游客亚洲占比 76.3%，以观光休闲为目的游客占 33.5%。按入境旅游人数排序，我国主要客源市场前 17 位国家如下：缅甸、越南、韩国、日本、美国、俄罗斯、蒙古、马来西亚、菲律宾、新加坡、印度、加拿大、泰国、澳大利亚、印度尼西亚、德国、英国（其中缅甸、越南、俄罗斯、蒙古、印度含边民旅华人数）。

8. 产业地位不断突破，经济拉动作用更加突出

2009 年，国发 41 号文件《关于加快发展旅游业的意见》提出，把旅游业培育成国

民经济的战略性支柱产业和人民群众更加满意的现代服务业。国民经济的战略性支柱产业定位了旅游业的经济属性。人民群众更加满意的现代服务业定位了旅游业的综合属性,突出了民生属性。2018 年,全年实现旅游总收入 5.97 万亿元,同比增长 10.5%。全国旅游业对 GDP 的综合贡献为 9.94 万亿元,占 GDP 总量的 11.04%。旅游直接就业 2 826 万人,旅游直接和间接就业 7 991 万人,占全国就业总人口的 10.29%。

9. 国际地位不断提高,国际合作日益活跃和频繁

我国的入境接待人数和旅游创汇居世界前列。国内旅游已成为世界上最大的市场。出境旅游经过几年的发展,就成为各国瞩目的市场焦点。特别是亚洲金融危机期间和 2008 年爆发的国际金融危机以来,许多国家的旅游业遭到沉重打击,我国旅游业却一枝独秀,继续保持了较快增长。这充分显示了我国旅游业的实力,大大提高了我国旅游业的国际地位。同时,我国还十分注重进一步发展多边和双边旅游合作与交流,积极参加世界旅游组织和地区性旅游组织的各项活动,与主要客源国及周边国家和地区的交流不断扩展与深化。目前,中国公民出境旅游目的地已达 150 个。

第三节　世界和中国旅游发展趋势

一、世界旅游发展趋势

随着人民生活水平的提高、工作时间时数的减少、余暇时间的增多、交通运输手段的革命、旅游资源的深度开发、旅游服务设施的不断完善、国际交往的日益频繁,世界旅游业将出现快速发展的局面,国际旅游市场也将发生明显的变化。旅游业将继续保持世界上最大的产业的地位。欧洲仍将是最受欢迎的旅游地,但不会是加速增长,所占市场份额将有所减少。亚太地区仍将是发展最快的地区,在世界旅游市场仍将占居第二位,而且占比将会有较大的提高,国际旅游区域的重心将向亚太地区转向。中国内地、中国香港、意大利、英国、墨西哥、俄罗斯、捷克将成为世界十大旅游目的地。德国、日本、美国、中国内地、英国、法国、荷兰、加拿大、俄罗斯、意大利将成为世界十大客源产生地。

(一) 世界旅游发展现状

1. 旅游业成为全球经济发展的支柱产业之一

2010 年以来,全球旅游业从金融危机影响中迅速复苏,旅游各项指标均持续上涨。据 UNWTO 统计,2010—2015 年,国际旅游人数实现六连增,年均增长率均大于 4%;2015 年旅游业对全球国内生产总值(GDP)的综合贡献 7.8 万亿美元,占全球国内生产总值总量的 10%;旅游业创造 2.84 亿个就业岗位,占就业总量的 9.5%。旅游业发展势头强劲,俨然已经成为世界经济发展的支柱性产业。图 2-2 为 2010—2015 年国际旅游人次及增长率,图 2-3 为 2017 年、2018 年全球国际旅游人数增长率。

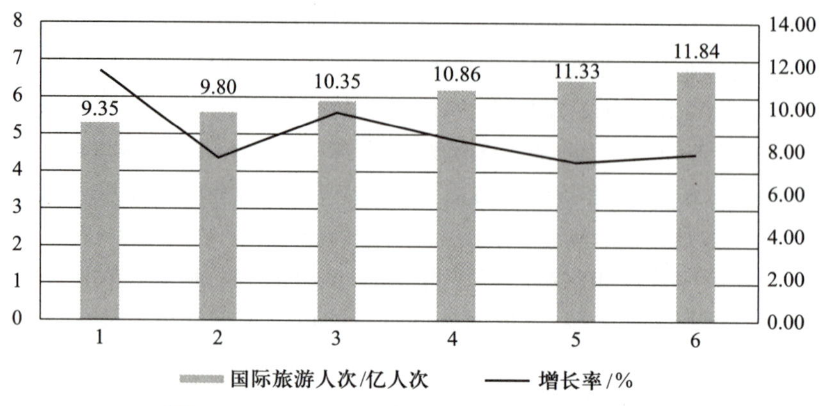

图 2-2 2010—2015 年国际旅游人次及增长率

数据来源：席婷婷.国内外旅游业发展现状和前景分析[J].市场论坛，2017(10)：69-72.

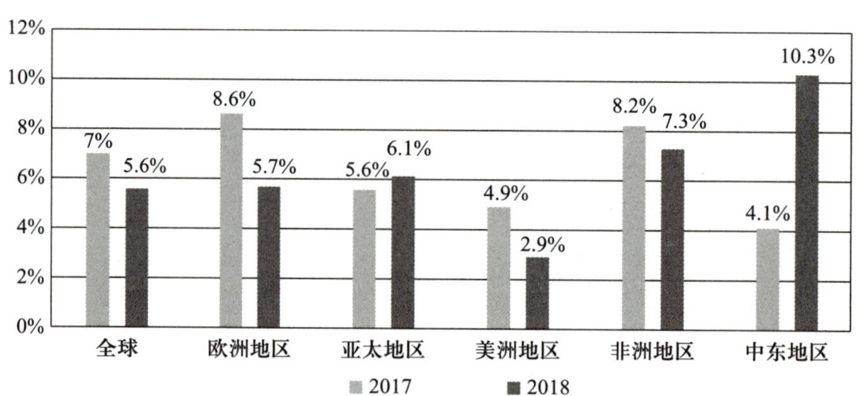

图 2-3 2017 年、2018 年全球国际旅游人数增长率

数据来源：联合国世界旅游组织(UNWTO)整理。

2. 世界旅游市场呈现“三足鼎立”的新格局

欧洲和北美一直以来都是世界上最受欢迎的两大旅游胜地，是全球旅游市场的“双雄”。随着亚太地区旅游业的日益崛起，世界旅游格局发生变化，旅游重心加速向亚太转移。从 1990 年到 2015 年，亚太地区接待游客人次占全球份额从 12% 增长到 23%，增速一度处于全球领先位置，成为继欧洲和北美之后的第三首选目的地，从而形成欧洲、北美、亚太“三足鼎立”的世界旅游市场新格局。图 2-4 为 2017 年全球国际旅游人数分布格局图，图 2-5 为 2017 年全球国际旅游收入分布格局。

3. 全球“大众旅游消费”时代已经悄然而至

首先，经济的快速发展导致居民可自由支配收入不断增加，2018 年全球有近 90 多个国家跻身中偏上收入国家行列。其次，随着各国休假制度的完善，全球居民闲暇时间日益增多。以法国为例，法国人每年总共享有约 150 天的假日。第三，国际交通运输条件的改善为旅游出游带来了极大的便利。三大要素的综合作用下，旅游活动不再是“少数富有者的特权”，而成为一种大众化的活动。据统计，2017 年全球旅游总人次(包括国内旅游人次和国际旅游人次)达到 118.8 亿人次，为全球人口规模的 1.6

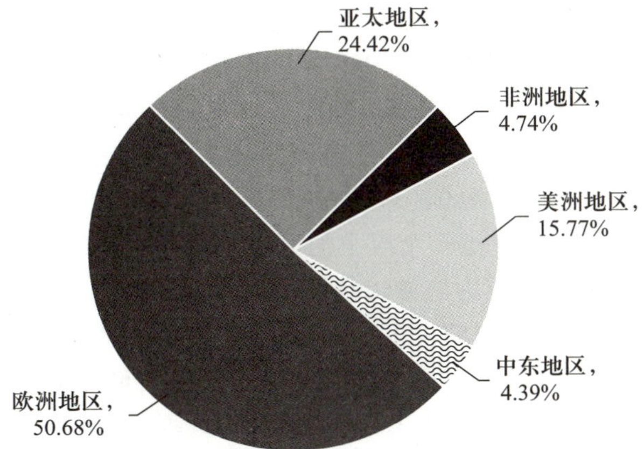

图 2-4　2017 年全球国际旅游人数分布格局图

数据来源：联合国世界旅游组织（UNWTO）整理

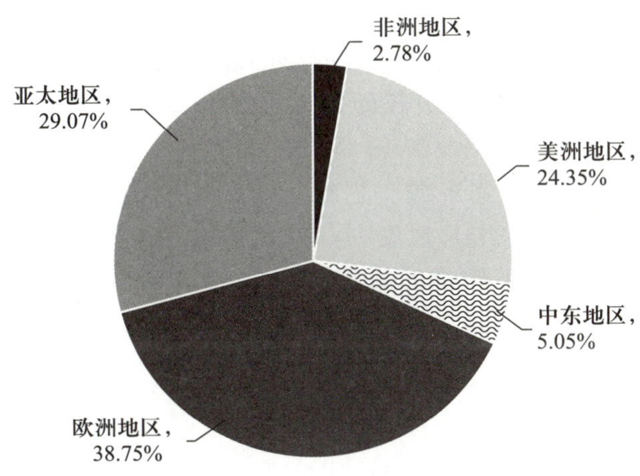

图 2-5　2017 年全球国际旅游收入分布格局

倍，全球“大众旅游消费”时代已经到来。

4. 旅游跨领域、跨行业融合发展成为新常态

旅游业有着天然的融合属性，除了涉及传统的六要素之外，还能和农业、工业、文化、体育、互联网等产业紧密结合。风靡世界的法国葡萄酒庄园，德国鲁尔区的遗产探秘游，四年一度、规模盛大的奥运会，在线旅游预订、网上购物的普及等，无一不是旅游融合发展的典型例证。旅游跨领域、跨行业的融合发展可以增加传统产业的附加值，促进旅游业态推陈出新，展现和释放巨大的潜力，更能满足当代旅游者日趋个性化的旅游需求，已经成为一种旅游发展的新常态。

（二）世界旅游业发展趋势

1. 新兴经济体将成为出境客源地的生力军

受惠于经济的持续高速增长，新兴经济体消费水平提升显著，特别是中等收入群体迅速扩大，产生了巨大的出境旅游需求。其中，以金砖四国的发展最具代表性。中国、巴西、印度、俄罗斯组成金砖国家，人口之和 29.4 亿，占世界总人口的 43%，其中具有出境旅游能力的中产以上人口6亿至8亿，相当于欧洲48国人口总数。4国出境人次与消费支出近年来大幅度增长。2013年四国出境旅游总人次超过1.77亿，同时2009—2013年其出境旅游人次年均增长率在8.43%~16.65%，出境旅游消费的年均增长率在4.28%~27.79%，充分说明以金砖四国为代表的新兴经济体客源地正在崛起，未来将成为世界主要的出境客源国。有学者预测，到2025年，仅中国、印度两国的中产阶级就有望达到18亿，这将是一个巨大的潜在旅游消费市场。

2. 新兴旅游目的地逐渐成为旅游市场新宠

以中国、东南亚地区为代表的许多新兴目的地成为继欧洲、北美等传统热门目的地之外的新宠，世界旅游区域重心加速向亚太地区转移。预计全球范围内国际游客到访量从2010年到2030年，将以年均3.3%的速度持续增长，新兴目的地游客到访量将以年均4.4%的速度增长，是发达国家年均2.2%增速的两倍。预计到2030年新兴旅游目的地市场份额将占据全球旅游市场一半以上，达到57%，成为全球最具活力的旅游热点地区。

3. 市场需求短距化和多元化趋势愈发明显

尽管国际金融危机对世界旅游发展的影响在持续，但是刚性的旅游需求仍在不断释放，将以短距离旅游代替中长距离旅游的形式出现，更多的区域内部流动将取代区际流动。到2030年，区域内部游客将达到14亿人次，占国际游客总量的78%，成为入境旅游的主要客源。据统计，以休闲、娱乐和家庭为目的出行游客数量将保持3.3%的年均增长速度，探亲、就医、宗教等其他目的的出行游客数量年均增长3.5%，商务和工作目的的出行游客数量年均增长3.1%，旅游市场需求多元化趋势愈发明显。

二、中国旅游发展趋势

（一）中国旅游发展现状

1. 国内旅游将持续增长，旅游产业规模不断壮大

首先，随着国民大众休闲度假需求快速增长，未来国内旅游人数和人均旅游消费仍将继续增长。2018上半年，国内旅游人数中，城镇居民达19.97亿人次，增长13.7%；农村居民8.29亿人次，增长6.3%。国内旅游收入中，城镇居民花费1.95万亿元，增长13.7%；农村居民花费0.50万亿元，增长8.3%。图2-6为2012—2018年中国居民人均可支配收入及增长率。

其次，产业规模日趋壮大。截至2018年，全国5A级景区259个，世界遗产53项，全域旅游示范区创建单位506个，红色旅游经典景区300个。初步形成观光旅游和休闲度假旅游并重、旅游传统业态和新业态齐升的新格局。

2. 旅游综合贡献大，产业地位愈凸显

旅游业具有综合性强、关联度高、带动性强的优势，能够影响、带动和促进民航、铁路、公路、餐饮、住宿、商业、通信等100多个行业的发展。据统计，旅游业对中国GDP的综合贡献率从2012年的9.41%上升到2018年的11.04%，呈逐年增长态势；2018年中国旅游业对社会就业综合贡献率超过10.29%，与世界平均水平持平；旅游业以其区

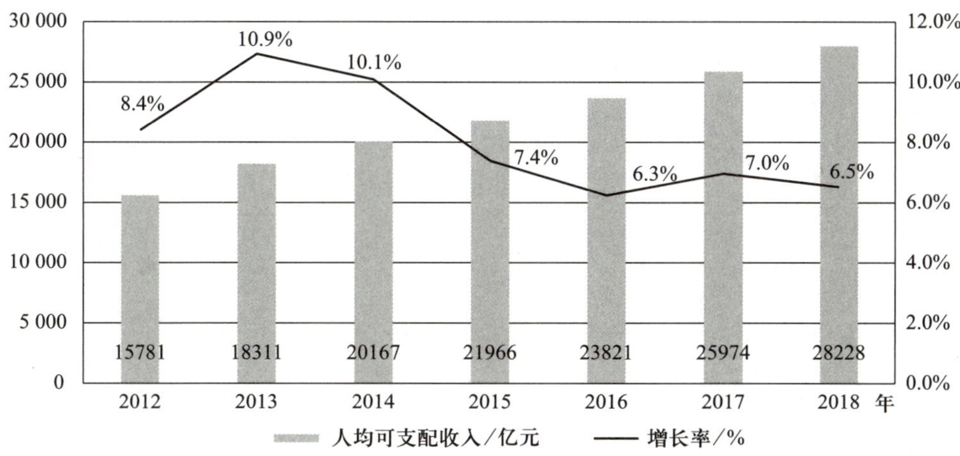

图 2-6　2012—2018 年中国居民人均可支配收入及增长率

别于其他产业的、对经济增长的巨大推力使其逐渐上升为国家战略性支柱产业，产业地位越加凸显。

3. 消费需求多样化，消费层级高端化

随着居民收入的不断提升，旅游者需求开始从传统的食、住、行、游、购、娱向更多方面扩展，旅游消费结构不断升级，消费层次向高端化、品质化方向发展，自由行、度假休闲旅游备受关注和喜爱。我国现有国家级旅游度假区 26 个，旅游休闲示范城市 10 个，国家生态旅游示范区 110 个；专题旅游方面，现有中国邮轮旅游发展实验区 6 个，国家湿地旅游示范基地 10 个，在建自驾车房车营地 514 个，以满足旅游者日益增长的高端化、差异化消费需求。

（二）中国旅游业发展趋势

1. 入境游平稳回升，出境游回归理性

2015 年，我国入境旅游人次增长 4%，实现近 3 年首次增长；2018 年入境旅游 1.41 亿人次，比上年同期增长 1.2%。中国入境旅游市场规模与旅游消费稳步增长，入境客源市场日趋多元，市场结构逐步优化，旅游主题形象更加鲜明，宣传推广体系逐步完善，旅游产品结构更趋合理，旅游服务质量稳步提升，各项便利化政策逐步完善，均有力促进了入境旅游市场的发展。全球经济整体复苏的势头也渐趋明朗，为中国入境旅游市场持续增长提供了有效的外部支撑。综合多项数据指标来看，近年来中国入境旅游市场虽有起伏，但整体上已走出金融危机后的萧条期，当前正处于从全面恢复转向持续增长的新阶段。

2015 年出境旅游人数和旅游花费分别同比增长 9.8% 和 16.6%，2018 年出境旅游人数同比年增长 13.5%，出境旅游增速有所放缓，逐步迈入理性增长时期。“穷游 2018 出境游大数据报告”中数据显示，截至 2018 年，全国有效的因私普通护照持有量达到了 1.3 亿本。换言之，90% 的中国人还未进入出境游市场，出境游仍有巨大空间。图 2-7 为 2006—2018 年中国出境人数及增长率示意图。

2. 产业转型升级，全域旅游覆盖

随着旅游业进入全民旅游和以个人游、自助游、自驾游为主的新阶段，传统的以抓

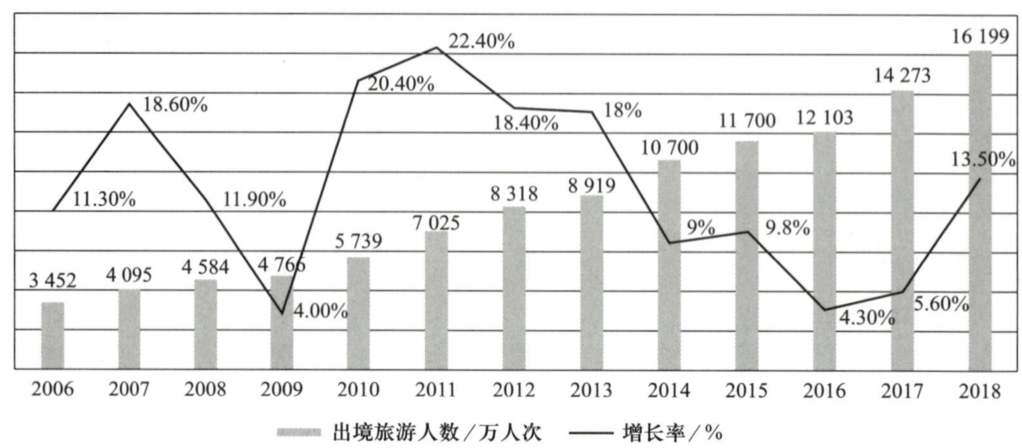

图 2-7 2006—2018 年中国出境人数及增长率示意图

点方式为特征的景点旅游模式,已经不能满足大旅游的发展需要,必须树立“大旅游、大产业”的发展理念,以“旅游+”为途径,构建要素全覆盖、资源全景化、行业全渗透、民众全参与、产品全时空的全域旅游发展新格局,通过旅游业带动甚至统领全国经济社会的全面发展。

所谓“全域旅游”,简单说就是把一座城市当作一个旅游景区来规划和建设,从单一产业向综合产业转变、从小旅游向大旅游转变,最终实现全域资源、全面布局、全境打造、全民参与的一种发展模式。从当前国际、国内旅游产业的发展形势来看,全域旅游已经成为未来旅游产业发展的大趋势。

3. 产品结构多元化,产品形态个性化

随着旅游者消费需求的多样化和个性化,专项型、度假型、参与式旅游产品将更受旅游市场的推崇和喜爱,其产品竞争力日益提升,将打破传统观光型旅游产品一枝独秀的格局,形成各种旅游产品百花齐放的多元化产品结构。然而,仅仅依靠多元化的产品结构并不能完全满足旅游者需求,必须更加强调和突出旅游产品的特色,那么,个性化的产品形态将成为未来旅游产品升级换代的必然趋势。

4. “旅游+”跨界融合

旅游业的综合性特征,决定了只有依托多个产业,才能向旅游者提供包括行、住、食、游、购、娱等在内的旅游产品和服务。旅游是综合性产业,是拉动经济发展的重要动力。旅游正在与各个行业不断融合。“十三五”期间,旅游将与国民生活及乡村、健康、工业、体育、科技、研学等重点领域融合发展。

(1) 康养融合。人民健康是民族昌盛和国家富强的重要标志。在党的十九大报告中,着重强调了“健康中国”的概念,为中国的康养产业发展描绘了具体的蓝图。养老服务业政策利好,市场空间巨大。在健康中国战略与消费升级的大背景下,康养旅游只是刚刚起步,健康与养老相结合的康养小镇等迎来发展新蓝海。

(2) 文旅融合。文化是一个国家、一个民族的灵魂。在居民对更高层次的精神文化生活需求下,文化将会进一步活态化、物态化、业态化。在革命老区、民族地区、边疆地区结合旅游扶贫政策后,文旅产业也大有可为。

(3) 乡村+旅游。党的十九大正式提出实施乡村振兴战略,围绕"农村"的田园养生、田园综合体、乡村旅游、康养旅居等将是未来乡村旅游、生态旅游的一大发展趋势。

(4) 科技+旅游。亚洲首家VR影视娱乐主题公园"高能视界High-T"主题乐园首站落户于成都。VR主题公园将影视娱乐内容及最高端的虚拟现实技术结合一起,让"历史与未来穿越成为可能",极大地拓展了旅游体验的时空。互联网+、大数据、云计算、物联网、虚拟现实(VR)、增强现实(AR)、混合现实(MR)、人工智能不断改变着游客的旅游体验,即将给中国旅游业带来前所未有的全新变革。

本章小结

本章从历史唯物主义角度阐述人类旅行和旅游活动的发展过程。通过对中国和世界的古代旅游、近代旅游、现代旅游发展进程的描述,总结出各阶段旅游发展的规律,揭示了人类旅行和旅游活动是社会经济发展的产物并随着社会经济的发展而发展这一最基本的旅游活动发展规律,由此来预测旅游业未来发展的趋势。

同步练习

一、填空题

1. ________ 、________ 和________并称为20世纪初三大旅行代理业务公司。

2. 1923年8月,中国第一家旅行社前身______________成立,1927年6月更名为__________ 。

二、单项选择题

1. (　　)年7月5日,库克利用包租火车的方式组织了570人从莱斯特前往拉巴夫勒参加禁酒大会,标志着近代旅游及旅游业的开端。

A. 1841　　B.1845　　C. 1847　　D.1865

2. 春秋时代,孔子带领几十个随从弟子周游列国,这属于中国古代旅行形式中的(　　)。

A. 帝王巡游　　B. 政治游说　　C. 学术考察　　D. 士人漫游

三、多项选择题

1. 世界现代旅游的特点包括(　　　　)。

A. 大众性　　B. 地理上的集中性　　C. 季节性　　D. 形式多样性

2. 下列属于中国古代旅游形式的有(　　　　)。

A. 帝王巡游　　B. 政治旅行　　C. 士人漫游　　D. 学术考察旅行

四、简述题

1. 分析世界近代旅游业产生的社会背景。

2. 简述托马斯·库克对人类旅游发展的贡献。

3. 说明世界近代旅游与现代旅游活动的异同。

4. 简述中国古代旅游活动的特点。

5. 分析中国现代旅游业腾飞的原因。

实训项目

深入当地旅游行政管理部门或旅游企事业单位,了解当地旅游业的发展现状。

调查目的:了解旅游业的发展对于当地经济社会发展有哪些促进作用,遇到的主要问题有哪些。

调查工具:照相机、摄像机、录音笔、调查问卷等。

调查要求:分组调查。

调查报告:以小组为单位形成调查报告,字数 2 000~3 000 字。

第三章　旅游者

学习目标

知识目标

- 了解旅游者概念的发展历程。
- 掌握旅游动机和需要的关系。
- 了解旅游者的基本类型。
- 掌握旅游流的定义和特征。
- 熟悉和掌握旅游市场客流的规律以及影响因素。
- 熟悉旅游者的权利和义务。
- 掌握提升文明旅游的途径。

能力目标

- 能准确解释关于旅游者的不同定义。
- 能分析旅游者在不同的旅游活动中表现出的不同旅游动机。
- 能解释不同的旅游活动中旅游者的需求特点。
- 能从宏观层次解释旅游客流的相关特性。
- 能明确旅游者的权利和义务。
- 能指出旅游者不文明的旅游行为，并提出相应的管理措施。

第三章素养目标

【关键概念】

旅游者　可进入性　旅游动机
旅游流　权利和义务　文明旅游

思维导图

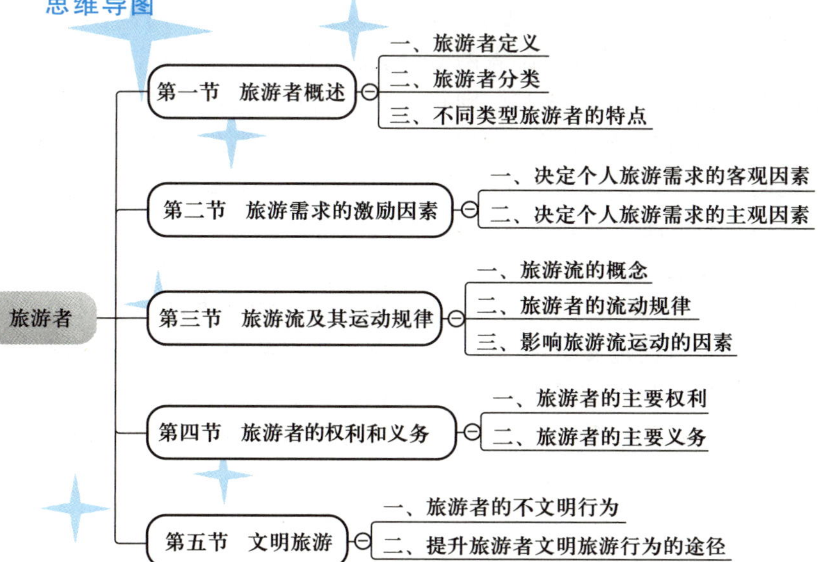

构成旅游活动的三个基本要素是旅游的主体(旅游者)、旅游的客体(旅游资源)和旅游的媒介(旅游业)。三个要素相互紧密联系,构成一个完整的旅游整体。旅游本身是人的活动,而且旅游业的一切开发和接待服务工作无一不是针对和围绕旅游者的需要而提供的。换言之,没有旅游者便没有旅游活动,没有旅游活动便没有旅游市场,没有旅游市场便不会有旅游业的出现和生存。所以,旅游者是旅游活动的主体,是旅游活动得以开展的首要条件。因此,对旅游活动以及旅游业的研究应该从旅游者开始。

第一节　旅游者概述

一、旅游者的定义

旅游是由人产生的行为,是人们离开其常住地的外出旅行以及在目的地停留期间所从事的全部活动。由于这种活动规模的深化和扩大,才使旅游人群形成一个具有一定规模的市场,从而造就出无数的经营商机。

在研究旅游时最受人们关注的莫过于作为旅游活动主体的旅游者这个特殊群体了。归根结底,什么样的人才算旅游者?这个问题首先涉及旅游者的概念或定义。在现实生活中甚至在学术界,用以指代这个群体的名词可谓五花八门,如旅游者、游客、观光客、旅行者,甚至有些从接待角度给予的称呼也杂于其中,如宾客、旅客、顾客、住客等。简单地讲,旅游者就是离开常住地到异地旅行和访问的人。这仅仅是个概念性的定义,更是对旅游者本质属性的概括。但是,各国政府部门以及旅游业界所关心的并不是旅游者的概念性定义,而是要准确了解旅游者的数量、规模、消费水平、消费结构以及整个旅游业在国民经济中的地位、作用及影响等,以便为整个旅游行业的发展以及旅游企业的经营进行更好的服务。因此,仅仅知道旅游者的概念性定义是远远不够的,必须深入研究怎样统计旅游者的数量,哪些人算是旅游者,哪些人不包括其中。这就涉及旅游者的技术性定义问题,即将一些量化或者可借以区别限定的标准纳入旅游者的定义,特别是在旅游者离开常住地多少距离以外和旅游者在外地旅游多长时间这两个关键问题上。但至今这两个关键问题尚无统一看法。这不仅妨碍了对于旅游行业一些性能指标的统计和研究工作的发展,同时也在一定程度上限制了旅游学作为一门独立学科的发展。

对于旅游者,一般将其分为国际旅游者和国内旅游者来进行不同的界定。目前,对国际旅游者的技术性定义,世界各国基本上达成了共识,以罗马会议和世界旅游组织对旅游者的解释为基准,对国际旅游者进行界定和统计。而对国内旅游者的定义,由于各国不同的发展国情和对旅游者的理解认识不同,导致在对国内旅游者进行技术性定义时,存在一些差异。

（一）国际联盟统计专业委员会的定义

最早的国际旅游者的定义是1937年由国际联盟统计专家委员会提出的。根据当时的需要，曾对“外国旅游者”给出如下的界定标准和范围解释：外国旅游者“就是离开自己的居住国，到另一个国家访问至少24小时的人”。

1. 旅游者

国际联盟统计专家委员会确认下列几种人为旅游者。

（1）为了消遣、家庭事务及身体健康方面的目的而出国旅行的人。

（2）为出席会议或作为公务代表而出国旅行的人（包括科学、行政、外交、宗教、体育等会议或公务）。

（3）为工商业务原因而出国旅行的人。

（4）在海上巡游过程中登岸访问的人员，即使其停留时间不足24小时，亦视为旅游者（停留时间不足24小时者应分开作为一类，必要时可不管其常居何处）。

2. 非旅游者

国际联盟统计专家委员会规定下列几种人不属于旅游者。

（1）抵达某国就业任职，不管是否订有合同或者在该国从事营业活动者。

（2）到国外定居者。

（3）到国外学习，寄宿在学校的学生。

（4）边境地区居民中日常越境工作的人。

（5）临时过境而不停留的旅行者，即使在境内时间超过24小时也不算旅游者。

国际联盟统计专家委员会的这一定义对旅游统计、市场研究与推销以及战后国际旅游业的发展起了重要作用，但显然有其不完善之处，如不适用国内旅游者，定义内涵过于宽泛等。

1950年，世界旅游组织的前身国际官方旅游宣传组织联盟接受国际联盟统计专家委员会的定义，但提出自己的部分修正意见：在国外寄宿于企业或学校的人应该包括在旅游者范围中。同时，还界定了一个新的旅游者类型，即短途国际旅游者，将它定义为在另一个国家访问不超过24小时的人。另外，还定义了过境旅行者，他们是路过一个国家但不做法律意义上的停留的人，不管他们在该国逗留多久。

（二）罗马会议的定义

随着第二次世界大战后现代旅游业的迅速发展，统一世界各国旅游统计口径的问题开始真正得到有关的国际组织和世界各国的重视。在国际官方旅游宣传组织联盟的积极推动下，联合国于1963年在罗马召开了一次国际旅游会议（简称罗马会议）。会议对旅游人次的统计范围作了新的规定，这就是人们俗称的关于界定旅游者的罗马会议的定义。

在以前的基础上，此次会议提出了游客、旅游者、短途旅游者三个概念。在“游客”这一总体概念下，又分为两类：一类是在目的地停留过夜的游客称为旅游者；另一类是在目的地不作过夜停留，而是当日往返的游客，称为短途旅游者。其具体解释如下。

游客是指除为获得有报酬的职业以外，基于任何原因到一个不是自己常住的国家访问的人。游客包括以下两类。

1.（过夜）旅游者

（过夜）旅游者，即到一个国家作短期访问至少逗留24小时的游客。其旅行目的可属下列之一。

（1）消遣（包括娱乐、度假、疗养保健、学习、宗教、体育活动等）。

（2）工商业务、家事、公务出使、出席会议。

2. 短途旅游者

短途旅游者（或一日游游客），即到一个国家作短暂访问，停留时间不超过24小时的游客（包括海上巡游过程中的来访者）。

罗马会议还指出，这一定义不包括那些在法律意义上并未进入所在国的过境游客（例如那些没有离开机场中转站的航空旅行者或其他类似情况的人）。

罗马会议结束后，联合国统计委员会于1968年正式确认和通过了这一定义。同年，国际官方旅游宣传组织联盟也通过了这一定义。1970年，经济合作与发展组织旅游委员会采纳了这个定义。

此外，由于该定义中界定为游客的来访目的除了消遣性目的之外，还包括了以商务访问为代表的事务性目的，因此该定义的采纳还使旅游和旅行这两个含义原本不同的术语此后在旅游研究中朝着概念同化的方向大大迈进了一步。

如果说这个定义有什么不足之处，那就是它所界定的只是国际游客，而没有将国内旅游或国内游客考虑进去。

（三）联合国统计委员会的相关定义

1976年，在联合国统计委员会召开的有世界旅游组织以及其他国际组织代表参加的会议上，进一步明确了游客、旅游者和短途游览者的技术性定义。这些定义成为大多数国家在进行旅游者统计时所遵循的主要标准。具体内容如下。

国际游客是指到另一个国家并且其目的符合下列条件的人：出于娱乐、休闲、宗教、探亲、体育运动、会议或过境的目的而访问他国的人；中途停留在该国的外国轮船或飞机的乘客；逗留时间不到一年的外国商业或企业人员，包括安装设备的技术人员；国际团体雇佣的任职不超过一年或回国作短暂停留的侨民。

不属于国际游客的类型包括为移民或就业而进入目的地国家的人；以外交或军事人员身份访问目的地国家的人；上述人员的随从；避难者、流民或边境工作人员；逗留时间超过一年的人。

国际游客又分为国际旅游者和国际短途旅游者。国际旅游者是指在目的地国家的接待设施中度过至少一夜的游客。国际短途旅游者是指在目的地国家的接待设施中停留少于一夜的游客，包括那些居住在巡游船上上岸游览的乘客，他们在所停靠的港口地区进行多日访问，但每天回到船上住宿。但国际短途旅游者不包括那些正在过境途中的乘客，如降落于他国但未在法律意义上正式进入该国的飞机上的过境旅客。

（四）我国国家统计局对国际游客的界定

我国旅游业的发展于1978年开始步入正轨之后，根据我国旅游统计工作的需要，国家统计局和原国家旅游局也曾对应纳入我国旅游统计的人员范围做过一系列的界定和规定。目前，我国来华旅游人次统计方面，对有关概念使用的现行解释包括以下内容。

凡纳入我国旅游统计的来华旅游入境人员通称为（来华）海外游客（国际游客）。海外游客是指来我国大陆观光、度假、探亲访友、就医疗养、购物、参加会议或从事经济、文化体育、宗教活动的外国人、华侨、港澳台同胞。其中，外国人是指属于外国国籍的人，包括加入外国国籍的中国血统华人；华侨是指持有中国护照但侨居外国的中国同胞；港澳台同胞是指居住在我国香港、澳门和台湾省的同胞。为了便于界定，我国规定来华海外游客是指因上述原因或目的，离开其常住国（或常住地区）到我国大陆访问，连续停留时间不超过 12 个月，并且在我国大陆活动的主要目的不是通过所从事的活动获取报酬的人。

1. 海外游客

根据游客在我国停留时间不同，将海外游客划分为以下两类。

（1）海外旅游者，即在我国大陆旅游住宿设施内停留至少一夜的海外游客（过夜游客）。

（2）海外一日游游客，即未在我国大陆旅游住宿设施内过夜（而是当日往返）的海外游客（不过夜游客）。

2. 非海外游客

我国旅游统计中还规定，海外游客中不包括下列人员。

（1）应邀来华访问的政府部长以上官员及其随行人员。

（2）外国驻华使、领馆官员、外交人员以及随行的家庭服务人员和受赡养者。

（3）在我国住期已达一年以上的外国专家、留学生、记者、商务机构人员等。

（4）乘坐国际航班过境，不需要通过护照检查进入我国口岸的中转旅客。

（5）边境地区（因日常工作和生活而出入境）往来的边民。

（6）回大陆定居的华侨、港澳台同胞。

（7）已在我国大陆定居的和原已出境又返回我国大陆定居的外国侨民。

（8）归国的我国出国人员。

从上述我国对海外游客的定义与罗马会议的定义比较中可以发现，这些定义及解释内容都大致相同，只是在各自的表述上以及在某些个别方面的解释有所不同。例如，按照我国对海外旅游者的解释，实际上将在亲友家中过夜的来华旅游者排除于统计范围之外，不算国际游客，但按罗马会议的定义的解释这些人就应该算作国际游客。

目前，世界各国在对国际旅游者进行界定和统计时，往往都是以罗马会议的定义为基准的。由此看来，目前世界各国对国际旅游者的界定或定义原则上已经形成共识。

（五）国内旅游者的定义

但是，在旅游统计中如何界定国内旅游者的问题上，世界各国的做法还远远没有统一，这给国际的统计、分析都造成了一定的影响。现列举几个有代表性的关于国内旅游者的定义。

1. 世界旅游组织的定义

与对国际游客所做的划分近似，国内游客也被区分为过夜国内旅游者和不过夜国内旅游者。过夜国内旅游者是指在某一目的地旅行超过 24 小时而少于一年的人，其目的是休闲、度假、运动、商务、会议、学习、探亲访友、健康或宗教。不过夜国内旅游者是指基于以上任一目的并在目的地逗留不足 24 小时的人。

2. 北美国家的定义

北美的加拿大和美国是以出行距离为标准来区别是否属于国内旅游者的。

(1) 加拿大对国内旅游者的定义是:旅游者是指离开其所居住地边界至少 50 英里①(约 80km)以外的地方去旅行的人。

(2) 美国对国内旅游者的定义是:旅游者是指为了出差、消遣、个人事务或者出于工作上下班之外的其他任何原因而离家外出旅行至少 50 英里的人,而不管其在外过夜还是当日返回。

由此可以看出,这些定义多数都不问逗留时间的长短。

3. 欧洲国家的定义

与北美国家的风格不同,以英、法为代表的一些欧洲国家在判断是否属于国内旅游者时所采取的标准不是出于距离,而是在异地逗留的时间长度。

(1) 英国对国内旅游者的定义是:基于上下班以外的任何原因,离开居住地外出旅行过夜至少一次的人。

(2) 法国对国内旅游者的定义是:基于下列原因离开自己的主要居所,外出旅行超过 24 小时但未超过 4 个月的人。这些原因包括:① 消遣(周末度假或假期);② 健康(温泉浴或海水浴治疗);③ 出差或参加各种形式的会议(体育比赛、朝圣或讨论会等);④ 商务旅行;⑤ 改变课堂教学的修学旅行。

下列人员不在国内旅游者之列:① 外出活动不超过 24 小时的人;② 为了就业或从事职业活动而前往某地的人员;③ 到某地定居的人;④ 在异地就学、住宿在学校的学生及现役军人;⑤ 到医疗机构治疗或疗养的人;⑥ 在规定假期内,因家庭事务而探亲访友的人。

由上述几个定义可以看出,判断国内旅游者的标准还是从时间和空间这两个因素上着手的,而且国内旅游与国际旅游的根本区别在于是否跨越国界。

(六) 我国国家统计局对国内旅游者的界定

在我国的国内旅游统计中,对纳入国内旅游统计范围的人员统称为国内游客。

国内游客是指任何因休闲、娱乐、观光、度假、探亲访友、就医疗养、购物、参加会议或从事经济、文化、体育、宗教活动而离开常住地到我国境内其他地方访问,连续停留时间不超过 6 个月,并且访问的主要目的不是通过所从事的活动获取报酬的人。在这个定义中,所谓常住地是指在近一年的大部分时间内所居住的城镇(乡村),或者虽然在这个城镇(乡村)只居住了较短的时间,但在 12 个月内仍将返回这个城镇(乡村)。根据这个解释,国内游客中也应包括在我国境内住满一年之后,离开常住地到我国境内其他地方去旅游的外国人、华侨和港澳台同胞。

国内游客也分为两类,即国内旅游者和国内一日游游客。国内旅游者是指我国大陆居民离开常住地,在我国境内其他地方的旅游住宿设施停留至少一夜,最长不超过 6 个月的国内游客。国内一日游游客是指我国大陆居民离开常住地 10 千米以外,出游时间超过 6 小时但不足 24 小时,并未在我国境内其他地方的旅游住宿设施内过夜

① 1 英里 = 1.609 344 千米。

的国内游客。

我国在国内旅游统计中还规定，下列人员都不在国内游客统计之列：① 到各地巡视工作的部以上领导；② 驻外地办事机构的临时工作人员；③ 调遣的武装人员；④ 到外地学习的学生；⑤ 到基层锻炼的干部；⑥ 到其他地区定居的人员；⑦ 无固定居住地的无业游民。

从以上我国在国内旅游统计方面所作的界定中可以看出，它与世界旅游组织的建议基本上是吻合的。但是，该定义对国内游客的界定比常人对国内游客的理解的范围要窄。常人理解只要外出到某个景点游玩，对该景点来说就是游客；市民在饭店住宿，对饭店来说就是旅游者。但根据此界定，这些人都被排除在游客统计范围之外。另外，国内旅游统计中并未将在亲友家中过夜的国内旅游者包括进去。由此不难推知，我国关于国内游客人次的统计数字难免会低于其实际的规模。

当然，上述列举的都是对旅游者技术性定义认识的不同，对于旅游者概念性定义，则并不存在大的认识差异。可以这样认为，无论是国际旅游者还是国内旅游者，都是出于就业和移民以外的任何原因，暂时离开常住地去异乡访问的人。

二、旅游者的分类

人们通常是按照各自研究问题的角度和分析目的，采用不同的方法和标准对旅游者进行分类。比较常见的分类标准有以下几种。

1. 按照地理范围划分

按照地理范围划分，主要包括国际旅游者（如图 3-1）和国内旅游者。

图 3-1　长城上的国际旅游者

2. 按照旅游者的组织形式划分

按照旅游者的组织形式划分，主要包括团体旅游者、散客旅游者和自助旅游者。

3. 按照计价方式划分

按照计价方式划分，主要包括包价旅游者、半包价旅游者和非包价旅游者。

4. 按照旅游费用的来源划分

按照旅游费用的来源划分，主要包括自费旅游者、公费旅游者和奖励旅游者。

5. 按照消费水平划分

按照消费水平划分，主要包括经济型旅游者、标准型旅游者和豪华型旅游者。

6. 按照旅游目的划分

按照旅游目的划分，主要包括观光型旅游者、娱乐消遣型旅游者、度假保健型旅游者、文化型旅游者、公务型旅游者、家庭事务型旅游者和购物型旅游者等。

此外，还可按照旅游交通方式标准、年龄性别标准等对旅游者的类型进行划分。在实际工作中，我们可以根据需要采取相应的标准对旅游者进行分类。

三、不同类型旅游者的特点

不同类型的旅游者，各自的需求特点也有明显的差异。在对旅游者类型的不同划分中，按旅游目的划分是目前最具有代表性和典型意义的一种划分方法，因为它是旅游动机的体现。下面主要讨论按照旅游目的划分的各种类型旅游者的特点。

（一）观光型旅游者的特点

观光型旅游者是指到异国他乡游览自然山水，鉴赏文物古迹，参观建设成就，领略风土人情，通过旅游达到美的享受，获得愉悦和休息，同时也丰富自己的生活经历和体验的旅游者。这是世界上最古老、最常见、最基本的旅游者类型，也是我国旅游接待中最主要的旅游者类型。

观光型旅游者主要有以下几方面的特点。

1. 旅游者外出旅游的季节性强

这是由两个方面的原因决定的：一方面，旅游目的地的地理位置、气候条件以及旅游资源的特点存在着季节上的差异，导致各个旅游景点在不同的季节吸引力不同；另一方面，从旅游需求方面看，旅游者外出旅游主要是利用带薪假期和节假日，而世界各国带薪假期和节假日都相对集中，这也在客观上形成了旅游的淡旺季。

2. 旅游者在旅游目的地的选择上自由度较大

旅游者在选择旅游目的地时，既要看旅游景点的知名度和吸引力的大小，又要看旅游产品的质量，同时还要考虑旅游活动过程中的安全等因素。如果旅游目的地的旅游产品质量下降，或者社会出现不稳定因素，旅游者就会改变计划而选择另一个旅游目的地。

3. 旅游者兴趣构成的广泛性、多样性

旅游者以异域他乡作为观光对象，寻求扩大自身的旅游经历，所以包含着广泛的兴趣和爱好。除了观光游览各地的风景名胜、人文古迹之外，还希望通过旅游考察社会、了解风土人情、寻求知识、结交朋友、增进友谊，以获得愉快及有益的休息。因此，不同年龄、不同职业、不同兴趣爱好的旅游者集合在一起，组成浩浩荡荡的观光大军。这是其他类型的旅游所不能比拟的。

4. 旅游者对旅游产品的价格较为敏感，在旅游活动过程中花费不多

由于观光型旅游者外出大多是自费旅游，一般来说，对价格较为敏感。如果旅游目的地或航空公司提高价格，旅游者就会选择其他的旅游目的地或者改乘其他的交通

工具。此外，观光型旅游者外出最主要的目的是观光、游览，因此除了在食、住、行、游等方面有一定的开销外，在其他方面的花费比较少。

5. 重游率低

观光型旅游者寻求的是对新的异地风光的追求和体验，故“旧地重游”的回头客较少。

【知识链接 3-1】

我国按性别、年龄和事由划分的外国入境游客(2008-2017 年)

指标	2017 年	2016 年	2015 年	2014 年	2013 年	2012 年	2011 年	2010 年	2009 年	2008 年
外国人入境游客/万人次	2 916.53	2 815.12	2 598.54	2 636.08	2 629.03	2 719.16	2 711.2	2 612.7	2 193.8	2 432.53
男性外国人入境游客/万人次	2 607.98	1 982.04	1 681.19	1 709.51	1 702.07	1 737.76	1 745.41	1 678.9	1 430.2	1 560.9
女性外国人入境游客/万人次	1 686.32	1 166.33	917.35	926.57	926.96	981.4	965.79	933.81	763.6	871.64
14 岁以下外国人入境游客/万人次	134.75	114.73	101.43	103.92	107.89	111.79	111.94	109.44	92.05	98.52
15~24 岁外国人入境游客/万人次	568.82	303.32	205.03	204.78	206.65	215.87	212.44	203.09	171.9	206.13
25~44 岁外国人入境游客/万人次	2 143.34	1 473.56	1 184.25	1 210.24	1 209.16	1 229.72	1 227.62	1 171.3	1 004.3	1 129.1
45~64 岁外国人入境游客/万人次	1 256.03	1 078.39	949.76	961	950.54	988.7	992.28	965.2	796.56	871.7
65 岁以上外国人入境游客/万人次	191.36	178.37	158.07	156.13	154.78	173.07	166.92	163.65	128.95	127.09
商务外国人入境游客/万人次	569.68	579.74	537.66	539.57	619.4	628.02	632.64	619.67	523.72	567.77
观光休闲外国人入境游客/万人次	1 593.04	1 051.15	824.88	892.99	1 012.3	1 162.9	1 221.82	1 238.2	1 013.3	1 203.96
探亲访友外国人入境游客/万人次	110.28	96.19	79.75	60.33	19.91	10.77	10.99	9.1	8.01	6.79
服务员工外国人入境游客/万人次	633.91	471.75	349.69	328.54	319.53	286.47	269.39	246.27	227.37	243.19
其他外国人入境游客/万人次	1 387.4	949.55	806.56	814.66	657.89	630.99	576.35	499.44	421.38	410.82

注:2016 年含边民入境人数。

(资料来源:国家统计局官网,2019 年 2 月)

（二）娱乐消遣型旅游者的特点

娱乐消遣型旅游者主要是为了改换环境，调剂生活，以娱乐、消遣求得精神松弛和愉悦，除此之外，并不要求达到某种专门目的，而且不受文化教育程度的限制，故而男女皆可，老少咸宜。

娱乐消遣型旅游者具备以下特点。

1. 娱乐消遣型旅游者在全部外出旅游人数中所占比例最大

不难设想，由我国旅游部门接待的来华旅游者绝大多数都是娱乐消遣型旅游者，而其他部门（包括中央各部委、群众团体及其他企业事业单位）接待的来访者则大都为差旅型旅游者。从历年中国旅游统计年鉴公布的数字可看出，在全国有组织接待的旅游者中，前者所占比重远远大于后者。就整个世界旅游情况来看，娱乐消遣型旅游者在全部旅游者中所占比重更大。

2. 娱乐消遣型旅游者外出旅游的季节性很强

除退休者外，所有在职人员几乎都是利用带薪假期外出旅游。此外，旅游目的地的气候条件也是助长娱乐消遣型旅游者季节性来访的重要因素。

3. 选择自由度较大

娱乐消遣型旅游者在对旅游目的地和旅行方式的选择以及对出发时间的选择方面，拥有较大程度的自由。例如，遇到天气变化、不安全因素、产品质量、价格等问题时，旅游者都可以临时改变计划，取消旅游或者改去他处。正因为其选择自由度大，因而娱乐消遣型旅游者也是各旅游目的地以及各旅游行业中的同类企业竞争最激烈的市场部分。

4. 在旅游目的地的停留时间一般较长

例如这类旅游者来华旅游时很少只参观游览一个城市，总要去各地走走。即使主要逗留于某一旅游胜地，由于消遣度假的原因，停留时间仍会较长。

5. 大都对价格较为敏感

娱乐消遣型旅游者多是自费旅游，对价格比较敏感，注重货真价实、物有所值。所以一个旅游目的地的旅游服务质量和旅游产品的定价一旦出现问题，都会自动将顾客推给自己的竞争对手。

（三）度假保健型旅游者的特点

度假保健型旅游者主要指的是通过参加一些有益于身体和心理健康方面的旅游活动，以达到避寒避暑、消除疲劳、寻求幽雅清静的环境、增进身体和心理健康、治疗某些慢性疾病等目的而外出旅游的旅游者。其项目的具体形式主要是医疗旅游、森林旅游、避暑旅游、温泉旅游、体育保健旅游等。

度假保健型旅游者具备以下特点。

（1）旅游者喜欢去环境质量高的地方，即气候温和、阳光充足、空气清新、水质好和远离噪声的地方。

（2）医疗保健型旅游的主要参与者是经济发达国家的一些旅游者以及发展中国家的一些收入较高者，其中以中高档消费水平的中老年人居多，而且多以家庭为单位出游。

（3）旅游者在一地的逗留时间长。日消费水平有两种情况：纯粹以度假为目的的日消费水平高;以保健为主要目的的日消费水平低,相当数量的是经济型旅游者。

(四) 文化型旅游者的特点

文化型旅游者是指为追求精神文化需要的满足而外出旅行游览的人。这种类型的旅游者外出的主要目的是通过旅游观察社会、体验民俗、了解异地文化,以丰富自己的文化知识,提高文化修养。开拓思路与视野。随着社会的发展进步,人们的文化素质不断提高,因而在旅游活动中对文化知识的了解要求越来越高,开辟专门的文化知识专题旅游正符合这一旅游经济的客观需求。它成为提高旅游层次的重要标志之一。文化型旅游具体包括了历史文化旅游、民俗文化旅游、区域文化旅游、宗教文化旅游等。

文化型旅游者一般具有以下几个特点。

1. 具有较高的文化修养

文化型旅游者求知欲望强,乐意接受新知识。通过旅游活动,学习各方面知识,拓宽视野,开拓思路,提高专业学术水平。

2. 具有某种专长或具有特殊的兴趣

文化型旅游者期望在旅行中能与同行切磋交流,相互启发,解决自己在研究中碰到的问题。

3. 对旅游线路的科学性比较敏感

旅游者对活动日程安排要求周密,因此,在项目组织设计上,一定要将内在联系的自然、人文景观所蕴藏的历史科学价值及文化艺术素材有机地连贯组织起来,形成一个明确的主题,并且希望导游的水平高,能用科学术语解释所遇到的问题。

【案例链接】

2022 年端午假期湖南接待游客 268 万人次,民俗近郊游成主流

2022 年端午节期间,湖南省共纳入假日统计监测的 970 家单位,累计接待游客 268.42 万人次,累计实现营业收入 33 327.23 万元。据细分数据显示,11 家 5A 级景区接待游客 41.34 万人次、51 家红色旅游区接待游客 40.56 万人次、75 家乡村旅游区累计接待游客 20.96 万人次、208 家文化服务单位累计接待游客 28.36 万人次。

假日期间,不少景区以此为契机举办民俗文化和旅游活动,营造节日氛围。岳阳楼区文化馆组织“我们的节日 · 端午”——岳阳楼社区戏曲专场,吸引了众多游客驻足观看;岳阳县张谷英景区组织打铁、画扇等十大民俗活动和张谷英村文创产品展示活动,吸引大批游客前来体验;郴州市文化馆在苏母居举办“艺路有你 · 粽情粽意”公益课堂,带领参加人员诵读经典诗词、包粽子、制作香囊;永州花千谷景区举办端午主题活动,将传统文化融入美食、手工、运动与自然体验等休闲度假场景;千年瑶寨桐冲口结合当地习俗举办瑶族卬瘟节,祭药神驱邪祈福,品尝五彩圆福宴,无处不洋溢着浓郁的瑶家风情。

由于假期较短,且受疫情和天气影响,人们更青睐于中短途出游,自驾游、乡村游、探亲游成为主流。以露天烧烤、赏花垂钓、果蔬采摘、农家饭等为主题的乡村旅游景区持续升温。永州祁阳的三家村、宁远的下灌村、江永的勾蓝瑶寨等地游客络绎不绝、人气颇旺,花千谷、南溪花海、湖美田园等乡村旅游景区持续火爆。大量游客到访也带动各种旅游特产供不应求,东安鸡、女书文创商品、百叠岭茶等特色旅游产品大受游客欢

迎,成为探亲访友佳品。夜间文化和旅游消费成新增长点。娄底新化、冷水江资江风光带等景区,均实施了亮化美化工程,完善了夜间基础设施。“郴州八点半、夜空最闪亮”夜间文化和旅游消费集聚区成为市民和游客休闲游玩的新去处,夜间文化和旅游集市、乡村旅游产品同样受到游客青睐。

(资料来源:文化与旅游部官网)

(五)商务型旅游者的特点

商务型旅游者是以商务等为主要目的而外出的旅游者。旅游地一般都选择在旅游胜地或风景文化名城,以便在完成商务的同时进行观光游览活动。具体包括 4 种,即商务旅游者、会议旅游者、展览旅游者和奖励旅游者。

随着和平与发展成为当今世界的主流,各国、各地区之间在政治、经济、科技、文化等方面开展的合作越来越多,人员交往日益频繁,这必然导致国际、各地区间有关人员相互往来数量日益增加。商务旅游现已成为世界旅游市场的一个重要的目标市场。

会展业自然成为当今世界都市旅游业的重要组成部分。因此,各国旅游部门非常重视会展旅游业的发展。有些国家或地区旅游管理部门还专门成立了会展旅游管理部门。例如,香港为了促进会展旅游业的发展,专门组建了会议局。

商务型旅游者的特点主要表现在以下几个方面。

1. 消费水平高,对价格不太敏感

一方面,商务型旅游者一般具有一定的身份、地位,其本身收入较高;另一方面,这些人外出主要是公费。因此,这种类型的旅游者不论是在基本旅游消费方面还是在非基本旅游消费方面都具有很强的支付能力。例如,为了旅行便利,他们宁可多花钱,也不会去购买附有限制条件的廉价机票。为了舒适和方便,同时也为了展示本公司的形象,他们通常都选择高档住宿设施,等等。

2. 对旅游服务方面要求较高

商务型旅游者注重舒适、方便、快捷。除此之外,有些旅游者还有特殊要求,例如通信等,其目的是提高工作效率。

3. 人数相对较少,但出行次数频繁

商务型旅游者不受季节性影响,只要是工作需要,就会随时出行。

4. 选择的自由度低

商务型旅游者在目的地的选择上没有多大自由,甚至根本就没有选择余地。正因为如此,各目的地的旅游接待单位在这个市场部分的经营上基本不存在竞争。

(六)家庭事务型旅游者的特点

家庭事务型旅游者是指以探亲访友、出席婚礼、参加开业典礼等涉及处理个人家庭事务为目的而外出的旅游者。这类旅游者与前几种类型的旅游者相比,具有以下 3 个特点。

1. 外出的季节性较弱

由于家庭事务型旅游者外出的目的涉及处理个人家庭事务,因此,在出游的时间上一般是利用带薪假期和传统的节假日,有时是根据家庭事务的时间来确定出游时间,所以,外出的季节性较弱。同时,在目的地的选择上没有自由度。在这方面类似于公务型旅游者。

2. 对价格较为敏感

由于该类旅游者主要是自费，因此大多对价格比较敏感。他们所追求的是物美价廉的服务。如果某一类交通工具提高价格，他们可能会改乘其他交通工具。

3. 影响旅游统计的准确性

家庭事务型旅游者在旅游过程中通常不借住目的地提供的住宿以及其他服务设施，这不但影响到旅游统计的准确性，也使许多旅游经营者认为这类旅游者对旅游目的地的经济价值不大。但是，对交通经营者来讲则是一个非常重要的市场。

（七）购物型旅游者的特点

购物型旅游者是指以到异地都市购物为主要目的结合观光都市的旅游者。这类旅游者的出现和形成，是社会经济发展、交通发达、人民生活水平不断提高的结果。

旅游购物作为“无限”花费，在旅游产品的构成要素中可挖掘的经济效益的潜力最大，因此世界上许多旅游业发达国家和地区都十分重视发展旅游购物。据统计，每年进入享有“购物天堂”美誉的中国香港特别行政区的国际旅游者中有 60%左右的人是为了购物，其购物费用占全部旅游费用支出的 60%左右。人口 8 万多人的“袖珍之国”安道尔，因没有关税，物价低廉，故吸引了大量的旅游者，每年接待的旅游者接近 300 万人。

购物型旅游者具有以下特点。

1. 关注范围大

购物型旅游者不但关注目的地商品的丰富程度、特色品种和低廉价格，还关注对购物的社会支持环境，如是否有便利的交通、进出境手续是否简便等，也关心目的地是否有优美的景致，以使自己在满足购物欲望的同时，也能进行观光游览活动。

2. 经济支付能力强

购物型旅游者多来自经济发达或较发达的国家，具有一定的经济支付能力，他们在关心旅游目的地商品价格的同时，对旅游产品本身的价格却不太敏感。

3. 季节、时间的限制性不强

购物型旅游者全年都可进行购物旅游活动。

4. 消费水平高

购物型旅游者对目的地经济的发展贡献较大。

对主要旅游者类型及其特点的分析，有助于我们在旅游开发和经营过程中有的放矢，对症下药，设计各种富有针对性的旅游产品。但我们也要注意，在现实生活中旅游者的出游目的往往是复合的，多种需要和需求相互重叠、相互渗透，有时很难将其归入某一种类型，这就要求我们在实际旅游业务操作过程中，灵活应用理论，不要死搬教条。

第二节　旅游需求的激励因素

旅游需求可分为个人需求和市场需求两个层面。由于本章的主题是旅游者，因此这里对旅游需求的探讨仅限于个人旅游需求。

一、决定个人旅游需求的客观因素

影响旅游需求的因素很多。就旅游需求产生的条件来看,这些影响至少可以划分为两个部分:一是旅游者个人方面即需求方面的影响因素;二是旅游目的地方面即供给方面的影响因素。正如有些学者指出的那样,如果没有具有吸引力的旅游目的地,如果这些目的地不能提供必要的食宿及娱乐条件,则旅游需求不可能首先产生。

从需求方面来看,一个人能否产生旅游需求或者能否成为旅游者取决于多种条件或因素的影响。旅游活动发展历史证明,国际性大众旅游的兴起是与世界各国首先是西欧和北美国家国民收入水平的提高和带薪假期的增加分不开的。因此,收入水平和以带薪假期为代表的闲暇时间是影响一个人能否成为旅游者的最重要的客观因素,也是实现旅游活动的两个最主要的决定条件。

(一) 足够的、可自由支配的收入

旅游是人们的一种享受型需要,导致旅游消费不是一般的维持人的生命延续而必需的生存性消费,而是在其基本物质资料得到满足后,追求更高的精神上的享受需要而产生的消费。因此,一个人要成为旅游者,必须在其物质资料得到满足后还有剩余的货币,才可能产生旅游动机。同时,旅游虽然是一种消费活动,但又不是一般的消费活动,它是一项时时处处需要消费的活动。吃、住、行、游、购、娱时时刻刻充斥在旅游者的旅游活动中,所有这些都要消耗一定的物质资料和劳动。为此,旅游者必须付出一定的代价——支付货币。因此,旅游者必须具备一定的经济实力,这是满足个人旅游需求的坚实的物质基础。一个人的收入水平,或者说是其家庭的收入水平和富裕程度,往往决定着他能否实现旅游及其旅游消费水平的高低。所以,家庭收入达到一定的水平乃是一个人实现旅游活动的前提之一,也是实现旅游活动的重要物质基础。实践证明,国际性大众旅游的兴起与各国的国民收入的提高以及家庭收入的增加是分不开的。国际上有这样的经验统计:当一个国家的人均国民生产总值达到800~1 000美元时,居民将普遍产生国内旅游动机;当达到4 000~10 000美元时,将产生邻国旅游动机;当超过10 000美元时,将产生全球旅游动机。

收入水平决定因素的重要不仅在于一个家庭达到哪一种收入水平便可满足外出旅游的经济条件,而且还在于超过这一临界水平后,每增加一定比例的收入,旅游消费便会以更大的比例增加。据英国有关部门估计,旅游消费的这种收入弹性系数为1.5。国际官方旅游组织联盟则估计这一系数为1.88,也就是说,收入每增加1%,旅游消费便会增加1.88%。

此外,收入水平不仅影响着人们的旅游消费水平,而且会影响到人们的旅游消费构成。例如,家庭富有的旅游者会在吃、住、购、娱等方面花较多的钱,从而使交通费用在其全部旅游消费中所占比例减小;而在经济条件次之的旅游者消费构成中,交通费用所占比例肯定较前者大。其原因在于,在吃、住、购、娱等方面的开支比较节约,相比之下,要想在交通费用方面少花钱则较为困难。

当然,一个人或其家庭的收入不可能都用于旅游。所以,影响一个人能否实现旅

游活动的是其家庭收入水平，实际上是指其家庭的可支配收入，或者更确切一点说是其家庭的可自由支配收入水平。可支配收入和可自由支配收入是旅游研究中经常使用的术语。所谓可支配收入是指个人或家庭的收入中扣除全部纳税后的收入部分。可自由支配收入，亦称为可随意支配收入，是指个人或家庭收入中扣除全部纳税和社会消费（如老年退休金和失业补贴的预支等）以及日常生活必需消费部分（衣、食、住、行等）之后所余下的收入部分。只有这部分收入才是真正可以用于旅游的。收入水平意味着支付能力，而可自由支配收入水平则决定着一个人的旅游支付能力。它影响着一个人能否成为旅游者，影响着旅游者的消费水平及其消费构成，并且还会影响到旅游者对旅游目的地及旅行方式的选择，等等。所以，可自由支配收入水平是决定个人旅游需求的最重要的经济因素。当然，这并不是说凡可自由支配收入达到一定的水平者都会外出旅游。事实上，即使在最重要的旅游客源国中，也总会有一些人其收入虽然相当高，但却不曾也不愿意外出旅游。因此，可自由支配收入水平只是经济条件方面的影响因素，而非个人旅游需求的唯一决定因素。

（二）足够的闲暇时间

旅游的一个显著特征是异地性，旅游者必须离开常住地去异地。这个特征客观上要求旅游者在具备一定的经济收入的同时，还必须有足够的闲暇时间。因此，闲暇时间是决定人们能否成为旅游者参加旅游活动的又一个重要客观条件。

实际上，闲暇时间的多少不仅决定着一个人能否外出旅游，而且会影响对旅游目的地的选择以及在该地逗留时间的长短。何谓闲暇时间？这首先要从人生的时间构成谈起。在现代社会生活中，人生时间可由以下 5 个部分构成。

（1）法定的就业工作时间，如我国实行的工作日 8 小时工作制。

（2）必需的附加工作时间，如必要的加班加点、必要的第二职业等。

（3）用于满足生理需要的生活时间，如吃饭、睡觉、家务等。

（4）必需的社会活动时间，如出席必要的社交约会、学校召开的学生家长会等。

（5）闲暇时间，亦称为自由时间或者可随意支配的时间。

根据上述时间构成，可以将全部时间划分为两大类，即工作时间和非工作时间。同时亦可将人在这些不同时间内的活动划分为必需的限制性活动和自由或随意活动两大类。如果将这些时间和活动放在一起进行比较，其关系如表 3-1 所示。

表 3-1 人的时间和活动划分

时　间	限制性活动	自由活动
工作时间	法定就业劳动、附加劳动	工间休息
非工作时间	生理生存活动、必需的社会活动	休闲活动

表 3-1 说明，从事休闲活动的闲暇时间虽然属于非工作时间，但并不等于非工作，而只是其中的一部分。所以，闲暇时间并非人们通常所说的 8 小时以外的时间。

一般来说，人的时间可分成工作时间、生活时间和闲暇时间三个部分。工作时间是指人们为了维持生存外出工作以赚取货币的时间。生活时间是为了满足人们的生理需要以及处理日常琐事等花费的时间。闲暇时间就是除去日常工作、学习、生活及其他必需时间以外，可用以自由支配，从事消遣娱乐或自己乐于从事的任何其他事情的时间。

闲暇时间是人们非工作时间的一部分，在现代社会中，有 4 种类型，即每日余暇、每周余暇、公共假日和带薪假期。

每日余暇是每天在工作和生活之余的闲暇时间。这部分闲暇时间很零散，虽可用于娱乐和休息，如看电视、看电影、听音乐、闲谈或参加体育活动和文化活动等，但却很难用于旅游活动。

每周余暇通常指周末工休时间。目前，全世界绝大部分国家已实行 5 天工作制（我国自 1995 年开始实行），周末休息 2 天，这为人们周末旅游提供了必要的时间条件。由于时间短，一般只适合开展一些近距离的旅游活动。

公共假日就是人们通常所说的节假日。各国公共假日的数量不一，大都与各国民族传统节日的多少有关。我国的公共假日于 2007 年 12 月 7 日予以重新修订，在原来元旦、春节、国庆节、“五一”劳动节的基础上，增加了清明节、端午节和中秋节 3 个传统节假日。西方国家中最典型的公共假日是圣诞节和复活节。由于节日期间多为全家团聚、共同活动的时间，所以连续 2~4 天的公共假日期间往往是家庭外出作短期旅游度假的高峰时间。

【拓展阅读 3-1】

国务院关于修改《全国年节及纪念日放假办法》决定（国务院令第 644 号）

（1949 年 12 月 23 日政务院发布，根据 1999 年 9 月 18 日《国务院关于修改〈全国年节及纪念日放假办法〉的决定》第一次修订，根据 2007 年 12 月 14 日《国务院关于修改〈全国年节及纪念日放假办法〉的决定》第二次修订，根据 2013 年 12 月 11 日《国务院关于修改〈全国年节及纪念日放假办法〉的决定》第三次修订 ）

第一条　为统一全国年节及纪念日的假期，制定本办法。

第二条　全体公民放假的节日：

（一）新年，放假 1 天（1 月 1 日）；

（二）春节，放假 3 天（农历正月初一、初二、初三）；

（三）清明节，放假 1 天（农历清明当日）；

（四）劳动节，放假 1 天（5 月 1 日）；

（五）端午节，放假 1 天（农历端午当日）；

（六）中秋节，放假 1 天（农历中秋当日）；

（七）国庆节，放假 3 天（10 月 1 日、2 日、3 日）。

第三条　部分公民放假的节日及纪念日：

（一）妇女节（3 月 8 日），妇女放假半天；

（二）青年节（5 月 4 日），14 周岁以上的青年放假半天；

（三）儿童节（6 月 1 日），不满 14 周岁的少年儿童放假 1 天；

（四）中国人民解放军建军纪念日（8 月 1 日），现役军人放假半天。

第四条　少数民族习惯的节日，由各少数民族聚居地区的地方人民政府，按照各该民族习惯，规定放假日期。

第五条　二七纪念日、五卅纪念日、七七抗战纪念日、九三抗战胜利纪念日、九一八纪念日、教师节、护士节、记者节、植树节等其他节日、纪念日，均不放假。

第六条　全体公民放假的假日，如果适逢星期六、星期日，应当在工作日补假。部分公民放假的假日，如果适逢星期六、星期日，则不补假。

第七条　本办法自公布之日起施行。

（资料来源：中央政府门户网站，2013 年 12 月）

带薪假期，目前经济发达的工业化国家中大都规定对就业员工实行带薪休假制度。法国是第一个以立法形式规定就业员工享有带薪假期的国家。它在 1936 年宣布劳动者每年可享有带薪假期至少 6 天。现在，各国实行带薪假期的情况仍参差不齐（见表 3-2）。通过该统计表我们不难发现，在西欧国家中，就业员工全年平均时间的 25%～30% 为非工作时间。特别是带薪假期，由于时间长而且集中，因此是人们外出旅游的最佳时机。

表 3-2　欧盟一些国家和美国工作周数及假日情况

国别	工作周数			假日情况		
	法律规定最高周数	男女体力劳动者平均数	公议约定通常周数	法律规定最低周数（带薪假期）	公共假日/天	公议约定带薪假期/周
比利时	40	36.9	38.4	3	10	3.5～4
丹麦	—	—	40	5	9.5	5
法国	48	41.4	—	4	8～10	4
德国	48	41.8	37.4	2.5～3	10～13	4～6
爱尔兰	48	—	40	3	8	3
意大利	48	41.5	40	2	17～18	4
荷兰	48	41.0	40	3	7	4～5
美国	—	42.3	39～40	—	8	3～4.5

闲暇时间的上述分布情况说明，闲暇时间并非全都可以用于旅游。较长距离的旅游只能利用时间较长而且比较集中的闲暇时间。欧美地区的旅游者来华旅游大都利用带薪假期便是这个道理。当然，这里谈闲暇时间所针对的是在职人员。至于其他人员，特别是退休人士的闲暇时间问题，则应另当别论。

总之，旅游需要有时间，对于在职人员来说，需要有足够长而且比较集中的闲暇时间才有可能实现外出旅游。虽然并非所有的闲暇时间都可用于旅游，但从旅游需求理论概括而言，闲暇时间乃是实现个人旅游需求不可缺少的重要条件。

（三）其他客观因素

足够的可自由支配收入和足够的闲暇时间是实现旅游活动的两个基本条件，但这并不是说一个人只要具备了这两项条件便能成为旅游者。实际上，一个人能否成为旅游者要受到许多社会经济因素及个人因素的影响和制约。就需求方面而言，旅游倾向与某些社会经济因素和个人因素之间存在着下述关系(见表3-3)。

表3-3 旅游倾向和社会经济因素、个人因素的关系

社会经济因素和个人因素	对旅游倾向的影响
收入	积极影响
家庭户主的学历	积极影响
家庭户主的职业	积极影响(就职业的社会地位而言)
带薪假期	积极影响
户主的年龄	消极影响
生命周期	消极影响(就婴幼儿拖累而言)

总体概括起来主要有旅游目的地的社会条件、可进入性以及旅游者的身体状况和家庭的人口结构等。

1. 旅游目的地的社会条件

旅游目的地的社会条件主要是指一个国家的政治经济制度、社会政治环境以及社会治安等方面。政治稳定性是激发旅游需求、促使旅游需求不断增加的重要因素。作为旅游者往往都有一个共同的心理追求,即追求安全、舒适的旅游环境,他们愿意选择社会环境安定、政治观点相近的国家作为旅游目的地。不稳定的政治环境,往往使旅游者承担各种风险,从而造成旅游者的心理压力而使旅游需求下降。因此,旅游接待国的政局稳定,则对该国旅游产品的需求量就多;反之,则对该国旅游产品的需求量就少。

2. 可进入性

可进入性是旅游产品构成中的基本因素之一,它不仅是联结旅游产品各组成部分的中心线索,而且是旅游产品能够组合起来的前提条件,具体表现为进入旅游目的地的难易程度和时效标准。可进入性具体包括旅游客源地与旅游目的地之间的时空距离,旅游目的地内部的道路交通状况以及国际旅游中的旅游入关签证、服务效率,通信的方便条件,当地社会的承受能力等。其中,交通起着至关重要的作用。一个没有良好的交通条件的旅游目的地是不可能吸引大量旅游者的。随着现代科学技术不断发展,交通运输取得了突飞猛进的发展,有效地解决了旅游客源地和目的地之间的时空矛盾,使旅游者在旅行过程中更加舒适和安全。

3. 旅游者的身体状况和家庭人口结构

一个人的身体状况是其能否成为旅游者的客观因素。外出旅游客观上要求旅游者必须具备健康的身体,否则难以成行。从世界旅游发展趋势看,青壮年外出旅游的比例最大。老年人出游比例相对较低,主要原因在于年纪偏大,体力不支,同时在此年龄段老年人都带有不同程度的某种疾病,给出游带来诸多不便。随着时代的发展,体育康娱旅游在全球范围内已经成为时尚。在中国,2012年旅游活动主题被定为“中国欢乐健康游”。瑞士旅游部门在对国民的旅游情况进行调查后发现,在本国旅游的,为身体健康及恢复体力的占26%,为从事某项体育活动的占29%,这些人多数为青年或中年人。此外,家庭人口结构也是旅游者形成的一个条件。调查表明,拥有4岁以下婴幼儿的家庭外出旅游的可能性很小。

二、决定个人旅游需求的主观因素

一个人要想成为旅游者，实现旅游活动，必须具备足够的可自由支配收入和足够的闲暇时间以及其他一些客观因素，但是仅有这些条件，人们不一定会外出旅游，还必须在主观上有出游的愿望，这是人进行旅游的内在驱动力，是人的主观因素。这里所说的主观因素便是旅游动机。

（一）旅游动机与需要

1. 需要层次理论

心理学上普遍认为，人的行为是由动机支配的，动机又是由需要引起的。所谓需要就是客观刺激通过人体感官作用于大脑所引起的某些缺乏状态。那么，何谓动机呢？通俗地讲，动机就是激励人们行动的主观因素。凡是引起个体去从事某项活动，并使活动指向一定的目标以满足个体某种需要的愿望或意愿，都叫这种活动的动机。简言之，旅游动机是指促发一个人有意于旅游以及到何处去、作何种旅游的内在驱动力。

心理学还认为，需要是人的积极性的基础和根源，动机是推动人们活动的直接原因。表明动机是需要的表现形式。一个人的行为动机总是为满足自己的某种需要而产生的。当人的需要具有某种特定的目标时，需要才转化为动机。换言之，有什么样的需要，便会有什么样的动机表现出来。

那么，旅游动机的产生是为了满足什么样的需要呢？人们很难对这个问题做出全面一致的回答。因为人的需要是多种多样的，而且作为个体的人与人的情况也不尽相同。人到底有多少种需要，迄今为止心理学家们也难以取得一致的看法。关于需要的学说，目前最有影响的是美国心理学家马斯洛在 1943 年提出的著名的需要层次理论。这个著名的理论提出了人有 5 个层次的需要。

（1）生理需要。即衣、食、住、行等人类生存最基本的需要。这是最低层次的需要。

（2）安全需要。即避免生理和心理方面受到伤害所需要的保护和照顾的需要，如免于受伤害、免于受剥夺、免于失业等。

（3）社会需要。即希望被社会所接受，使其在精神上有所归属，诸如友谊、爱情、归属等方面的需要。

（4）尊重需要。即想通过自己的才华与成就获得他人的尊重，比如要求他人给予尊敬、赞美、赏识和承认地位的需要。

（5）自我实现需要。即出于对人生的看法，需要实现自己的理想。这是最高层次的需要。

这些需要之间的层次关系如图 3-2 所示。

马斯洛认为上述需要的 5 个层次是逐个上升的，当低一级的需要获得相对满足以后，追求高一级的需要就成为继续奋进的动力。在某一个时刻，可能存在好几类需要，但各类需要的强度不是均等的。5 类需要的关系如图 3-3 所示。

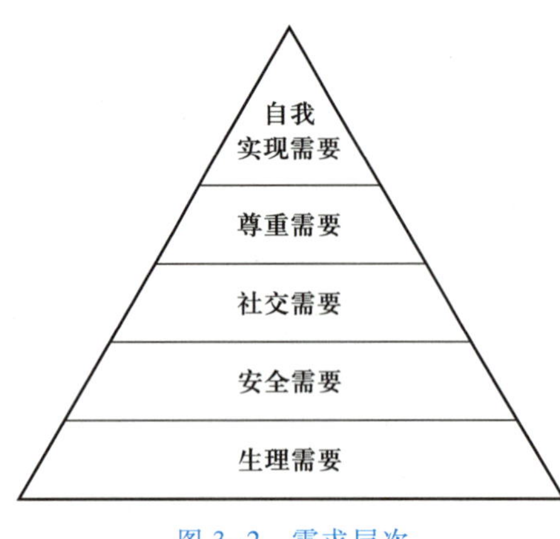

图 3-2　需求层次

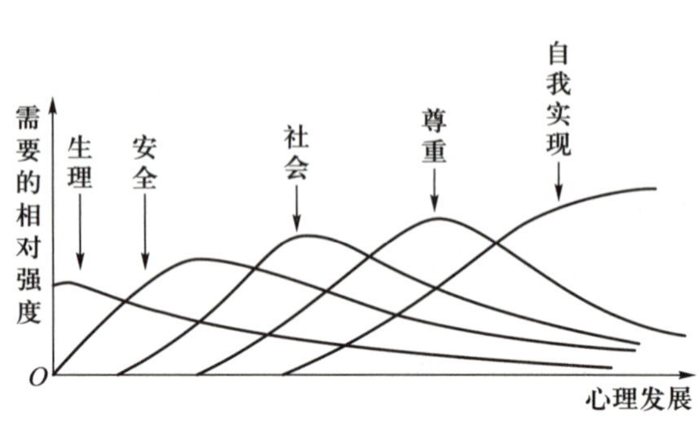

图 3-3　5 类需要的关系

2. 需要层次对旅游的影响

马斯洛的需要层次理论是研究旅游动机的基础，对于旅游业各部门在接待旅游者工作中注意他们的上述需要和提高服务质量无疑是很有指导意义的。但是，从需求动机方面来看，在就外出旅游做出决定时，旅游者到底是为了满足上述哪一层次的需要呢？一般可以认为，一个人不太可能会有满足较低 3 个层次的需要而希望外出旅游。原因有以下几方面。

（1）一个人或其家庭的经济收入达到一定的水平后才能旅游。因而凡在经济上有能力外出的旅游者，其温饱等基本问题早已得到解决，所以不可能为满足生理需要而旅游。反之，为满足基本生存需要而“希望”外出旅游者也不会有足够的经济条件。即使其离开某地外出，也只能是出于移民或就业目的，不属于旅游的活动范畴。

（2）家中的安全感比待在其他任何地方都来得强烈，因此为了安全需要而计划外出旅游的可能性也很小。同时，旅游者去相对陌生的旅游目的地旅游，由于对旅游环境不是很熟悉而缺乏安全感，才导致他们特别重视旅游期间的安全问题，但这显然不是促使其外出旅游的动机。

（3）社会需要的满足，只能在其通常生活和工作的社区内才能得到并且长期维持，因为只有在生活和工作的长期接触中，人们才能真正相互了解和产生感情，只有在这一基础上，才能使一个人的地位在群体中得到承认，才能获得真正的爱和友谊。因此，人们既不太可能在外地短暂旅游期间使自己爱的需要得到满足，也不太可能为了这种需要而外出旅游。当然，旅游确实有助于并且实际可带来人与人之间的交往和了解甚至感情融洽，但这只是旅游的客观影响。

事实说明，人们决定外出旅游与马斯洛的需要层次理论中两个较高层次的需要有联系。例如，所谓受尊重的需要除了表现在别人心目中得到重视和赏识之外，还包括取得成就、独立自主、自信和取得支配地位等。受尊重的需要不仅和个体感到自己对这个世界有用的感觉有关，而且与有关的事物如衣物、汽车、教育、旅游和接待重要人物等能否增进自我形象有关。人们到一个知名度很高的旅游地去旅游，当然是会令人羡慕，他们到这个旅游目的地的动机可能很多，但其中之一却可能是为了满足尚未得到满足的尊重的需要的驱使。至于人们外出旅游是否出于自我实现的需要，目前仍在争论中。旅游是极富有象征性的活动，部分旅游者外出旅游就是体现自我价值、满足自我实现的愿望。目前，体育康娱旅游在全球范围蔚然成风，旅游者在旅游活动中克服种种困难，既锻炼了体力和意志，又战胜了自身的懦弱，得到了心智和体能的再造与升华。同时，在团体项目中还能锻炼旅游者之间的团队合作精神。当然，人们参加旅游活动并不都是由于自我实现的需要，但随着社会的发展和人们对生活质量的关注，对自我实现的要求会越来越多。然而，许多权威学者，包括马斯洛本人在内，都认为很少有人达到了要求自我实现的需要层次。因而我们有理由相信，这种需要只对有限数量的旅游者起着相当大的激励作用。因此，如果用这种只有很少的人才达到的需要层次去解释千军万马的大众旅游活动的动机，显然是不适宜的。

上述情况说明，仅靠马斯洛的需要层次理论难以完全回答人们外出旅游是出于何种需要的问题。

心理学家们一直在争论人们在生活的所有领域里是保持心理的单一性，还是追求多样性。对于这个问题的探讨，能帮助我们从另外一个角度来理解旅游者出游的基本原因。单一性理论认为，人们在期望出现某一件事情的过程中，不要再遇到意料之外的事情。根据多样性理论，在旅游环境中旅游者将游览他以前从未去过的旅游目的地。一个适应性良好的人，在自己的生活中需要单一性和多样性两者的结合。如果长期单一地生活，也就是说某个环境对他来说完全可以预见了，这种预见不会向他提出挑战，更不会对他有所刺激，感觉的单一容易使人厌倦。厌倦积累到一定的程度，就必须引进一些多样性，即用新奇和变化所带来的刺激来抵消由厌倦所造成的心理紧张。大众旅游的发展实践证明，绝大多数旅游者的旅游动机中都包含探新求异的需要或者说好奇心和探索的需要。如果长期生活在多样化的环境中，由于从该环境中感受刺激太多，使神经系统长期处于高度紧张状态，也需要一定程度的单一性来弥补，方能使其心理恢复平衡。否则会造成生理和心理较大的伤害，比如神经衰弱和失眠等。于是，顺应旅游者的需要，医疗保健旅游和休闲度假旅游为人们所喜爱。因为随着环境的改变，人们不再受在家时的各种角色和行为的羁绊，加之新异事物给人带来的刺激，故而能有效地消除或减轻原有的紧张。随着旅游活动日渐普及，大量的、越来越多的人都已开始承认旅游是从喧哗和紧张的日常生活中解脱出来的一种手段。

旅游是生活多样化的源泉。人们把生活中的现实称为第一现实，而把旅游称为第二现实。旅游这种“出逃”方式只是一种暂时现象，是“精神放风”。旅游既能满足人的“出逃”需要，同时又不会对第一现实构成破坏，反而会增强人对现实的适应性，并且旅游自身的价值又为社会所推崇。所以人们的多样性需要其实就是人的最基本的旅游动机之一。

（二）旅游动机的类型

人们外出旅游的动机常常是多种多样的，究其根源，是因为人们的需要纷繁复杂。同时，旅游本身就是一种复杂的象征性行为，是一项综合性的社会活动，能同时包含人们众多不同的需要。由于人们需要不同，表现出各种不同的需求形式，导致旅游动机千变万化。例如，这类具体需要可能是为了开阔视野，是为了见识一下这个世界，是为了接触和了解异国他乡的人民，是为了探亲访友，是为了放松、游玩，是为了拜谒祖先的故土，是为了躲避令人生厌的事情，等等。而一旦这些需要被人们认识到，便会以动机的形式表现出来。据文化与旅游部数据显示，2018 年我国入境外国游客人数 4 795

万人次(含相邻国家边民旅华人次),其中,会议商务占12.8%,观光休闲占33.5%,探亲访友占2.8%,服务员工占15.5%,其他占35.3%。

中外学者对于旅游动机的划分也是莫衷一是。实际上,如果进一步详细罗列一下人们的具体需要,恐怕还能提出更多种直接的旅游动机。其中,美国著名的旅游学教授罗伯特·W.麦金托什对旅游动机类型的划分广为旅游研究者所引用。麦金托什认为,人们的旅游动机可划分为以下4种基本类型。

1. 身体方面的动机

身体方面的动机主要包括度假休息,参加体育活动,海滩消遣、娱乐活动,以及其他直接与保健有关的活动。另外,还包括遵医嘱或建议做异地疗法、洗温泉、洗矿泉、做医疗检查等的疗养活动。这一类动机的特点是通过与身体有关的活动来消除紧张和不安。

2. 文化方面的动机

这是人们为了满足认识和了解自己的生活环境与知识范围以外的事物的需要而产生的动机。主要是为了了解和体验异国他乡的情况,包括了解其音乐、艺术、民俗、舞蹈、绘画及宗教等。这些动机表现出一种求知的欲望。

3. 交际方面的动机

这是人们为了进行社会交往,保持与社会的经常接触而产生的一种动机,包括在异地结识新的朋友,探亲访友,摆脱日常工作、家庭事务等动机。这些动机常常表现出对熟悉的东西的厌倦和反感,逃避现实和免除压力的欲望。

4. 地位和声望方面的动机

这方面的动机主要是关心个人成就和个人发展的需要,包括考察、交流、会议以及满足个人的兴趣所进行的研究等。它的特点是在进行旅游活动的交往过程中搞好人际关系,满足其自尊、被承认、被注意、能实现其才能、取得成就和为人类作贡献的需要。

除上述4种类型外,我们还可以考虑再增加一种类型,即购物方面的动机。虽然一个人的旅游经历本质上是一种精神享受,但在人们外出旅游的动机中,有的的确也包含购物之类的动机。

实际上,人们外出旅游很少只是出于一个方面的动机。由于旅游是一种综合的象征性行为形式,可满足人们的多重需要,因此,对于一个人来说外出旅游就会有多种动机,而并非出于某一方面的动机。

(三)影响旅游动机形成的因素

旅游动机的形成受到多重因素的影响,这些因素有来自人们自身的因素,也有来自外部的客观环境的因素。然而,对旅游动机首先产生影响的还是旅游者自己,即个人的个性因素起着决定性的作用。

1. 个性因素

所谓个性是指个体在先天素质基础上,在一定的历史条件和社会实践中形成和发展起来的比较稳定的心理特征的综合,即一个人区别于他人的个人心理特征和行为特征。由于人们先天遗传的生理素质及其所处的客观社会环境不同,每个人都表现出各自不同的个性行为。心理学者把人们的个性因素进行分类,划分为不同的心理类型，并提出许多划分模式，借以研究不同的心理类型对旅游动机以及对旅游目的地选择的影响。其中较有代表性的是美国学者斯坦利·C.帕洛格提出的心理类型模式。

帕洛格以数千名美国人为调查样本，对他们的个性心理特点进行了详细的研究，发现可划分为5种心理类型，如图3-4所示。

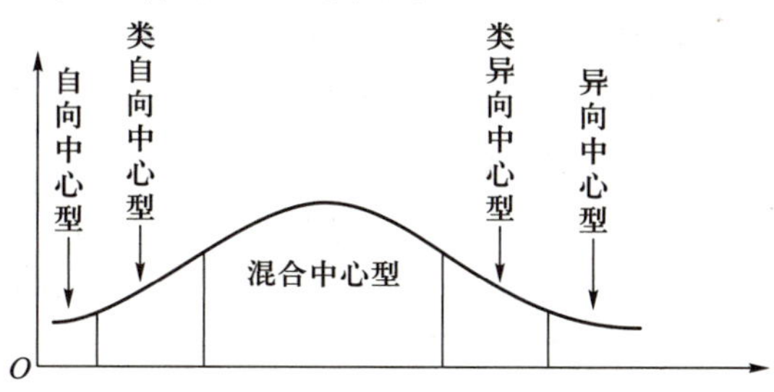

图3-4　帕洛格的心理类型模式

这5种心理类型分别为自向中心型、类自向中心型、混合中心型、类异向中心型和异向中心型。心理类型属于自向中心型的人，其特点是谨小慎微、多忧多虑、不爱冒险，在行为上表现为喜安逸，好轻松，活动量小，喜欢熟悉的气氛和活动。与自向中心型相反，另一个极端的心理类型是异向中心型。属于这种心理类型的人其特点是性格开朗，兴趣广且多变，在行为上表现为喜新奇，好冒险，活动量大，不愿意随大流，喜欢与不同文化背景的人相处。除了这两个极端类型之外，还有很大一部分是两者的交叉部分，包括最中间的混合中心型，以及分别向两个极端类型进行过渡的类自向中心型和类异向中心型。

这个模型表明，属于混合中心型的人占绝大多数，而属于自向中心型和异向中心型这两个极端心理类型的人所占比例很小，即所谓中间大、两头小的正态分布。它还反映出，在这个心理类型连续系统上，越是靠近异向中心型者，外出旅游的可能性就越大。由于人们属于不同的心理类型，所以他们对旅游目的地、旅行方式等方面的选择也不可避免地会受到其所属心理类型的影响。自向中心型的旅游者在旅游活动中表现为选择自己所熟悉或旅游发展成熟的目的地，并且要求整个旅游过程被安排得井然有序，一切活动都是事先估计到的，比较适合团队包价旅游。而异向中心型的旅游者往往选择一些比较偏僻、不为人所知的地点去旅游，在旅游活动中只需要为其提供一些基本条件即可。他们往往是新旅游目的地的发现者和开拓者，是旅游者大军的先头部队。随着其他心理类型的旅游者陆续跟进，该旅游目的地也逐渐形成旅游热点。然而与此同时，异向中心型的旅游者亦逐渐失去对该目的地的兴趣，转而另寻其他地方去旅游。

2. 社会因素

旅游动机是在一定的社会环境中形成的，必然会受到社会环境中不同因素对它产生的影响。这些因素包括以下几方面。

（1）年龄、性别以及受教育程度。年龄和性别使人不仅有其生理特点，而且也影响到人在社会和家庭中所担当的角色。从年龄来看，年轻人活泼好动，对社会上的新鲜事物具有浓厚的兴趣和好奇心，对社会和自然的探索要求强烈，因此他们的旅游动机往往是求新、求异、求奇、求险，通过这样的旅游活动以达到心理上的满足。中年人在工作和事业上已有一定的基础，具有较丰富的社会生活经历，因此他们的旅游动机主要是求名、求实。老年人常抱有怀旧的情感，对会见老相识、老朋友，对观看名胜古迹、故地重游比较感兴趣，因此他们的旅游动机是出自访古寻幽、认祖归宗的心理动机。文化与旅游部统计数据显示，2018 年我国入境旅游者中，14 岁以下人数占 3.4%，15～24 岁占 13.7%，25～44 岁占 49.9%，45～64 岁占 28.4%，65 岁以上占 4.6%；其中，男性旅游者占 59.6%，女性旅游者占 40.4%。

受教育程度决定着一个人的知识水平的高低。一般而言，文化程度高的人，拥有一定的文化知识，对问题往往有自己独到的见解，因此外出旅游时往往喜欢去富有挑战性的新地区，而且旅游活动中的文化内涵较深。相反，文化程度低的人，由于缺少文化知识，对外出旅游常会有顾忌，易产生不安全感，表现为外出旅游时去熟悉的地方，旅游活动的文化内涵浅，常常是走马观花式的旅游。

（2）社会文化。文化的范围无边无际，从某种意义上看，文化是一个社会“个性”的反映。一个人身处社会中，无时无刻不受到文化的影响，而且文化直接影响和制约人们的动机与行为。处于不同文化环境的人们在价值观念、信仰、态度等方面有较大的差别。有的民族崇尚勤劳、节俭，乡情浓厚，不愿意离开家乡去异地旅游，有的民族爱好四处周游、探险，欣赏异地的人文与自然景观，从而发现自己的价值，不同民族的人们有不同的生活观和价值取向。

（3）社会阶层。社会阶层是一种分清人们在社会上所扮演角色的等级系统。社会阶层对人们的旅游行为产生很大的影响。同一社会阶层的旅游者在价值观念、兴趣、爱好等方面有相似的心理趋势，不同的社会阶层则呈现出较大的差异。一般来说，阶层较高的人喜欢高雅温和类的产品，诸如有意义的活动，能显示身份地位的旅游项目、交通工具、客房及旅行社，以及较高档次的接待规格和水平等。相反，阶层较低的人则喜欢刺激性的产品，诸如激烈的活动项目和色泽鲜艳的产品外观等。

前面讨论了影响个人旅游需要的客观因素，即可自由支配收入水平、闲暇时间、身体状况和家庭人口结构；这里则集中讨论了影响个人旅游需要的主观因素即旅游动机。一个人只有同时具备了这些客观条件和主观条件才能成为旅游者，实现其旅游活动。从另一个角度讲，所有这些因素都可构成一个人能否实现旅游活动的障碍因素。只有这些障碍因素全部克服后，才能真正外出旅游。

第三节　旅游流及其运动规律

旅游流现象是现代大众旅游现象最外部化的特征，是现代旅游业发展所依赖的客观前提。与旅游流相伴的其他复杂现象，构成了旅游世界的丰富多彩的内容。

一、旅游流的概念

旅游流是指在一个区域内由于旅游需求的近似性而引起的旅游者集体性空间移位现象。其特征表现在 3 个维度上，即时间、流向和流量。

旅游流的时间特征是针对旅游流产生和消散过程中的持续时间而言的。一方面，旅游流在地域上持续的时间可能因各方面因素的影响而有较大的差异；另一方面，旅游流的形成和消散很可能表现出非常明显的规律性，观光旅游更是如此。旅游流的这种时间特征可能对旅游目的地的经营产生非常大的影响。

旅游流的流向特征是针对旅游流在持续运动过程中所经过的旅游路线而言的。它反映着旅游目的地与旅游客源地之间关联的方式和途径。

旅游流的流量特征是针对旅游流在单位时间内和一定的空间内形成的规模而言的。对于旅游目的地而言，持续、均衡、大规模的旅游流有着十分重要的意义。它决定了对旅游目的地基础设施、旅游设施和对社区经济、文化和环境施加影响的强度或潜力。

二、旅游者的流动规律

世界旅游发展的历史表明，旅游者在不同的国家和地区间的流动具有以下规律。

（一）近距离流动多，远距离流动少

在世界旅游市场中，国内旅游无论在旅游人次还是旅游收入上均超过国际旅游，这个事实本身就反映了这一规律。近年来，在国际旅游市场上，近距离旅游的人次约占全世界国际旅游人次总数的 80%。

旅游者将旅游活动集中在邻近国家和地区，主要是出于以下几个方面的考虑。

1. 省钱

近距离旅游的最大优点是经济。由于距离近，所以能够节约一笔数目可观的交通费用。

2. 省时

闲暇时间是旅游者外出旅游的必要条件之一，而很多人则由于工作忙，带薪假期有限，很难在旅游方面花费大量宝贵的时间。因此，邻近国家和地区就成了他们的首选目的地。

3. 方便

首先，相邻地区的生活习惯、文化传统接近，旅游障碍少，因此对于旅游者来说，在食、住、行、游、购等方面可以获得很大的便利。其次，入境手续和交通较便利。邻近国家之间为了发展经济，往往互免签证，从而增加了这些国家的可进入性，为旅游者在这些国家之间的旅游活动提供了便利。最后，在邻近国家之间，旅游者往往可以自己驾车旅行，既方便，又自由、省时，一天之内可以穿越好几个国家和地区，这也使近距离旅游人数不断地增加。

（二）流向风景名胜区

旅游者的普遍心理都是想通过旅游活动来满足追求美感的特殊兴趣。风景名胜地具有立体形象感染力，雄浑、险峻、幽深、壮阔等特征给人以美感。人们身临其境，极易把情与景、意与境融为一体，形成一种自然景观、人文景观和思想感情相互交融的艺术境界。风景名胜区对旅游者是一种很具有吸引力的旅游目的地，因此，旅游者总是从世界各地流向风景名胜区，这是旅游者最普遍的流动规律。

（三）从经济发达的国家和地区流向经济不发达的国家和地区

在经济发达的国家和地区，人们的平均收入水平比较高，从而为人们外出旅游提供了必要的经济条件。因此，发达国家和地区就自然而然地成为旅游输出国和地区。而在经济不发达的国家和地区，除基本的食宿需求以外，人们能够用于旅游活动的可自由支配的收入非常有限。所以，外出旅游很难成行。因此，这些国家和地区在世界旅游业中只能充当旅游接待国（或地区）的角色，凭借其美丽的自然旅游资源和悠久而又丰富多彩的文化资源吸引经济发达国家和地区的人们前来观光、游览，从而导致旅游者从经济发达的国家和地区流向经济不发达的国家和地区。另外，经济发达的国家和地区在其经济发展过程中，往往伴随严重的工业污染和生态环境的破坏，而经济不发达的国家和地区在这方面的问题则不太突出。因此，旅游者就从经济发达的国家和地区流向经济不发达的国家和地区，以摆脱嘈杂的环境，投身于大自然中，呼吸清新的空气。很多欧洲人去非洲旅游就是出于这种动机。

（四）从一个经济发达的国家和地区流向另一个经济发达的国家和地区

经济发达的国家和地区本身也有其独特的旅游资源吸引来自其他经济发达的国家和地区的旅游者前来观光、游览。除了美丽的自然景色以外，它们往往还有迷人的城市风光和独特的现代文化。这些在发展中国家和地区是很少见的。因此，也吸引着大量的观光客。另外，经济发达的国家和地区之间经济联系较为密切，商业往来频繁，因此，商务旅游者人数非常多，这就使旅游者在经济发达的国家和地区之间的流动成为现实。旅游者在欧洲各国之间以及欧洲与北美洲之间的流动就属于这种类型。

（五）从严寒地区流向温暖地区及反方向的流动

气候差异似乎是造成世界规模旅游客流的重要因素。在寒冷的冬季，人们为了避寒，往往要到温暖的国家和地区旅游。而在炎热的夏季，人们为了避暑，则又选择天气凉爽的国家和地区作为目的地。

世界的主要旅游客源地位于中纬度和较高纬度的地区，其气候偏冷而天气多变。欧洲和北美洲的主要旅游客流流向是自北而南，因为南部地区有比较温暖和比较稳定可靠的气候。在欧洲，旅游客流主要流向地中海；在北美洲则流向佛罗里达和加勒比海地区。最典型的例子是斯堪的纳维亚地区（北欧，北纬 55°至北纬 70°）的旅游者，在冬季到加那利群岛（非洲西北海岸外，北纬 28°）进行包价度假旅游。冬季斯堪的纳维亚地区天气严寒，白昼相当短促而黑夜漫长。这种旅游一般每年要占离开斯堪的纳维亚地区出外旅游人数的 1/4～1/3。

（六）流向政治、经济、文化中心

一般而言，世界上的政治、经济、文化中心都是较大的发达城市，这些城市具有多功能的旅游职能，相应地，也建立了各种为旅游者服务的机构和设施，诸如旅游代理、海关、旅游饭店、娱乐、医疗保健、金融汇兑等。城市以其强大的经济活力、优越的物质生活、齐全的旅游娱乐设施等，对旅游者产生了巨大的吸引力，并能使旅游者在政治、经济、文化等多方面都获得满足，特别表现在旅游者向首都移动。

旅游者向首都移动有以下几方面的原因。

（1）一个国家的首都往往就是这个国家的政治、经济、文化中心，在经济发展水平、城市建筑和现代化程度等方面具有较高的水平，代表着该国家的政治、经济、文化等方面的总体发展水平。从某种意义上讲，一个国家的首都就是这个国家的缩影。旅游者希望通过首都这个窗口来了解这个国家。

（2）首都往往集中着大量能够吸引旅游者的人文旅游资源。

（3）作为经济中心，一个国家的首都每年都接待大批商务旅游者。

（4）作为政治中心，首都一般都具有较高的知名度，因此能够吸引大量国内外旅游者前来参观游览。

（5）首都是一个国家的象征，旅游者往往有这样的认识，即不到首都就等于没有去过这个国家。

【知识链接 3-2】

我国按国别划分的外国入境游客（2008-2017 年）

指标	2017 年	2016 年	2015 年	2014 年	2013 年	2012 年	2011 年	2010 年	2009 年	2008 年
朝鲜入境游客/万人次	22.98	21.04	18.83	18.4	20.7	18.06	15.23	11.64	10.56	10.18
印度入境游客/万人次	82.2	79.97	73.05	71	67.7	61.02	60.65	54.93	44.89	43.66
印度尼西亚入境游客/万人次	68.31	63.37	54.48	56.7	60.5	62.2	60.87	57.34	46.9	42.63
日本入境游客/万人次	268.3	258.99	249.8	271.8	287.8	351.82	365.82	373.12	331.8	344.61
马来西亚入境游客/万人次	123.3	116.54	107.6	113	120.7	123.55	124.51	124.52	105.9	104.05
蒙古入境游客/万人次	186.5	158.12	101.4	108.3	105	101.05	99.42	79.44	57.67	70.53
菲律宾入境游客/万人次	116.9	113.51	100.4	96.8	99.7	96.2	89.43	82.83	74.89	79.53

续表

指标	2017 年	2016 年	2015 年	2014 年	2013 年	2012 年	2011 年	2010 年	2009 年	2008 年
新加坡入境游客/万人次	94.12	92.46	90.53	97.1	96.7	102.77	106.3	100.37	88.95	87.58
韩国入境游客/万人次	386.4	477.53	444.4	418.2	396.9	406.99	418.54	407.64	319.8	396.04
泰国入境游客/万人次	77.67	75.35	64.15	61.3	65.2	64.76	60.8	63.55	54.18	55.43
英国入境游客/万人次	59.18	59.5	57.96	60.5	62.5	61.84	59.57	57.5	52.88	55.15
德国入境游客/万人次	63.55	62.49	62.34	66.3	64.9	65.96	63.7	60.86	51.85	52.89
法国入境游客/万人次	49.47	50.38	48.69	51.7	53.4	52.48	49.31	51.27	42.48	43
意大利入境游客/万人次	28.05	26.73	24.61	25.3	25.1	25.2	23.5	22.92	19.14	19.44
荷兰入境游客/万人次	19.43	19.96	18.18	18	18.9	19.55	19.75	18.91	16.69	18.09
葡萄牙入境游客/万人次	5.64	5.5	5.34	5.2	4.9	4.86	4.7	4.77	4.36	4.39
瑞典入境游客/万人次	11.19	11.53	11.84	14.2	15.9	17.16	17.01	15.45	12.58	13.77
瑞士入境游客/万人次	7.23	7.26	7.27	8	8.1	8.28	7.53	7.43	6.26	6.34
俄罗斯入境游客/万人次	235.7	197.66	158.2	204.6	218.6	242.61	253.63	237.03	174.3	312.34
加拿大入境游客/万人次	80.6	74.13	67.98	66.7	68.4	70.83	74.8	68.53	55.03	53.47
美国入境游客/万人次	231.3	224.96	208.6	209.3	208.5	211.81	211.61	200.96	171	178.64
澳大利亚入境游客/万人次	73.43	67.51	63.73	67.2	72.3	77.43	72.62	66.13	56.15	57.15
新西兰入境游客/万人次	14.37	13.62	12.54	12.7	12.9	12.83	12.09	11.61	10.04	10.52

（资料来源：国家统计局官网，2019 年 2 月）

三、影响旅游流运动的因素

从世界各国旅游发展的历史和现状来看,影响旅游流运动的因素有以下几方面。

(一)旅游目的地与旅游客源市场之间空间距离的远近

两国之间的距离越近,它们之间的旅游客流强度就越大。国际旅游者的移动大多数是在附近国家之间发生的。在北美洲,到加拿大的国际旅游者,85%以上来自美国;到美国的旅游者,60%以上来自加拿大和墨西哥。在欧洲,到奥地利的国际旅游者,约65%来自与其邻近的德国、意大利、瑞士、斯洛文尼亚、匈牙利、捷克、斯洛伐克;到比利时的旅游者,55%以上来自邻近的荷兰、法国和德国;到意大利的旅游者,55%以上来自邻近的法国、瑞士、奥地利和斯洛文尼亚、克罗地亚等;到法国的旅游者,50%以上来自邻近的德国、比利时、西班牙、意大利和瑞士;到西班牙的旅游者,将近45%来自毗邻的法国和葡萄牙。这些都说明,通常在毗邻国家之间,由于距离较近,旅游客流强度较大。

随着旅游者旅行距离的增加,旅行费用和旅行时间也相应增加。在长距离旅行的不利之处与较远目的地的旅游资源吸引力二者之间,旅游者需要进行权衡取舍。这种"距离阻限作用",促使旅游者首先选择更接近其本国、与远距离目的地类似的旅游目的地类型,而不选择距离远的目的地,尽管后者的特征或许更有吸引力。所以,各国、各地区都首先把周边地区作为主要的旅游客源地,市场促销的力度由近及远,这也是客源市场上不以人们的意志为转移的客观规律。

(二)政治、文化、贸易等的国际联系的密切程度

世界的政治地理,对国家间的旅游客流在很大程度上起着支配作用。一个国家长期政治稳定,对于旅游者和旅游业投资者而言,都更具有吸引力。国家间的政治冲突或合作,会妨碍或促进旅游客流的流向和强度。战争、恐怖主义活动及任何形式的不稳定,都能暂时或较长时间地直接妨碍国家间的旅游。对以往冲突的记忆和疑虑、较长时期的种族对立,也能妨碍国家间的旅游。国家之间的长期不和,使它们各自之间的旅游客流远不像所期望的那样大。一个国家的政治形象对国际旅游者有深远的影响。这种政治形象并不取决于那个国家政府自身的各种表白,而在于众多旅游者共同形成的印象。政治形象不佳的国家,很难吸引国际旅游者。

各国有关旅游的其他因素相同时,旅游客流可能首先在有共同文化联系的国家之间产生。共同文化联系主要是指共同的政治历史、共同的语言文字和共同的宗教信仰等。首先,有共同文化背景的国家,它们之间能产生旅游客流。其次,从一个国家到另一个国家有大量移民,就会在移民母国与移民国之间形成文化联系。移民总是希望能回母国去寻根或探亲访友,而移民母国的亲友也会去移民国探望他们。移民的后裔往往向往他们的祖先生活过的国家,希望去做探访旅游。自1979年以来,已经形成东南亚各国的新、老中国移民到中国的旅游客流。同时,像穆斯林的朝拜等宗教旅游,超越空间限制,富有强烈的宗教归属意识。

跨国商务活动历来被列入旅游范畴,若两国之间贸易额较高,那么商务旅游必然也多。

(三) 一个国家(地区)对其他国家旅游吸引力的大小

在气候旅游资源、景观旅游资源和历史旅游资源中,如果一个国家具有另一个国家所缺乏的旅游资源类型,那么旅游客流强度就会加大。旅游客源国缺乏某种具有吸引力的特定旅游资源类型,便会形成强大的旅游客流,流向旅游资源丰富的国家。

荷兰大部分地区的地面高度都位于海拔 200 米以下,很多地方的地面高度在海平面以下,因而被称为"低地国家"。荷兰的旅游者成群结队地涌向阿尔卑斯山所在国家,瑞士和奥地利成为他们第二个重要的旅游目的地,到这两个国家的人数仅次于到距离较近的法国的人数。一般每年荷兰的出国度假旅游者的 1/6 到阿尔卑斯山。在德国,与其面积相比海岸线长度相当有限,而且海岸线在气温偏低的北部。这就促使德国人产生一种强烈的欲望,希望到南方地中海国家的海岸去度假旅游。在英国,皇家的壮观仪式能强烈吸引缺乏这种历史传统或根本未曾有过君主制国家的旅游者。中国极其独特又十分丰富的文化、历史旅游资源,正强烈地吸引着各国旅游者。近十几年来,自欧美到中国旅游的客流强度正在迅速增大。

(四) 到某一个国家的旅游费用的高低(包括汇率影响在内)

相对费用反映在生活费用和货币兑换率上。如果两个国家在生活费用上存在很大差异,那么将会使旅游客流从生活费用高的国家向生活费用低的国家流动。

某个国家的货币购买力,是该国经济实力和国民生活水平的反映。对包括旅游者在内的消费者而言,价格在不同的国家存在着巨大差异。如果国外某国消费品的价格高于本国,将妨碍旅游者到该国去旅游。而如果他们到消费品价格低于本国的国家去旅游,那么旅游者的金钱会有较高的价值。例如,泰国向中国市场的较低报价,对中国旅游者前往泰国旅游很有吸引力。

由于货币兑换率的变化和各国通货膨胀率不同,货币相对费用指数将随时间变化而变化。这种国家之间的价格相对变化,强烈地影响旅游客流的流向和强度,特别是在各国旅游目的地的旅游业强烈竞争情况下更是如此。这导致在某个时期,旅游者从一个国家的旅游目的地,转移到另一个国家与其类似而费用又比较低廉的旅游目的地。

(五) 竞争或其他干涉的影响

竞争主要是处于同一个地区的国家(地区)为了争取更多的旅游者,竞相推出一系列吸引游客的措施。

其他干涉影响主要表现在,有些国家采取财政和法律上的措施,设置障碍阻止旅游,这可能对世界旅游格局产生深刻影响。有些国家所采取的财政和法律措施,包括对外汇的管制及对签发护照的限制,虽然不是十分严格,但对旅游仍会产生消极影响,妨碍某些国家间的旅行。另外,这些国家的政府出于其国民安全和政治目的考虑,也会阻止本国国民去某国旅游。例如,恐怖主义活动多针对美国公民,美国政府就劝告他们不要去那些安全系数相对不高,尤其是针对美国的一些国家。

(六) 接待国的文化背景和国民素质

这主要是指旅游接待国(地区)开放后,对外来文化的容纳度,这又与接待国居民所受教育的程度有关。例如,中国香港一个弹丸之地,却能每年接待逾千万旅游者,旅游收入可与发达的旅游大国相提并论,成为举世瞩目的旅游大都市,其中最主要的原因就在于它所反映的文化内涵的广泛性，正如它的促销口号“万象之都”所反映的那样。像我国香港这样兼容东西方文化于一地，并通过景点、商店、餐馆、娱乐场所更进一步把东西方的文化特色淋漓尽致地表现出来的城市，在全世界也是绝无仅有的。正因为香港包容了世界文化，它也就必然成为全球旅游者乐于前往的目的地。

（七）旅游者对目的地的意向

这主要取决于接待国对其旅游产品的宣传水平和宣传力度。“酒香不怕巷子深”这句谚语只适用于特定的历史条件或某个特定的区域之内。旅游在空间距离上是大跨度的甚至是越国界、超洲际的，若不能目睹实景，又无形象宣传，连“酒香”都闻不到，何来客源！因此，世界上的旅游接待大国无一不是旅游宣传促销大国，否则，旅游者是不会不请自来的。我国在进入 21 世纪后相继举办了体育健身游、民间艺术游、烹饪王国游等，2013 年又举办了中国海洋旅游年，这些都是在宣传促销方面所做的积极而有效的努力。

【知识链接 3-3】

历年中国旅游主题及宣传口号

年份	中国旅游宣传主题	宣传口号
1992	友好观光游	游中国，交朋友
1993	山水风光游	锦绣河山遍中华，名山圣水任君游
1994	文物古迹游	五千年的风采，伴你中国之旅；游东方文物的圣殿：中国
1995	民族风情游	中国：56 个民族的家；众多的民族，各异的风情
1996	休闲度假游	96 中国：崭新的度假天地
1997	中国旅游年	12 亿人喜迎 97 旅游年；游中国：全新的感觉
1998	华夏城乡游	现代城乡，多彩生活
1999	生态环境游	返璞归真，怡然自得
2000	神州世纪游	文明古国，世纪风采
2001	体育健身游	中国——新世纪、新感受；跨入崭新世纪，畅游神州大地
2002	民间艺术游	民间艺术，华夏瑰宝；体验民间艺术，丰富旅游生活
2003	烹饪王国游	游历中华胜境，品尝天堂美食
2004	百姓生活游	游览名山大川、名胜古迹，体验百姓生活、民风民俗
2005	中国旅游年	中国欢迎你；红色旅游年
2006	中国乡村游	新农村、新旅游、新体验、新风尚
2007	和谐城乡游	魅力乡村、活力城市、和谐中国
2008	中国奥运旅游年	北京奥运、相约中国
2009	中国生态旅游年	走进绿色旅游，感受生态文明
2010	中国世博旅游年	相约世博，精彩中国

续表

年份	中国旅游宣传主题	宣传口号
2011	中华文化游	游中华，品文化；中华文化，魅力之旅
2012	中国欢乐健康游	旅游、欢乐、健康；欢乐旅游，尽享健康；欢乐中国游，健康伴你行
2013	中国海洋旅游年	美丽中国，海洋之旅；体验海洋，游览中国；海洋旅游，精彩无限
2014	智慧旅游年	美丽中国，智慧旅游；智慧旅游，让生活更精彩；新科技，旅游新体验
2015	丝绸之路旅游年	游丝绸之路，品美丽中国；新丝路、新旅游、新体验
2016	丝绸之路旅游年	漫漫丝绸路，悠悠中国行；游丝绸之路，品美丽中国；神奇丝绸路，美丽中国梦
2017	丝绸之路旅游年	游丝绸之路、品美丽中国；古老丝绸路，美丽中国行；传承丝路精神，共享丝路旅游
2018	全域旅游年	新时代，新旅游，新获得；全域旅游，全新追求

（资料来源：百度文库）

第四节　旅游者的权利和义务

随着经济的发展和生活水平的不断提高，外出旅游已成为一个消费热点。明确旅游者在旅游活动中的权利和义务备受关注。2013 年 10 月 1 日施行的《中华人民共和国旅游法》对旅游者的权利和义务做了规定。旅游者只有了解自己的权利和义务，才能在旅游过程中知道如何保护自己的合法权益和遵守旅游法律、法规、规章及有关的规定，促使旅游者玩得顺利、玩得愉快，减少旅游投诉问题的出现，并形成良性循环，促进旅游业持续、健康发展。

一、旅游者的主要权利

（一）知悉真情权

旅游者有权知悉其购买的旅游产品和服务的真实情况。

旅游者有权就包价旅游合同中的行程安排、成团最低人数、服务项目的具体内容和标准、自由活动时间安排、旅行社责任减免信息，以及旅游者应当注意的旅游目的地相关法律、法规和风俗习惯、宗教禁忌，依照中国法律不宜参加的活动等内容，要求旅行社作详细说明，并有权要求旅行社在旅游行程开始前提供旅游行程单。

（二）拒绝强制交易权

旅游者有权自主选择旅游产品和服务，有权拒绝旅游经营者的强制交易行为。

旅行社未与旅游者协商一致或未经旅游者要求，指定购物场所、安排旅游者参加另行付费项目，以及旅行社的导游、领队强迫或者变相强迫旅游者购物、参加另行付费项目的，旅游者有权拒绝，也可以在旅游行程结束后30日内，要求旅行社为其办理退货并先行垫付退货货款，退还另行付费项目的费用。

（三）合同转让权

除旅行社有正当的拒绝理由外，旅游者有权在旅游行程开始前，将包价旅游合同中自身的权利义务转让给第三人，因此增加的费用由旅游者和第三人承担。

（四）合同解除权

包价旅游合同订立后，因未达到约定人数不能出团时，旅游者不同意组团社委托其他旅行社履行合同的，有权解除合同，并要求退还已收取的全部费用。

旅游行程结束前，旅游者解除合同的，组团社应当在扣除必要的费用后，将余款退还旅游者。

因不可抗力或者旅行社、履行辅助人已尽合理注意义务仍不能避免的事件，导致旅游合同不能继续履行，旅行社和旅游者均可以解除合同。导致合同不能完全履行，旅游者不同意旅行社变更合同的，有权解除合同。合同解除的，旅游者有权获得扣除组团社已向地接社或者履行辅助人支付且不可退还的费用后的余款。

（五）损害赔偿请求权

旅游者有权要求旅游经营者按照约定提供产品和服务。旅游者人身、财产受到损害的，有依法获得赔偿的权利。

景区、住宿经营者将其部分经营项目或者场地交由他人从事住宿、餐饮、购物、游览、娱乐、旅游交通等经营的，旅游者有权要求景区、住宿经营者对实际经营者给旅游者造成的损害承担连带责任。

旅行社具备履行条件，经旅游者要求仍拒绝履行合同，造成旅游者人身损害、滞留等严重后果的，旅游者还可以要求旅行社支付旅游费用1倍以上3倍以下的赔偿金。

（六）受尊重权

旅游者的人格尊严、民族风俗习惯和宗教信仰应当得到尊重。旅游者有权要求旅游经营者对其在经营活动中知悉的旅游者个人信息予以保密。

（七）安全保障权

旅游者有权要求旅游经营者保证其提供的商品和服务符合保障人身、财产安全的要求。旅游者有权要求为其提供服务的旅游经营者就正确使用相关设施设备的方法、必要的安全防范和应急措施、未向旅游者开放的经营服务场所和设施设备、不适宜参加相关活动的群体等事项，以明示的方式事先向其作出说明或者警示。

（八）救助请求权

旅游者在人身、财产安全遇有危险时，有权请求旅游经营者、当地政府和相关机构进行及时救助。中国出境旅游者在境外陷于困境时，有权请求我国驻当地机构在其职责范围内给予协助和保护。

（九）协助返程请求权

包价旅游合同在旅游行程中被解除的，旅游者有权要求旅行社协助旅游者返回出发地或者旅游者指定的合理地点，由于旅行社或者履行辅助人的原因导致合同解除的，旅游者有权要求旅行社承担返程费用。

（十）投诉举报权

旅游者发现旅游经营者有违法行为的，有权向旅游、工商、价格、交通、质监、卫生等相关主管部门举报。旅游者与旅游经营者发生纠纷的，有权向相关的主管部门或旅游投诉受理机构投诉、申请调解，也可以向人民法院提起诉讼。

二、旅游者的主要义务

（一）文明旅游义务

旅游者在旅游活动中应当遵守社会公共秩序和社会公德，尊重当地的风俗习惯、文化传统和宗教信仰，爱护旅游资源，保护生态环境，遵守旅游文明行为规范。

（二）不损害他人合法权益的义务

旅游者在旅游活动中或者在解决纠纷时，不得损害当地居民的合法权益，不得干扰他人的旅游活动，不得损害旅游经营者和旅游从业人员的合法权益。造成损害的，依法承担赔偿责任。

（三）个人健康信息告知义务

旅游者购买、接受旅游服务时，应当向旅游经营者如实告知与旅游活动相关的个人健康信息，审慎选择参加旅游行程或旅游项目。

（四）安全配合义务

旅游者应当遵守旅游活动中的安全警示规定，不得携带危害公共安全的物品。

旅游者对国家应对重大突发事件暂时限制旅游活动的措施以及有关部门、机构或者旅游经营者采取的安全防范和应急处置措施，应当予以配合。违反安全警示规定，或者对国家应对重大突发事件暂时限制旅游活动的措施、安全防范和应急处置措施不予配合的，依法承担相应的责任。接受相关的组织或者机构的救助后，应当支付应由个人承担的费用。

（五）遵守出入境管理义务

出境旅游者不得在境外非法滞留，入境旅游者不得在境内非法滞留。随团出入境的旅游者不得擅自分团、脱团。

【拓展阅读 3-2】

《中华人民共和国旅游法》中关于旅游者权利和义务的规定

……

第二章　旅　游　者

第九条　旅游者有权自主选择旅游产品和服务，有权拒绝旅游经营者的强制交易行为。

旅游者有权知悉其购买的旅游产品和服务的真实情况。

旅游者有权要求旅游经营者按照约定提供产品和服务。

第十条　旅游者的人格尊严、民族风俗习惯和宗教信仰应当得到尊重。

第十一条　残疾人、老年人、未成年人等旅游者在旅游活动中依照法律、法规和有关规定享受便利和优惠。

第十二条　旅游者在人身、财产安全遇有危险时,有请求救助和保护的权利。

旅游者人身、财产受到侵害的,有依法获得赔偿的权利。

第十三条　旅游者在旅游活动中应当遵守社会公共秩序和社会公德,尊重当地的风俗习惯、文化传统和宗教信仰,爱护旅游资源,保护生态环境,遵守旅游文明行为规范。

第十四条　旅游者在旅游活动中或者在解决纠纷时,不得损害当地居民的合法权益,不得干扰他人的旅游活动,不得损害旅游经营者和旅游从业人员的合法权益。

第十五条　旅游者购买、接受旅游服务时,应当向旅游经营者如实告知与旅游活动相关的个人健康信息,遵守旅游活动中的安全警示规定。

旅游者对国家应对重大突发事件暂时限制旅游活动的措施以及有关部门、机构或者旅游经营者采取的安全防范和应急处置措施,应当予以配合。

旅游者违反安全警示规定,或者对国家应对重大突发事件暂时限制旅游活动的措施、安全防范和应急处置措施不予配合的,依法承担相应责任。

第十六条　出境旅游者不得在境外非法滞留,随团出境的旅游者不得擅自分团、脱团。

入境旅游者不得在境内非法滞留,随团入境的旅游者不得擅自分团、脱团。

……

(资料来源:节选自《中华人民共和国旅游法》)

第五节　文明旅游

旅游活动是旅游者在不同的国家和地区之间的流动,它不仅是一种经济、社会和文化现象,而且是一项综合性的审美活动。然而,在目前我国旅游事业蓬勃发展时期,作为旅游活动的主体——旅游者,却暴露出了很多与旅游发展不相和谐的现象——不文明旅游,这些现象不但会造成旅游目的地的环境危害,还会影响他人的旅游心情,损害客源地国家和地区的总体形象,影响到旅游的和谐之美。因此,发展旅游业必须采取有效的措施消除旅游不文明行为,加强对旅游者的文明、礼貌教育,提高国民素质,维护国家形象,构建社会主义和谐社会。

一、旅游者的不文明行为

视频:不文明旅游行为——乱刻乱画

个别旅游者所表现出来的不文明行为主要有以下几方面。

(1)随处扔垃圾、废弃物,随地吐痰、擤鼻涕、吐口香糖,污染公共环境。

(2)无视禁烟标志,想吸就吸,打喷嚏不掩口鼻,危害他人健康。

(3)坐公交车、乘电梯、购物、买票、参观、就餐时争抢拥挤、插队加塞儿,不谦让老幼病残孕。

(4)在公共交通工具、宾馆、饭店、剧场、影院、景区、景点等公共场所高声接打电

话、猜拳行令、喧哗吵闹。

(5) 在景观文物、服务设施上乱刻乱画，踩踏禁行绿地，攀爬摘折花木。

(6) 在教堂、寺庙等宗教场所嬉戏、打闹，不尊重当地居民风俗。

(7) 不听劝阻，喂食、投打动物，危害动物安全。

(8) 在他人面前赤膊、袒胸露怀，在卧室以外穿睡衣或衣冠不整，有碍观瞻。

(9) 讲黄色段子，宣扬封建迷信，传播胡编乱造的政治笑话，热衷低级趣味。

(10) 说话脏字连篇，举止粗鲁专横，遇到纠纷或不顺心的事大发脾气，恶语相向，缺乏基本的社交修养。

(11) 强拉外宾合影，违反规定拍照、录像。

(12) 吃自助餐时多拿多占，离开宾馆、饭店时拿走非赠品，贪小便宜。

不文明旅游行为的危害体现在多个方面。旅游者的不文明旅游行为极易造成旅游景区整体吸引力下降、旅游价值降低，严重影响着旅游景区(点)的可持续发展。此外，旅游者不文明的旅游行为会给其他旅游者带来视觉污染，影响游兴，破坏环境气氛，进而影响其他旅游者的游览质量。一些不文明的旅游行为甚至会给自己及他人的人身安全带来隐患。当出境旅游时，每一个旅游者都是“国家形象大使”，一些不文明的旅游现象严重损害着国家形象。如果我们以一个文明的、有教养的形象和气质出现在外国人面前，尊重他人的风俗和习惯，我们就会赢得应有的尊重。相反，当我们以负面的形象出现在外国人面前时，我们国家的总体形象就会受到影响。

造成国民不文明行为的原因有很多。不但有旅游者个人的因素，还有社会体制、文化教育、社会传统等方面的因素。

首先，人们在旅游过程中的“道德感弱化”现象是旅游者不文明行为产生的重要原因。旅游者在旅游过程中追求休闲、放松、无拘无束，因此不同程度地存在随意、懒散、放任、无约束的心理倾向。旅游者摆脱了日常生活圈子中众多熟人的监督，对自己的行为举止便少了许多顾忌与约束，所以即使平时表现文明的人在景区游览时也未必会表现文明。

其次，旅游者的环保意识不强、生态道德素质低下是传统教育缺失的结果之一。文化素养低、环保意识差，旅游者很少会考虑自己的行为对环境的影响，因此容易在不知不觉间产生不文明行为。

最后，旅游经验不足，也是产生不文明旅游现象的重要原因。我国旅游者能够全面参与旅游活动的时间很短，由于旅游经验不足，很多旅游者在旅游过程中会发生不尊重当地社会风俗、宗教信仰等不文明行为。

【拓展阅读 3-3】

中国公民文明旅游公约发布

原国家旅游局主办、中青旅遨游网承办的“大家定的公约大家来遵守”中国公民文明旅游公约新闻发布会昨日在京举行，面向社会广泛征集的“中国公民文明旅游公约”正式发布。“重安全，讲礼仪；不喧哗，杜陋习；守良俗，明事理；爱环境，护古迹；文明行，最得体。”这 10 句 30 字短语成为来自民众的文明旅游新主张。至此，历时半年的“中国公民文明旅游公约大家定”有奖征集活动圆满结束。

原国家旅游局相关负责人表示，与2006年颁布的《中国公民国内旅游文明行为公约》相对照，新版公约是源自民间、扎根民间的大众文明旅游共识。用短短30字基本涵盖了2006年版公约涉及的维护环境卫生、遵守公共秩序等8方面内容，简洁生动、易于记诵。配合公约同时发布了10条文明旅游宣传语，宣传语采用当下流行的语言风格，将文明旅游与公民个体紧密相关，方便对公约进行大众化传播。

据了解，为做好新版公约的宣传推广，原国家旅游局设计制作了H5页面和公益海报，将通过报纸杂志、微信微博、机场广告等进行全方位立体传播，积极引导大家熟记践行，在全社会再掀文明旅游热潮。

附：文明旅游十大宣传语

1. 没有安全，就没有诗和远方
2. 文明，是适可而止的举止
3. 公序良俗，让你拥抱差异多彩的世界
4. 想赢得尊重，先尊重别人
5. 爱惜万物，听一听历史和自然的声音
6. 别让一段旅行，丢了人生品行
7. 捍卫良知是一种勇气，释放善意是一种能力
8. 谦让，使你和环境更加和谐
9. 你若轻声细语，世界便云淡风轻
10. 走出家门，人人都是名片

（资料来源：新华网，2016年8月）

二、提升旅游者文明旅游行为的途径

（一）做好文明教育

文明是一种习惯，而习惯则要从小养成。公民素质的提高必须从教育入手，从学校、家庭抓起，把公德建设、文明建设作为重要的教育内容，从小学会自强、自爱、自律，养成自觉遵守社会道德和行为规范的习惯，从而使全社会公民的文明素质得以提高。如果平时没有养成良好的习惯，而要求其在旅游时表现出良好的素质，显然是不现实的。

（二）强化旅行社管理

加强旅行社管理是文明旅游建设的重要环节和内容，各组团旅行社要切实承担起教育引导旅游者的职责，做到“行前有说明，行中要督导”。旅行社在组团出游之前，要告知旅游者目的地的风俗习惯、礼仪规范、民族禁忌及行为方式等。告知方式要多样化和生动化，可包括旅行社出团说明会，举办文明礼仪培训，进行目的地法律法规和文化习俗、民族禁忌的专题讲座，播放专门的文明礼仪教育片等。要将“旅游者文明旅游承诺”作为旅游合同的附件一同签订，督导每位旅游者遵守法律，恪守公德，讲究礼仪，爱护环境，尊重旅游目的地的文化习俗。在旅游过程中，导游不仅要完成组织协调、解说等传统职责，帮助旅游者了解、欣赏景观，同时要注重自身文明形象，有意识地及时提醒和制止旅游者的不文明行为。旅游管理部门要建立相关的奖惩制度，对旅游

行为做得好的旅行社、导游、领队典型要进行宣传、表彰和物质奖励。对不履行职责、造成不良影响的旅游企业和有关人员,要进行通报批评。对出现严重问题的旅行社和旅游从业人员要取消其从业资格。

(三)旅游景区采取有效措施

景区管理部门要重视旅游者的不文明旅游行为并对其进行引导和管理。

第一,景区应提供各种设施、设备以防止旅游者的不文明旅游行为的发生。如合理放置美观有趣的垃圾箱,使旅游者便于、乐于负责任地处理废弃物。设置必要的美观醒目的标牌,配置有亲和力的标志性说明文字及提醒文字,提示旅游者不要太放任自己。

第二,景区管理工作人员首先应以身作则,发挥示范作用,带头爱护环境。景区可组织工作人员与青年志愿者一起开展环保活动,这既可强化工作人员的环保意识,又能起到对公众的宣传作用。

第三,景区应制定比较完备的规章制度对可能出现的各种不文明行为进行制约,对于有损景区形象的行为加以劝阻或惩罚。

第四,旅游景区在旅游活动项目的安排中应有意识地增加与环境、景观保护有关的内容,使旅游者在生动有趣的活动中获得相关的知识,对旅游者进行生态知识、游览规范等的教育和引导,唤醒旅游者的生态责任意识。通过种种措施和手段在旅游景区内造就一种保护环境和景观、遵守游览规范的良好氛围,使旅游者时时意识到旅游景区对其文明行为的期待,从而能够约束自己的不文明旅游行为。

(四)相关部门加强引导和管理

与旅游业有关的部门,如政府环保部门、社会环保组织、旅游管理部门应充分利用报纸、广播、电视、网络、宣传栏等大众传媒以及电视宣传片、文学创作、卡通、漫画、摄影、话剧、公益歌曲、公益广告等艺术形式,进行文明旅游宣传,提高公众的环保意识,让公众认识到旅游者的不文明旅游行为对旅游环境、景观的污染和破坏。同时,揭露不良陋习,生动活泼地曝光和鞭挞不文明行为,促进全体公民提高文明素质。对有令不行、有禁不止、多次犯规的旅游者要给予必要的处罚,有效地制止旅游者的不文明行为。

【拓展阅读 3-4】

宣传引导渐成合力,文明旅游深入人心

2018 年年底,文化和旅游部委托第三方机构完成的《2018 中国出境游游客文明形象年度调查报告》显示,国外民众对中国游客文明素质的打分(10 分制)由 2016 年的 5.2 分,上升到 2018 年的 6.02 分。

这份成绩单的取得是党中央、国务院持续推动社会文明风尚、文化和旅游系统积极推动文明旅游的结果。从“文明旅游为中国加分”百城联动到旅游志愿者队伍建设,从“旅游黑名单”(旅游不文明行为记录)到“文明游客”评选,从制度创新到宣传引导……刚刚过去的一年,我国文明旅游舆论氛围更加浓厚,文明旅游的观念日益深入人心。

《2018 中国出境游游客文明形象年度调查报告》主要针对美国、日本、泰国、新加

坡、菲律宾、马来西亚、印度尼西亚、法国、英国、俄罗斯等10个中国游客出境旅游主要目的地展开。

调查结果显示,中国游客文明出游程度正在提高。六成国外受访者欢迎并认可中国游客来本国旅游,中国游客出境游文明素质和境外受欢迎程度同比2016年均有所提升。

调查显示,62.5%的国外受访者表示"非常欢迎"或"比较欢迎"中国游客来本国旅游,较2016年上升4.5个百分点。近六成(59.4%)受访者认为中国游客将对当地经济和旅游产业带来积极影响。国外民众对中国游客文明素质的打分由2016年的平均5.2分,上升到2018年的平均6.02分,提高0.82分。

2018年,中国的文明旅游交出了一份令人满意的答卷。然而,社会文明的提升没有终点,文明旅游工作永远在路上。

(资料来源:文化与旅游部官网)

本章小结

本章介绍了国内外旅游者的不同定义,分析了旅游者分类的部分标准和不同类型旅游者的消费需求特点,从主、客观两个方面详细地分析了成为旅游者所应具备的相关因素。从宏观角度分析了在地区间流动的旅游者的集合——旅游流的相关知识,包括概念、规律和影响规律的相关因素,以及当前国际旅游市场国际旅游流的发展变化趋势。介绍了旅游者的权利和义务及文明旅游的相关内容。

同步练习

一、填空题

1. 闲暇时间是人们非工作时间的一部分,在现代社会中,它有4种类型,即每日余暇、每周余暇、________和________。

2. ________是第一个以立法形式规定就业员工享有带薪假期的国家。

二、单项选择题

1. 通常所说的旅游业三大支柱不包括(　　)。

A. 旅行社　　B. 旅游饭店　　C. 旅游景区　　D. 旅游交通

2. 马斯洛的需求层次理论中,最低层次的需求是(　　)。

A. 生理需求　　B. 安全需求　　C. 社交需求　　D. 自我实现需求

三、多项选择题

1. 娱乐消遣型旅游者的特点为(　　　　)。

A. 所占比例大　　B.积极性高　　C. 选择自由度大　　D. 停留时间长

2. 世界旅游发展的历史表明,旅游者在不同的国家和地区间的流动具有(　　　　)的规律性。

A. 近距离流动多,远距离流动少

B. 流向风景名胜区

C. 从经济发达的国家和地区流动到经济不发达的国家和地区

D. 流向政治、经济、文化中心

四、简述题

1. 罗马会议中对旅游者的定义是什么?
2. 旅游者产生的条件有哪些?
3. 影响旅游流运动的因素有哪些?
4. 旅游者享有哪些权利?应该承担什么义务?
5. 提升旅游者文明行为的途径有哪些?

实训项目

请实际参加一次旅游活动,观察旅游者都有哪些不文明行为。

调查目的:通过实地观察旅游者的不文明行为,进而提出相应的管理措施。

调查工具:相机、摄像机、录音笔、问卷调查表等。

调查要求:分组调查。

调查报告:以小组为单位形成调查报告,字数 2 000~3 000 字。

第四章　旅游资源

学习目标

知识目标

- 掌握旅游资源的概念、特征及分类。
- 掌握旅游资源评价的内容及方法。
- 掌握旅游资源开发的原则和内容。
- 理解旅游资源保护的方式和措施。

能力目标

- 能解释旅游资源开发与保护的关系。
- 能把资源评价理论应用于旅游开发中。
- 能在实际中运用旅游资源开发的原则。
- 能正确分析旅游资源破坏的原因。

第四章素养目标

【关键概念】

旅游资源　旅游资源的类型　旅游资源的特征
旅游资源评价　旅游资源开发　旅游资源保护

思维导图

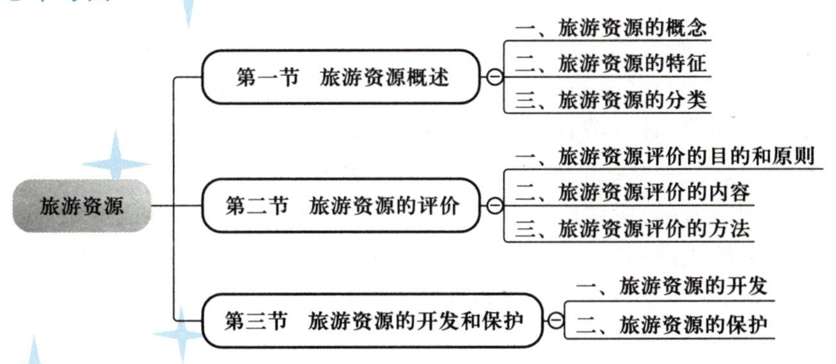

旅游资源是构成旅游活动的客体,是旅游业赖以生存的基础,是旅游活动得以开展的前提。如果没有旅游资源,发展旅游业就等于无米之炊。旅游资源是旅游目的地借以吸引旅游者的最重要的因素,一个国家或地区旅游事业的发展成功与否,主要取决于这个地区旅游资源的特色和丰富程度,取决于能否对当地的旅游资源恰当地评价和合理地开发,以及能否正确处理开发旅游资源与保护环境的关系。

第一节 旅游资源概述

一、旅游资源的概念

(一) 对旅游资源概念的各种理解

旅游资源是一个发展的概念。随着科学技术的进步、社会生产力水平的提高和人类认识的深入,以及旅游经营者的不断开拓,旅游资源的内涵逐渐丰富,范围相应扩展。目前,关于旅游资源的界定,学术界尚未形成统一的认识。自 20 世纪 80 年代以来,我国许多专家学者从地理学、经济学和社会学等学科视角,就“什么是旅游资源”进行了各自不同观点的阐述,其中最具有代表性和影响力的归纳如下。

郭来喜:凡是能为人们提供旅游观赏、知识乐趣、度假疗养、娱乐休息、探险猎奇、考察研究及人民友好往来和消磨闲暇时间的客体与劳务,都可称为旅游资源。

陈传康、刘振礼:旅游资源是在现实条件下,能够吸引人们产生旅游动机并进行旅游活动的各种因素的总和。

李天元:凡是能够造就对旅游者具有吸引力环境的自然因素、社会因素或者其他任何因素,都可以构成旅游资源。

保继刚:旅游资源是指对旅游者具有吸引力的自然存在和历史文化遗产,以及直接用于旅游目的地的人工创造物。旅游资源既可以是有具体形态的物质实体,如风景、文物,也可以是不具有具体物质形态的文化因素。

杨振之:所谓旅游资源,对于旅游者来说,就是旅游目的地及有关旅游的一切服务和设施;对于旅游地来说,就是客观存在的客源市场。

谢彦君:旅游资源是指客观地存在于一定的地域空间并因其所具有的审美和愉悦价值而使旅游者为之向往的自然存在、历史文化遗产或社会现象。

地理学词典:对旅游者具有吸引力的以山水名胜、自然风光为主的自然资源和以历史古迹、文化、革命纪念地为主的人文旅游资源。

文化和旅游部:所谓旅游资源是指自然界和人类社会,凡能对旅游者有吸引力、能激发旅游者的旅游动机,具备一定的旅游功能和价值,可以为旅游业开发利用,并能产生经济效益、社会效益和环境效益的事物和因素。

(二) 如何界定旅游资源

到底应如何界定旅游资源呢? 我们认为,把握并承认以下事实至为关键。

首先,旅游资源因可以向旅游者提供审美和愉悦的凭借而对旅游者具有某种吸引力,不具有这种吸引力的任何资源形式都不是也不会成为旅游资源。因为,从旅游的定义我们已经看出,旅游的本质就是旅游者对美和愉悦的追求。

其次,作为一种资源形态,旅游资源主要存在于一种潜在的待开发状态,同时也包括已开发但尚未耗竭其旅游价值的那一部分资源。旅游资源的存在形态因其被开发的程度而大体上表现为两种:一种是处于原始状态的旅游资源,虽具有旅游吸引力,但由于未经过人类的开发,尚不能成为多数旅游者的旅游对象。在这里我们要特别强调的是,旅游资源的开发并不是一个将非旅游资源的资源转变成旅游资源的过程,而是一个将潜在旅游资源转变成现实旅游资源的过程;不是一个创造和仿制过程,而是一个利用或深度利用的过程。另一种则是已经被开发利用的旅游资源,而且这些旅游资源被当作旅游产品的一部分——其实是最核心的一部分——而将其使用权转让出去。至于那些虽曾有过旅游价值或虽曾被开发利用过但目前已经丧失其价值并已被旅游者所抛弃的旅游资源,便不再是旅游资源了。

再次,旅游资源完全因其他目的而生成或存在,只是由于人们价值观的缘故而在一定的历史时期成为旅游资源。任何作为旅游资源的自然存在、历史文化遗产和社会现象,都不是造物主或人类出于满足旅游者需要的缘故而将它们生产出来并准备出卖,它们之所以成为旅游资源,完全是自然的无意识造化或人类因其他功利性目的而创造的成果,是先于旅游而客观地存在着的自然或人文因素。相对于旅游而言,它们是自在之物或独立之象,当人类的审美意识或旅游价值观不能接纳这些物象时,它们仍为原来的功用而存在。当人们的旅游意识垂青于它们时,它们遂成为旅游资源。当然,这里要肯定的事实是可以成为旅游资源的某种资源客观地有某种可供审美和愉悦的元素。

最后,旅游资源不管是以单体还是以复合体的形式存在,都依托于一定的地域空间,是绝对不能移动的。这一点既取决于旅游资源本身的内涵,也根源于作为前提的旅游这一概念所具有的特征。因为,在现实中发生的诸多似是而非的“旅游资源移动”,不外乎两种基本情况。一种是人们模拟旅游资源而在异地所做的开发,而旅游资源的本体在原地并未消失。因此,根本算不上是移动,仅仅是旅游产品在异地的创制与生产(以出卖为目的),并且这种产品与旅游资源本体相比在价值上一般都要大打折扣,这是由模仿的性质和能力所决定的(旅游资源常常依赖于一定的环境因素)。另一种是人们将原始旅游资源全盘迁往异地(即移向一些人所谓的客源地,至于一些小规模的搬迁不在此列),原地不再有原来的旅游资源本体(这通常仅对于不依赖于环境而存在的单体旅游资源适用),这种情况虽属于真正意义上的资源迁移而非产品生产,但旅游资源一经迁移,便不再是旅游资源了。因为这时已在根本上消灭了旅游和旅游者,人们不需离开常住地便可享受这些资源,于是,原来的旅游资源成了普通的休闲资源。只有当它有朝一日再构成一种对外地旅游者有吸引力的因素时,它才重新成为旅游资源,而这时,对新的旅游者而言,它又是不可移动的。

(三)旅游资源概念的内涵

基于以上的几点认识,本书认为,旅游资源是指客观地存在于一定的地域空间并因其所具有的审美和愉悦价值而使旅游者向往的自然存在、历史文化遗产或社会现象。

按照这一定义，旅游资源既可以是有具体形态的物质单体或复合体，如风景、文物，也可以是不具有物质形态的社会文化因素，如民情风俗。正像保继刚等人对他们给出的定义所做的解释一样，笔者的这个定义也包括同样一些内容。

（1）旅游资源存在于旅游目的地，这就排除了从客源地到目的地的因素。

（2）“资源”的概念本身即含着“有用”性，因此，旅游资源应是对形成从客源地到目的地的客流起稳定作用的促进因素。

（3）旅游资源应该是直接用于欣赏、消遣等的因素，而不包括为了达到这些目的必须使用的纯粹接待因素。

（4）在不同的地方，旅游资源的构成不同，在一个地方纯粹属于接待的因素，在另一个地方却可能异化为旅游资源。

（5）旅游资源的本体是一种先于旅游而存在的物象，它可以按旅游的目的加以开发利用，但不能创制，脱离于这种本体而创制、仿造、移植的旅游对象物，不是旅游资源而是旅游产品。

（6）旅游资源可以成为旅游产品，在这种情况下一般构成旅游产品的核心成分，并应成为产品价值的主体和定价的主要依据。

二、旅游资源的特征

（一）美学上的观赏性

旅游资源具有美学特征，具有观赏性，能从生理上、心理上满足人们对美的追求。这是旅游资源和一般资源最主要的差别。尽管旅游动机因人而异，游览内容多种多样，但观赏活动几乎是所有旅游过程中最基本的，有时更是全部旅游活动的核心内容。毫无疑问，旅游资源的美学价值越高，观赏性越强，知名度越高，吸引力就越强。像我国的万里长城、秦始皇陵兵马俑、桂林山水，埃及的金字塔，古罗马的斗兽场、潘提翁神庙，法国的埃菲尔铁塔，日本的富士山，澳大利亚大堡礁等，都因观赏性较强，成为世界著名的旅游资源，每年吸引着成千上万的旅游者参观游览。同时，由于旅游者性格、气质、审美能力、文化素质的高低，都会影响对同一旅游资源的评判，使旅游欣赏呈现多样性。

【知识链接】

大　堡　礁

大堡礁形成于中新世时期，距今已有2500万年的历史。大堡礁堪称地球上最美的“装饰品”，像一颗闪着天蓝、靛蓝、蔚蓝和纯白色光芒的明珠，据说在月球上远望也清晰可见。

大堡礁是世界上最大最长的珊瑚礁群，位于南半球，它纵贯于澳大利亚的东北沿海，北至托雷斯海峡，南到南回归线以南，绵延伸展共有2 011千米，最宽处161千米。有2 900多个大小珊瑚礁岛，自然景观非常特殊。大堡礁于1981年被列入世界自然遗产名录。

大堡礁的南端离海岸最远有241千米，北端最近处离海岸仅16千米。在落潮时部分珊瑚礁露出水面形成珊瑚岛。风平浪静时，游船在此间通过，船下是连绵不断的、多彩的、多形的珊瑚景色，成为吸引世界各地游客来猎奇观赏的最佳海底奇观。

在大堡礁里，有350多种珊瑚，无论形状、大小、颜色都极不相同，有些非常微小，有的可宽达2米。珊瑚千姿百态，有扇形、半球形、鞭形、鹿角形、树木和花朵状的。珊瑚栖息的水域颜色从白、青到蓝靛，绚丽多彩，珊瑚也有淡粉红、深玫瑰红、鲜黄、蓝相绿色，异常鲜艳。

世界遗产委员会评价：大堡礁物种多样、景色迷人，有着世界上最大的珊瑚礁群，包括400多种珊瑚、1 500多种鱼类和4 000多种软体动物。大堡礁还是一处得天独厚的科学研究场所，因为这里栖息着多种濒临灭绝的动物，比如儒艮（“美人鱼”）和巨星绿龟。

（资料来源：百度百科）

（二）空间上的地域性

旅游资源作为地域要素的重要组成部分，必然受地理环境的影响和制约。这种地域差异性使各个地区的自然和人文景观具有不同的特色和旅游魅力。例如，岩溶地貌景观大面积地存在于我国西南地区，而丹霞景观则主要分布于我国东南地区。我国除汉族分布全国各地外，其他各民族都有一定的相对集中分布区。如朝鲜族相对集中分布在吉林，维吾尔族相对集中分布在新疆，傣族分布在云南南部，等等。各民族的风土民情各不相同，也存在着明显的地区差别。因此，不论自然风光还是人文旅游资源，在空间分布上都存在着鲜明的区域性。所以，只有那些“人无我有，人有我优”的高质量的旅游资源，才会对旅游者产生强烈的诱惑力，它在很大程度上决定一个国家和地区的旅游业是否有成就。

视频：京津冀旅游区旅游资源

（三）季节的变化性

旅游资源的季节变化性主要是由自然条件，特别是气候的季节性变化决定的，同时也受人为因素的影响。首先，有些自然风景只在特定的季节或时期出现。吉林的雾凇只在入冬时才能产生，黄山的云海和瀑布只在夏季多雨的时候才出现。其次，同样的自然景物在不同的季节里展现出不同的风姿。童话世界般的九寨沟，冬季是银装素裹，春夏是碧水青山，秋季是五彩斑斓。此外，一些人文景象或活动，如重大节庆、文化、体育、商贸和会议等也都是在特定的季节或时间里出现。比如巴西的狂欢节大都在每年2月份，苏格兰的爱丁堡国际艺术节每年8月中旬举行，法国的戛纳电影节每年初夏举行，我国每年初夏的端阳龙舟节（见图4-1），等等。旅游资源季节的变化性特征影响着旅游活动和旅游流的季节变化，从而形成了旅游业的淡季、旺季和平季的差异。

（四）构景上的综合性

旅游资源往往由多种要素综合在一起组成，孤立的景物很难形成具有吸引力的旅游资源。一个地区的旅游资源要素种类越多，联系越紧密，综合性越强，地区整体景观效果就越好，综合开发利用的潜力也就越大。旅游地的形成是多种旅游吸引物聚集的结果，可能既有自然的，又有人文的；既有景观性的，又有文化性的；既有古代遗存的，又有现代兴建的；既有实物性的，又有体验性的。不同类型的旅游吸引物可以满足不同需求的旅游者。例如，南岳衡山自然景色十分秀丽，处处是茂林修竹，终年翠绿，有

图 4-1　端午节龙舟赛

“南岳独秀”的美称，而且文明历史悠久，是著名的佛教圣地和道教名山，同时还被称为“中华寿岳”，因为“寿比南山”中的南山通常就被认为是衡山。

(五) 吸引力的定向性

旅游资源的核心是其吸引力。由于旅游者个体和群体旅游需求的表现形式以及旅游动机的多样性，旅游资源的吸引力在某种程度上是旅游者主观的反映。就某项具体的旅游资源而言，它可能对某些旅游者吸引力很大，而对另外一些旅游者则无多大的吸引力，甚至根本没有吸引力。浓郁的民风民俗、秀丽的自然山川，能够满足城市人寻求返璞归真、回归大自然的精神需求，对城市人有强烈的吸引力。农村人对此则司空见惯，他们会对现代化的高楼大厦情有独钟。因此，任何一种旅游资源的吸引力都有定向性，它只能吸引旅游市场的某一部分，而不可能对全部旅游市场都具有同样强度的吸引力。

因此，旅游资源的界定只能针对一定的旅游群体和一定的旅游者市场而言。在不同的时期，旅游资源的含义和吸引力的强弱与定向性是不同的。理想的旅游业，应根据不同的类型、不同的动机、不同的经济文化水平的旅游者，做多样性、多方案的安排。旅游者也可以按照自己的志趣、爱好和经济能力进行充分的选择。

(六) 价值的不确定性和时代性

旅游资源的价值是难以用数字来计算的，而其他资源一般可以计算出它们的价值。例如，铁矿资源，可以根据它的地质储量、探明储量、可采储量以及品位、开采条件等计算出它的价值。旅游资源价值的不确定性是由于其价值是随着人类的认识水平、审美需要、发现迟早、开发能力、宣传促销等众多因素的变化而变化的。在不同的时代、不同的社会经济条件下，旅游资源的含义是不相同的，同种旅游资源的价值也是不同的。今天人们特别钟爱的旅游资源，可能是过去熟视无睹的东西，明天也有可能变成淡然无味的东西。不同的人可以从不同的角度评估旅游资源的价值，不同的开发利用方式和开发利用的外部条件不同也会使同种旅游资源具有不同的价值。例如，一座风景秀丽的山地，可以用于观光，也可以用于休闲度假、健身登山或疗养，其经济价值显然是不同的。旅游资源的价值，只存在于一定的时间、开发条件、利用方式和旅游市场下，抽象的价值是很难确定的。

（七）利用的永续性和易损性

一般物质资源在利用时都首先发生了所有权的转移，可利用的时间较短，其价值也将随着利用时间和次数而逐渐降低，并较难重复利用，即使在低水平上重复利用，其价值也必然大为降低，且可重复利用的次数很少。而旅游资源恰恰相反，在开发得当、保护得力的情况下，一般都可长期反复利用。自然风光如此，历史文物更如此，即使古旧苍凉或仅剩下残垣断壁，反而历久弥新。因为"旅游就是买感受"，旅游者通常不能带走旅游资源，所带走的只是关于旅游资源的认识、印象和感受，因此，所有权不会改变。也正因为如此，旅游业才具有一次性投资，可以得到长期回报的特点。但是，旅游资源如果利用和保护不当，则很容易遭到破坏，一经破坏，也难以恢复。即使进行人工复原，毕竟不是原物，也丧失了原有的意义和吸引力。所以，在旅游资源开发过程中，一定要把旅游资源的保护列入议事日程。

三、旅游资源的分类

对旅游资源进行科学合理的分类，是认识、开发利用和保护旅游资源的客观需要。根据不同的标志，旅游资源可以划分为不同的类型。

（一）旅游资源的国家标准类型

经过多年的实践与理论探索，人们对旅游资源的类型划分、调查、评价的认识越来越深刻。2003 年，由中国科学院地理科学与资源研究所和原国家旅游局共同起草，原国家质量监督检验检疫总局发布了中华人民共和国国家标准《旅游资源分类、调查与评价》（GB/T 18972—2017）。该标准依据旅游资源的性状（即现存状态、形态、特征、特性）将旅游资源划分为 8 个主类，31 个亚类，155 个基本类型（见表4-1）。它是目前我国旅游资源分类系统中最系统、全面和最具有应用价值的分类。

表 4-1　旅游资源的分类

主类	亚类	基本类型
A 地文景观	AA 综合自然旅游地	AAA 山丘型旅游地　AAB 谷地型旅游地　AAC 沙砾石地型旅游地　AAD 滩地型旅游地　AAE 奇异自然现象　AAF 自然标志地　AAG 垂直自然地带
	AB 沉积与构造	ABA 断层景观　ABB 褶曲景观　ABC 节理景观　ABD 地层剖面　ABE 钙华与泉华　ABF 矿点矿脉与矿石积聚地　ABG 生物化石点
	AC 地质地貌过程形迹	ACA 凸峰　ACB 独峰　ACC 峰丛　ACD 石（土）林　ACE 奇特与象形山石　ACF 岩壁与岩缝　ACG 峡谷段落　ACH 沟壑地　ACI 丹霞　ACJ 雅丹　ACK 堆石洞　ACL 岩石洞与岩穴　ACM 沙丘地　ACN 岸滩
	AD 自然变动遗迹	ADA 重力堆积体　ADB 泥石流堆积　ADC 地震遗迹　ADD 陷落地　ADE 火山与熔岩　ADF 冰川堆积体　ADG 冰川侵蚀遗迹
	AE 岛礁	AEA 岛区　AEB 岩礁

续表

主类	亚类	基本类型
B 水域风光	BA 河段	BAA 观光游憩河段　BAB 暗河河段　BAC 古河道段落
	BB 天然湖泊与池沼	BBA 观光游憩湖区　BBB 沼泽与湿地　BBC 潭池
	BC 瀑布	BCA 悬瀑　BCB 跌水
	BD 泉	BDA 冷泉　BDB 地热与温泉
	BE 河口与海面	BEA 观光游憩海域　BEB 涌潮现象　BEC 击浪现象
	BF 冰雪地	BFA 冰川观光地　BFB 常年积雪地
C 生物景观	CA 树木	CAA 林地　CAB 丛树　CAC 独树
	CB 草原与草地	CBA 草地　CBB 疏林草地
	CC 花卉地	CCA 草场花卉地　CCB 林间花卉地
	CD 野生动物栖息地	CDA 水生动物栖息地　CDB 陆地动物栖息地　CDC 鸟类栖息地　CDD 蝶类栖息地
D 天象与气候景观	DA 光现象	DAA 日月星辰观察地　DAB 光环现象观察地　DAC 海市蜃楼现象多发地
	DB 天气与气候现象	DBA 云雾多发区　DBB 避暑气候地　DBC 避寒气候地　DBD 极端与特殊气候显示地　DBE 物候景观
E 遗址遗迹	EA 史前人类活动场所	EAA 人类活动遗址　EAB 文化层　EAC 文物散落地　EAD 原始聚落
	EB 社会经济文化活动遗址遗迹	EBA 历史事件发生地　EBB 军事遗址与古战场　EBC 废弃寺庙　EBD 废弃生产地　EBE 交通遗迹　EBF 废城与聚落遗迹　EBG 长城遗迹　EBH 烽燧
F 建筑与设施	FA 综合人文旅游地	FAA 教学科研实验场所　FAB 康体游乐休闲度假地　FAC 宗教与祭祀活动场所　FAD 园林游憩区域　FAE 文化活动场所　FAF 建设工程与生产地　FAG 社会与商贸活动场所　FAH 动物与植物展示地　FAI 军事观光地　FAJ 边境口岸　FAK 景物观赏点
	FB 单体活动场馆	FBA 聚会接待厅堂(室)　FBB 祭拜场馆　FBC 展示演示场馆　FBD 体育健身场馆　FBE 歌舞游乐场馆
	FC 景观建筑与附属型建筑	FCA 佛塔　FCB 塔形建筑物　FCC 楼阁　FCD 石窟　FCE 长城段落　FCF 城(堡)　FCG 摩崖字画　FCH 碑碣(林)　FCI 广场　FCJ 人工洞穴　FCK 建筑小品
	FD 居住地与社区	FDA 传统与乡土建筑　FDB 特色街巷　FDC 特色社区　FDD 名人故居与历史纪念建筑　FDE 书院　FDF 会馆　FDG 特色店铺　FDH 特色市场
	FE 归葬地	FEA 陵区陵园　FEB 墓(群)　FEC 悬棺
	FF 交通建筑	FFA 桥　FFB 车站　FFC 港口渡口与码头　FFD 航空港　FFE 栈道
	FG 水工建筑	FGA 水库观光游憩区段　FGB 水井　FGC 运河与渠道段落　FGD 堤坝段落　FGE 灌区　FGF 提水设施

续表

主类	亚类	基本类型
G 旅游商品	GA 地方旅游商品	GAA 菜品饮食　GAB 农林畜产品与制品　GAC 水产品与制品　GAD 中草药材及制品　GAE 传统手工产品与工艺品　GAF 日用工业品　GAG 其他物品
H 人文活动	HA 人事记录	HAA 人物　HAB 事件
	HB 艺术	HBA 文艺团体　HBB 文学艺术作品
	HC 民间习俗	HCA 地方风俗与民间礼仪　HCB 民间节庆　HCC 民间演艺　HCD 民间健身活动与赛事　HCE 宗教活动　HCF 庙会与民间集会　HCG 饮食习俗　HCH 特色服饰
	HD 现代节庆	HDA 旅游节　HDB 文化节　HDC 商贸农事节　HDD 体育节
数量统计		
8 个主类	31 个亚类	155 个基本类型

注：如果发现本分类没有包括的基本类型，则使用者可自行增加。增加的基本类型可归入相应的亚类，置于最后，最多可增加 2 个。编号方式为：增加第 1 个基本类型时，该亚类 2 位汉语拼音字母+Z；增加第 2 个基本类型时，该亚类 2 位汉语拼音字母+Y。

（二）旅游资源的其他划分类型

1. 按旅游资源的基本属性分类

（1）二分法。这是常见的分类法，一般将旅游资源分为自然旅游资源和人文旅游资源两大类，具体如下。

① 自然旅游资源：地表类、水体类、生物类、气象气候类、太空天象胜景类。

② 人文旅游资源：历史类、民俗民情类、宗教类、休憩服务类、文化娱乐类、近现代人文景观类。

（2）三分法。我国学者魏向东综合有关分类方法，按旅游资源的基本属性将旅游资源分为自然旅游资源、人文旅游资源和社会旅游资源。

① 自然旅游资源：地质旅游资源、地貌旅游资源、气象气候旅游资源、水文旅游资源、生物旅游资源、太空旅游资源。

视频：公共园林

② 人文旅游资源：历史文化名城旅游资源（见图 4-2）、古迹旅游资源、宗教文化旅游资源、交通旅游资源、建筑与园林旅游资源、文化艺术旅游资源。

③ 社会旅游资源：民俗风情旅游资源、购物旅游资源、城市景观旅游资源、会议旅游资源、商务旅游资源、体育保健旅游资源、娱乐旅游资源。

2. 其他分类

（1）按旅游资源的功能分类。主要分为观光类旅游资源、度假类旅游资源、疗养类旅游资源、避暑类旅游资源、宗教朝觐类旅游资源、体育类旅游资源、科学考察类旅游资源、文化类旅游资源、娱乐设施类旅游资源、综合类旅游资源。

（2）按旅游资源的级别和管理分类。主要分为世界级旅游资源、国家级旅游资

图 4-2　湖南凤凰古城

源、省级旅游资源、市（县）级旅游资源。

（3）按照旅游资源的利用现状分类。主要分为已开发利用的旅游资源、正在开发利用的旅游资源、未开发利用的旅游资源（也称为潜在的旅游资源）。

【拓展阅读 4-1】

中国的世界遗产

地域名称	批准时间	遗产种类
长城	1987.12	文化遗产
明清皇宫（北京故宫、沈阳故宫）	1987.12	文化遗产
陕西秦始皇陵及兵马俑	1987.12	文化遗产
甘肃敦煌莫高窟	1987.12	文化遗产
北京周口店北京猿人遗址	1987.12	文化遗产
山东泰山	1987.12	文化与自然双重遗产
安徽黄山	1990.12	文化与自然双重遗产
湖南武陵源国家级名胜区	1992.12	自然遗产
四川九寨沟国家级名胜区	1992.12	自然遗产
四川黄龙国家级名胜区	1992.12	自然遗产
西藏布达拉宫	1994.12	文化遗产
河北承德避暑山庄及周围寺庙	1994.12	文化遗产
山东曲阜的孔庙、孔府及孔林	1994.12	文化遗产
湖北武当山古建筑群	1994.12	文化遗产
江西庐山风景名胜区	1996.12	文化景观
四川峨眉山—乐山风景名胜区	1996.12	文化与自然双重遗产
云南丽江古城	1997.12	文化遗产
山西平遥古城	1997.12	文化遗产

续表

地域名称	批准时间	遗产种类
江苏苏州古典园林	1997.12	文化遗产
北京颐和园	1998.11	文化遗产
北京天坛	1998.11	文化遗产
重庆大足石刻	1999.12	文化遗产
福建武夷山	1999.12	文化与自然双重遗产
四川青城山和都江堰	2000.11	文化遗产
河南洛阳龙门石窟	2000.11	文化遗产
明清皇家陵寝：明显陵（湖北钟祥市）、明十三陵（北京）、明孝陵（江苏南京市）、清东陵（河北遵化市）、清西陵（河北易县）、盛京三陵	2000.11	文化遗产
安徽古村落：西递、宏村	2000.11	文化遗产
山西大同云冈石窟	2001.12	文化遗产
云南三江并流	2003.7	自然遗产
高句丽王城、王陵及贵族墓葬	2004.7	文化遗产
澳门历史城区	2005.7	文化遗产
四川大熊猫栖息地	2006.7	自然遗产
安阳殷墟	2006.7	文化遗产
中国南方喀斯特	2007.6	自然遗产
开平碉楼与村落	2007.6	文化遗产
福建土楼	2008.7	文化遗产
江西三清山	2008.7	自然遗产
山西五台山	2009.6	文化景观
登封“天地之中”历史建筑群	2010.7	文化遗产
中国丹霞	2010.8	自然遗产
杭州西湖	2011.6	文化景观
元上都遗址	2012.6	文化遗产
中国澄江化石地	2012.7	自然遗产
新疆天山	2013.6	自然遗产
红河哈尼梯田文化景观	2013.6	文化遗产
大运河（北京、天津、河北、山东、河南、安徽、江苏、浙江）	2014.6	文化遗产
丝绸之路：长安-天山廊道的路网（河南、陕西、甘肃、新疆）	2014.6	文化遗产

续表

地域名称	批准时间	遗产种类
土司遗址(湖南、湖北、贵州)	2015.7	文化遗产
左江花山岩画文化景观	2016.7	文化遗产
湖北神农架	2016.7	自然遗产
鼓浪屿:历史国际社区	2017.7	文化遗产
青海可可西里	2017.7	自然遗产
梵净山	2018.7	自然遗产
黄(渤)海候鸟栖息地(第一期)	2019.7	自然遗产
良渚古城遗址	2019.7	文化遗产
宋元中国的世界海洋商贸中心	2021.7	文化遗产

(资料来源:百度百科——中国的世界遗产)

第二节　旅游资源的评价

一、旅游资源评价的目的和原则

旅游资源的评价是在旅游资源调查的基础上,对旅游资源的规模、质量、等级、开发前景及开发条件进行科学分析和可行性研究,为旅游资源的开发规划和管理决策提供科学依据。旅游资源的评价直接影响到区域旅游资源开发利用的程度和旅游地的前途与命运。因此,客观而科学地评价旅游资源是旅游区综合开发的重要环节。

(一) 旅游资源评价的目的

1. 确定旅游资源的质量水平

通过对旅游资源的种类、组合、结构、功能和性质等的评价,确定旅游资源的质量水平,评估其在旅游地开发建设中的地位,以便为新旅游区的开发提供科学依据,也为已开发或部分开发的老旅游区提供改造、扩大的依据。

2. 确定旅游地性质(类型)

通过对旅游资源的规模水平鉴定,确定旅游地性质(类型),既为国家和地区进行分级规划和管理提供系列资料和判断标准,又可拟订未来旅游地的旅游资源结构和新旅游资源的开发计划。

3. 制定旅游发展规划

通过旅游资源及开发利用条件综合评价,为合理利用资源,发挥整体宏观效应提供经验,为确定不同旅游地的建设顺序、步骤和重点等准备条件,为制定旅游发展规划奠定基础。

（二）旅游资源评价的原则

旅游资源评价是一项重要而复杂的工作，由于旅游资源本身包罗万象，评价工作又涉及众多学科，因此难以有一个统一的评价标准。但在旅游资源评价中仍然必须遵循一定的原则，这些原则包括以下几方面。

1. 客观科学性原则

旅游资源是客观存在的事物，其价值表现、内涵、功能等也是客观存在的，因此应实事求是地充分应用地学、美学、史学等多方面的知识和方法，对旅游资源的形成、本质、属性、价值等核心内容，作出科学的解释和评价。

2. 全面系统性原则

旅游资源是多种多样的，旅游资源的价值和功能也是多层次、多形式及多内容的，这就要求在评价旅游资源时，应综合衡量、全面完整地进行系统评价，准确反映旅游资源的整体价值。

3. 效益估算性原则

旅游资源调查和评价的目的是为其开发利用服务的，而开发利用的目的则是要取得一定的效益，因此在进行评价时，应充分考虑投入资金进行开发后的经济效益、社会效益和环境效益，以避免盲目开发导致的损失。

二、旅游资源评价的内容

旅游资源的评价内容十分丰富，既涉及旅游资源各个组成要素的评价，又涉及资源组合状况、适应范围、环境容量和开发条件等各个方面的评价。因此很难建立一套比较完整的旅游资源评价内容体系。根据目前国内外旅游资源评价研究的进展情况，可以把旅游资源评价内容归纳为如下几个方面。

（一）旅游资源的系列要素评价

1. 旅游资源的密度

旅游资源的密度又称为旅游资源丰富度，是指在一定的地域旅游资源集中的程度。这种资源密度是度量一个区域旅游资源开发规模、丰富程度和可行性的重要指标之一，也是对旅游地进行开发建设的基本科学依据。

2. 旅游资源的容量

旅游资源的容量又称为旅游承载力，或称为旅游饱和度，是指在一定的时间条件下，一定的空间范围内的旅游活动容纳能力。换言之，旅游资源的容量就是满足旅游者的最低游览要求所能容纳的旅游者活动量。一般以容人量和容时量来度量。

3. 旅游资源的特质

旅游资源的特质又称为旅游资源的个性，是指旅游资源的特色。特色是衡量一个地区对旅游者吸引力大小的重要因素，是一个区域旅游开发的生命线，也是区域资源效应的内力。特别是别处没有或少见的旅游资源，往往构成这个地区的独创性吸引源。因此，对于旅游资源的特质在评价时必须予以极大的重视。

4. 旅游资源的价值和功能

视频：园林与运河

旅游资源的价值主要包括艺术观赏价值、文化价值、科学价值、经济价值、美学价值等方面。旅游资源的功能一般是与它的价值相呼应的。艺术、美学价值高的旅游资源，其旅游功能主要表现在观光方面。文化价值和科学价值高的旅游资源，其旅游功能主要是科学考察和历史文化遗产保护等。此外，还有娱乐、休憩、健身、医疗、商务功能等。旅游资源的这些价值和功能，是关系着旅游地开发规模、程度和前景的重要衡量标志。

5. 旅游资源的地域组合特点

不同类型旅游景点的布局和组合，是旅游地资源优势和特色的重要反映。旅游资源密度较大，相距甚近，又有多种类型资源的协调配合，并呈线形、闭环形或马蹄形旅游线排列，是一个风景区最佳的组合态势。

6. 旅游资源的性质

任何风景资源都有自己特定的性质，评价时必须加以确立和明示。因为旅游资源的性质将决定该资源的利用功能、开发方向，同时对区域开发规模、程度及旅游设施也有一定的影响。

（二）旅游资源开发条件评价

1. 区位条件

区位条件即旅游资源所在地区的地理位置和交通条件。地理位置是确定旅游资源开发规模、选择路线和利用方向的重要因素之一。一个旅游区景色再美，但交通不便、行程困难，也很难招徕旅游者。可见，位置和交通条件是评价旅游资源开发的首要因素。

2. 环境因素

旅游资源所处环境包括多种类型，如自然环境、社会环境、政治环境、投资环境等。这里所说的环境主要是指自然环境条件，如气候、植被、水等环境质量。在评价旅游资源的开发规模、水平时，必须对上述环境因素所带来的影响进行综合分析，包括土、气、水环境的质量分析，根据环境因素的作用机理和影响的范围、深度、速度，预测旅游环境的演化状况和后果。

3. 客源条件

客源数量是维持和提高旅游资源效应的重要因素。没有最低限度数量的旅游者，风景资源再好，也难以开发和利用。客源市场的调查包括多种内容，例如某项旅游资源所吸引的客源市场，吸引客源层次的特点，辐射距离和范围，旅游者在观赏本资源时所产生的反应，在季节上出现的变化，等等。总之，与上述问题相关联的所有客源市场问题，都是旅游资源评价的重要内容。

4. 地区经济发展水平

一个地区旅游资源的开发，必须有坚实的经济基础作为后盾。因为旅游地的建设需要一定的资金、物资、人力和科技素质。这些条件均与该地区的经济发展水平密切相关。评价旅游资源的开发规模，不能单纯地把出路寄托于外来投资上，更重要的是调查本地区的经济发展状况，如地区国民总收入、总消费水平、居民平均收入、主要经济部门的收入渠道等。

5. 建设施工条件

旅游资源的开发必须有一定的设施场地。这种场地主要用于建设游览、娱乐设施和接待、管理设施。这些设施要求不同的地质、地形、土地、供水等条件。旅游资源的开发与上述条件的难易、优劣有密切关系,因此也应列为开发条件系列评价的内容。

6. 旅游开发顺序

在对旅游资源系列要素和开发利用条件的评价完成后,应做一个总的开发顺序排列,即根据已经得出的各种量的指标,确定旅游资源开发的难易程度及不同类型之间的关联程度,决定各项旅游资源开发的先后顺序。

(三) 旅游资源的效益评价

旅游资源的效益包括经济效益、社会效益和环境效益三方面。这是衡量一个地区旅游资源是否具备可开发性的重要指标。经济效益的评价集中反映在旅游资源的开发会给风景区附近地区带来何种直接或间接的效益,对当地经济发展有何影响。社会效益的评价集中反映在旅游资源开发的社会文化意义和可能造成的影响。环境效益的评价则集中反映在旅游资源的开发是否会造成资源的破坏和环境的恶化。以上三项内容的评价应该说是相互关联、互为影响的,在评价过程中应综合考察、权衡利弊,从而得出科学的结论。

三、旅游资源评价的方法

旅游资源评价在国外已有近 40 年历史,在我国也有近 20 年的历史,评价方法主要分为定性评价和定量评价两种。在此,仅以定性评价方法为例作简单的介绍。

定性评价方法又称为经验法,一般是评价者在收集大量的旅游资源信息的基础上,凭经验通过主观来判定旅游资源的价值。一般采用民意测验法和专家评议法。例如,卢云亭先生采用“三三六评价法”,即“三大价值”“三大效益”和“六个条件”。三大价值是指历史文化价值、艺术观赏价值和科学考察价值。三大效益是指经济效益、社会效益和环境效益。六个条件是指景区的地理位置和交通条件、景物或景类的地域组合条件、景区旅游容量条件、施工难易条件、投资能力条件、旅游客源市场条件。黄实辉先生提出评价旅游资源应从资源本身和资源所处环境来评价。从资源本身来评价有美、特、奇、名、古、用等标准;从资源所处环境来评价有气候、土地、污染、资源联系、可进入性、基础设施、社会经济环境等标准。

据俞孔坚和保继刚的介绍与总结,世界上对于自然风景质量的视觉美评估技术已比较成熟,目前比较公认的有 4 个学派。

1. 专家学派

专家学派认为,凡是符合形式美原则的风景(皆指自然风景,后同)就具有较高的风景质量。因此,对风景的分析基于其线条、形式、色彩、质地 4 个因素,强调多样性、奇特性、协调统一性等形式美原则在风景质量分级中的主要作用。风景评价工作由少数专业人员来完成。专家学派的风景质量评价方法,突出地表现为一系列的分类分级过程,其依据主要是形式美原则和有关的生态学原则。

2. 心理物理学派

心理物理学派把风景与风景审美理解为一种刺激—反应的关系，把心理物理学中的信号检测方法引入风景质量的评价中来。具体做法是通过测量公众对风景的审美态度，获得一个反映风景估量的量表，然后将该量表与风景的各组成成分之间确立起确定的数学关系。心理物理学派的风景估量事实上分为以下 4 个方面的工作。

(1) 测量公众的平均审美态度，以照片或幻灯为工具，获得公众对所展示的风景的美感评价。

(2) 确定构成所展示的风景的基本成分(自然风景要素)。

(3) 建立风景估量与风景的基本成分(自然风景要素)之间的相关模型。

(4) 将所建立的数量模型用于同类型风景的风景质量评估中。

心理物理学派的风景质量评估中最为成熟的风景类型是森林风景。

3. 心理学派

心理学派也称认知学派，侧重研究如何解释人对风景的审美过程，把(自然)风景作为人的生存空间、认知空间来研究，强调风景对人的认识作用在情感上的影响，试图用人的进化过程及功能需要来解释人对风景的审美过程。风景审美的认知学派理论已较为成熟，但由于其研究侧重点在于对人类风景审美过程的理论解释，到目前为止，仍难以在大规模的、要求有量化结果的自然风景评估中使用。

4. 现象学派

现象学派也称为经验学派，把人在风景审美评判中的主观作用提到了绝对高度，把人对风景的审美评判视为人的个性和其文化历史背景、志向与情趣的表现。现象学派的研究方法一般是考证文学艺术家们关于风景审美的文学、艺术作品，考察名人的日记等，以之来分析人与风景的相互作用及某种审美评判所产生的背景。另外，也通过心理测量、调查、访问等形式，记叙现代人对具体风景的感受和评价。现象学派的研究实用价值较小。

【拓展阅读 4-2】

世界遗产评定准则

世界遗产是指被联合国教科文组织和世界遗产委员会确认的人类罕见的、目前无法替代的财富，是全人类公认的具有突出意义和普遍价值的文物古迹及自然景观。狭义的世界遗产包括世界文化遗产、世界自然遗产、世界文化与自然遗产和文化景观四类。

世界遗产的评定标准是联合国教科文组织依据《保护世界文化和自然遗产公约》，对申报遗产项目是否被列入《世界遗产名录》，成为世界遗产进行考核的标准。该标准和考核审批过程非常严格。

一、自然遗产

(一)《保护世界文化和自然遗产公约》规定，属于下列各类内容之一者，可列为自然遗产。

1. 从美学或科学角度看，具有突出、普遍价值的由地质和生物结构或这类结构群组成的自然面貌。

2. 从科学或保护角度看，具有突出、普遍价值的地质和自然地理结构以及明确划定的濒危动植物物种生态区。

3. 从科学、保护或自然美角度看，只有突出、普遍价值的天然名胜或明确划定的自然地带。

（二）提名列入《世界遗产名录》的自然遗产项目，必须符合下列4项中的1项或几项标准。

1. 构成代表地球演化史中重要阶段的突出例证。

2. 构成代表进行中的重要地质过程、生物演化过程以及人类与自然环境相互关系的突出例证。

3. 独特、稀有或绝妙的自然现象、地貌或具有罕见自然美的地带。

4. 尚存的珍稀或濒危动植物种的栖息地。

二、文化遗产

（一）《保护世界文化和自然遗产公约》规定，属于下列各类内容之一者，可列为文化遗产。

1. 文物：从历史、艺术或科学角度看，具有突出、普遍价值的建筑物、雕刻和绘画，具有考古意义的成分或结构，铭文、洞穴、住区及各类文物的综合体。

2. 建筑群：从历史、艺术或科学角度看，因其建筑的形式、同一性及其在景观中的地位，具有突出、普遍价值的单独或相互联系的建筑群。

3. 遗址：从历史、美学、人种学或人类学角度看，具有突出、普遍价值的人造工程或人与自然的共同杰作以及考古遗址地带。

（二）提名列入《世界遗产名录》的文化遗产项目，必须符合下列6项中的1项或几项标准。

1. 代表一种独特的艺术成就，一种创造性的天才杰作。

2. 能在一定时期内或世界某一文化区域内，对建筑艺术、纪念物艺术、城镇规划或景观设计方面的发展产生极大影响。

3. 能为一种已消逝的文明或文化传统提供一种独特的至少是特殊的见证。

4. 可作为一种建筑或建筑群或景观的杰出范例，展示出人类历史上一个或几个重要阶段。

5. 可作为传统的人类居住地或使用地的杰出范例，代表一种（或几种）文化，尤其在不可逆转之变化的影响下变得易于损坏。

6. 与具特殊普遍意义的事件或现行传统或思想或信仰或文学艺术作品有直接或实质的联系。只有在某些特殊情况下或该项标准与其他标准一起作用时，此款才能成为列入《世界遗产名录》的理由。

三、双重遗产

或译为文化遗产与自然遗产混合体，必须分别符合前文关于文化遗产和自然遗产的评定标准中的1项或几项。

四、文化景观

（一）文化景观这一概念是1992年12月在美国新墨西哥州圣菲召开的联合国教科文组织世界遗产委员会第16届会议时提出并纳入《世界遗产名录》中的。文化景观代表《保护世界文化和自然遗产公约》第一条所表述的“自然与人类的共同作品”。文化景观的选择应基于它们自身的突出、普遍的价值,其明确划定的地理—文化区域的代表性及其体现此类区域的基本而具有独特文化因素的能力。它通常体现持久的土地使用的现代化技术及保持或提高景观的自然价值,保护文化景观有助于保护生物多样性。文化景观可分为以下3个主要类型。

1. 由人类有意设计和建筑的景观。包括出于美学原因建造的园林和公园景观,它们经常(但并不总是)与宗教或其他纪念性建筑物或建筑群有联系。

2. 有机进化的景观。它产生于最初始的一种社会、经济、行政以及宗教需要,并通过与周围自然环境的相联系或相适应而发展到目前的形式。它又包括两种次类别:一是残遗物(或化石)景观,代表一种过去某段时间已经完结的进化过程,不管是突发的或是渐进的。它们之所以具有突出、普遍价值,还在于显著特点依然体现在实物上。二是持续性景观,它在当今与传统生活方式相联系的社会中,保持一种积极的社会作用,而且其自身演变过程仍在进行之中,同时又展示了历史上其演变发展的物证。

3. 关联性文化景观。这类景观列入《世界遗产名录》,以与自然因素、强烈的宗教、艺术或文化相联系为特征,而不是以文化物证为特征。

(二) 另外,列入《世界遗产名录》的文化古迹遗址、自然景观一旦受到某种严重威胁,经过世界遗产委员会调查和审议,可列入《濒危世界遗产名录》,以待采取紧急抢救措施。

(资料来源:百度百科)

第三节 旅游资源的开发和保护

一、旅游资源的开发

旅游资源的开发是人类通过向旅游资源追加物化劳动和活劳动而使之成为可以被旅游者所利用或享用的对象的技术经济过程。当这种开发的目的是商业性的时候,旅游资源由此而成为旅游产品。当这种开发出自非商业的目的时,旅游资源则由潜在形态转变为现实形态,可以供大众旅游者无偿享用。世界各国开发和利用旅游资源的情况,大体可分为3种类型。

(1) 原有的资源基本不动,只是在附近兴建一些旅游服务设施。这种情况多半适合一些自然风景区。

(2) 在原有资源的基础上,经过对其进行部分加工改造,然后向旅游者开放。

(3) 完全靠人工建造旅游资源,如建立一个主题公园或游乐场、高尔夫球场等,像美国、日本、中国香港的迪士尼乐园等,就属于这种情况。

显而易见,在这里,旅游资源是被当作本身就对旅游者有旅游愉悦价值的客体来看待的,而不是必须借助于开发才赋予其旅游价值。开发的过程仅仅改变旅游资源的可接近性或可进入性，而不应从根本上改变该资源的旅游价值结构，甚至本末倒置。在现实的旅游资源开发实践中，正是由于缺乏这种认识，才出现一些不惜重金在旅游资源分布区内搞所谓的景观建设，其结果是画蛇添足、弄巧成拙，反而破坏了旅游资源。因此，在旅游资源开发过程中，一定要坚持正确的原则。

（一）旅游资源开发的原则

旅游资源开发是旅游开发的重要组成部分和核心，成功的旅游开发必须首先有成功的旅游资源开发，旅游资源开发的成败决定了整个旅游开发的质量。按照《中华人民共和国旅游法》的相关规定，国家鼓励各类市场主体在有效保护旅游资源的前提下，依法合理利用旅游资源，实现社会效益、经济效益和生态效益相统一的原则。旅游资源开发要以习近平生态文明思想为指导，这是旅游资源开发活动过程中必须遵循的指导思想，主要有以下几个方面。

1. 保护性原则

保护性原则就是要求旅游资源的开发建设和当地自然环境相适应，不能以牺牲生态环境为代价，应充分考虑资源的承载能力，避免建设性的破坏和破坏性的建设，注重环境保护和生态平衡。任何形式的开发都是对旅游资源一定程度上的破坏，而旅游资源一经破坏则难以在短期内恢复，有的甚至是无法挽救的。因此，要想进行可持续的开发利用，就必须以保护为前提。

2. 独特性原则

独特性原则是旅游资源开发的中心原则。求异是旅游者产生旅游动机的主要原因之一，富有个性的旅游景点能够对人们产生更大的旅游吸引力，能够在同等的条件下取得更好的经济效益和社会效益，所以在开发过程中要尽最大可能地突出旅游资源的特色，包括民族特色、地方特色等，努力反映当地文化。只有民族的旅游资源，才是世界的旅游吸引物。只有具有独特性，才能确保旅游资源的吸引力和竞争力。

3. 效益性原则

经济利益是旅游资源开发的目的之一。旅游资源开发要注重以市场为导向，以便获取经济效益。在进行旅游规划时，要充分研究经济上的可行性，研究投资的风险及预期的效益。要遵循市场发展的供求规律，确定开发的层次、规模和方向，力求投入最少，产出最多，以获得最高的经济效益。此外，开发的目的还包括促进当地经济和社会的发展，改善当地人民的生活质量。因此，在规划和建设过程中要特别强调经济效益、社会效益和生态环境效益的协调发展。

（二）旅游资源开发的主要内容

旅游资源开发虽然包括对某一单项旅游资源开发，但更多的是对多项有关资源的综合开发乃至某一旅游点或旅游地的开发。因此，旅游资源开发实际上并非局限在对资源本身的开发上，而是在选定好旅游资源的基础上，为了开拓利用或更好地利用这些旅游资源而对与之有关的接待条件进行开发和建设，以便使旅游资源所在地成为一个有吸引力的旅游环境或接待空间。在这个意义上，旅游资源开发与旅游开发在内容上有很多类似之处。这些内容主要包括以下几方面。

1. 提高旅游地的可进入性

可进入性并非仅指旅游者可由外界抵达该旅游地点，而是要“进得来、出得去、散得开”，也就是说要使旅游者来得方便、在旅游地逗留期间活动方便以及结束访问后离去方便。所以，可进入性是指旅游地与外界的交通联系以及旅游地内部的交通运输便利性和畅通性。因此，解决和提高可进入性的程度，不仅包括陆路、水路和空中通道的基础设施的建设，而且还必须包括各种交通运输工具的安排。

2. 建设和完善旅游基础设施

旅游基础设施包括以下几方面。

（1）一般公用事业设施，如供水系统、排污系统、供电系统、电信系统、道路系统等，以及与此有关的配套设施，如停车场、机场、火车站和汽车站、港口、码头、夜间照明设施等。

（2）满足现代社会生活所需要的基本设施或条件，如医院、银行、食品店、公园、治安管理机构等。对于少数需原始开发的旅游资源，建设上述基础设施的必要性是显而易见的，但在多数情况下，被开发地区在这方面都有一些原已存在的基础。然而，这些原有基础设施的数量或能力和布局大都是在决定发展旅游业之前根据当地人口的需求规模规划设计与建造的，随着外来旅游者大量涌入，很可能出现供应能力不足的问题，因此需要进一步增建和扩建。

3. 建设旅游上层设施

视频：旅游资源受破坏的原因之自然衰败

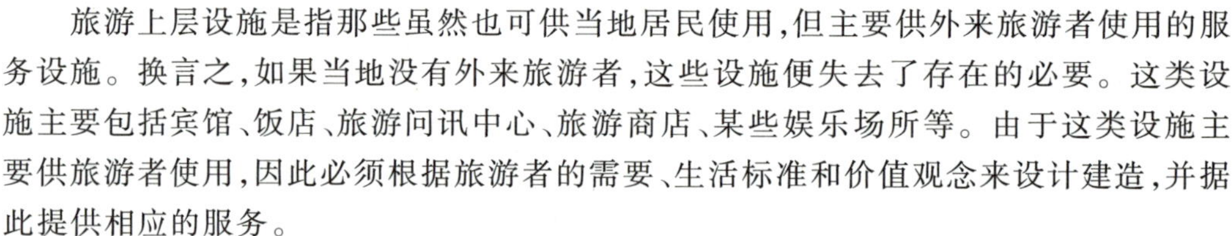

旅游上层设施是指那些虽然也可供当地居民使用，但主要供外来旅游者使用的服务设施。换言之，如果当地没有外来旅游者，这些设施便失去了存在的必要。这类设施主要包括宾馆、饭店、旅游问讯中心、旅游商店、某些娱乐场所等。由于这类设施主要供旅游者使用，因此必须根据旅游者的需要、生活标准和价值观念来设计建造，并据此提供相应的服务。

4. 景点或参观点的具体规划与设计

对景点或参观点要进行具体规划与设计，对旅游资源要进行必要的整修和管理。

5. 培训能够提供专业服务的人员

旅游服务质量的高低在一定程度上会起到增添或减少旅游资源吸引力的作用，因此要培训能够提供专业服务的人员。

（三）旅游资源开发的步骤

无论是一个单项的旅游资源还是一个地区旅游资源的开发，其开发过程一般要经过下列几个步骤。

1. 通过调查得出概念

通过市场、资源、基础设施及社会经济结构和政策等方面的调查，得出关于市场来源、开发规模以及将来主要形象的概念。

2. 作出草拟的项目

草拟项目是拟订体现形象的具体项目及可选择的主要设施规划、提出布置的草图并作出成本估计和人才培养估计及资金筹措计划。

3. 作出最后的设计

以草图为基础，通过抉择和进一步调查，确定分阶段实施规划、基础设施的细节以及建筑物和景观或活动的明显特点。

4. 作出开发规划

最好有两项规划：一是最后的开发规划；二是财务规划。

二、旅游资源的保护

（一）旅游资源破坏的原因

旅游资源是旅游业存在和发展的基础。从理论上讲，旅游资源作为一个国家或地区旅游业的基本资产，如果开发和利用得当，可以用之不尽，从而可造福于子孙后代。但是实际上，人们在旅游资源的开发、利用和管理等工作中，往往存在这样或那样的问题，从而很容易使旅游资源遭受破坏或损毁。这种破坏轻者会造成旅游资源质量下降，影响其原有的吸引力；重者则有可能导致这些旅游资源遭到损毁，危及该地旅游业的存在基础。这些并非是危言耸听，而是已为世界各地发生的大量情况所证明了的事实。

旅游资源破坏的原因可以归结为自然衰败和人为破坏两个方面。

1. 旅游资源的自然衰败

旅游资源的自然衰败主要为突发性灾害和自然风化。突发性灾害是指自然界中突然发生的灾害，如地震、洪水、火灾、泥石流、海啸、飓风、火山喷发等，会直接改变一个地区的面貌，毁掉部分或者全部的旅游资源。例如，世界七大奇迹之一的罗得岛太阳神巨像就是毁于地震。自然风化是指在自然状况下，由于氧化、风蚀、侵蚀、流水切割等，导致旅游资源的形态和性质缓慢地改变。例如，秦始皇陵所在的骊山随着 2 000 年的风雨侵蚀，由最初的 120 米高降为现在的 60 米左右。突发性灾害和自然风化对旅游资源的破坏虽然很严重，但是偶尔也会创造一些新的旅游资源，例如，长白山天池和五大连池景区就是由于火山爆发而形成的。而江南园林中最具有代表性的太湖石，就有由于湖水长期的侵蚀、切割才形成了“瘦、皱、漏、透、清、丑、顽、拙”等特点（见图 4-3）。

图 4-3　太湖石——扬州个园

除此以外，部分动物也能带来巨大的破坏。例如，温顺的鸽子是和平的象征，欧洲很多城市广场都放养了大量的鸽子，但鸽子为城市带来了生气之外，也带来了很多问题，因为鸽粪的酸性腐蚀作用特别强，对城市建筑特别是古建筑带来了巨大的破坏，并且鸽粪落在屋顶、屋檐、雕像上很难清理。此外,白蚁的破坏力也极强,我国自古就有“千里之堤,溃于蚁穴”之说,白蚁对我国很多的木质古建筑都有致命的破坏力。

2. 旅游资源的人为破坏

旅游资源的人为破坏是多方面的、严重的,大多超过了自然风化的破坏。按其破坏的根源可分为建设性破坏和旅游者带来的破坏。

视频:旅游资源受破坏的原因之人为破坏

(1) 建设性破坏。建设性破坏是指化工、农业生产,市镇建设和旅游资源开发建设中规划不当引起的破坏,其破坏方式有:① 直接拆毁、占用文物古迹;② 工程建设对风景区自然美的破坏;③ 旅游区发展工业带来的污染破坏;④ 风景区内采石、开垦耕地引起的破坏;⑤ 旅游资源开发中规划不当造成的破坏。

(2) 旅游者带来的破坏。旅游资源是为旅游者服务的,但若规划不当,管理不善,旅游者也会给旅游资源带来破坏,具体表现在下述几个方面:① 加速石刻、雕塑、壁画的损坏;② 旅游者踩踏带来的破坏;③ 旅游者素质低,直接破坏旅游资源(见图 4-4)。

图 4-4 三亚景区植物被游客刻字

【案例链接 4-1】

文明旅游 渐成风尚

2018 年国庆假期前 4 天,全国接待国内游客 5.02 亿人次,同比增长 8.80%。各地立足本地文化特色,精心策划旅游活动,自然风光与民俗风情交融,传统活动与新派体验辉映。人们赏美景、品美食、晒美图,文明旅游渐成风尚。

游客自律在提升

文明旅游,关键是游客文明素质的提升。

10 月 5 日上午,从上海来到陕西西安旅游的蔡先生,排队时得知景区是“无烟景区”,便自觉拿出打火机放进收纳箱。在西安城墙文昌阁附近,四川成都的游客徐女士将孩子随手扔掉的纸屑捡起来,装进随身背包里一个垃圾袋中。

西安城墙景区游客服务部经理王彦炜介绍,今年国庆假期,景区内游客自带垃圾袋、主动捡拾掉落垃圾的行为明显多了,踩踏座椅、攀爬墙体等不文明行为明显减少。“景区的科学引导与游客的理解响应形成共振。”王彦炜表示。

32岁的内蒙古赤峰市民赵胜涛，国庆期间在本市克什克腾世界地质公园旅游。“我们自觉遵守交通规则，注意车辆在行驶中不碾压草场。”赵胜涛表示，“在少数民族聚居地区游玩时，我们会自觉尊重当地的风俗习惯。”

景区服务在改进

文明旅游不仅是游客的事，也离不开景区的科学引导和服务的改进完善。

广东省广州市番禺区沙湾古镇，胡杏梅是这里的资深导游。她介绍，今年沙湾古镇积极开展“文明旅游”行动，先后在景区统一升级改造公共洗手间，增加母婴室、轮椅、婴童手推车等，还组织了志愿者团队，既能引导游客文明旅游，又能提升游客体验。

儿童出游，人多排队时很容易哭闹。“在我们景区，儿童每排10米队可以领到一张书签，排完50米可以领到书签封套，凑成一整套书签。儿童不吵不闹、安静排队还可以得到一个棉花糖作为奖励。”湖北武汉黄鹤楼公园营销策划科负责人王红念介绍，此举得到游客的欢迎好评。节日期间，黄鹤楼景区组织超过600名员工和200多名志愿者分散在景区各处，倡导游园文明，提供各种服务，为游客发放游园地图、垃圾袋，组织诗词讲解等活动，增强旅客游园的获得感。

成都武侯祠博物馆延长开放时间，实现免费网络全覆盖，组建文化志愿者队伍，配备婴儿多功能台、饮水机和呼叫器等，方便游客。

多方合力来护航

文明旅游还需要多方合力，营造放心、安心、舒心的旅游环境。

“您好！这里是12345海口智慧联动平台，请问有什么可以帮助到您……”进入国庆假期，在12345海口智慧联动平台上，热线员们的电话铃声不断。

据介绍，12345海口智慧联动平台在国庆期间继续落实区（局）长值班制度，加强联勤联动、提高处置办件效率。节假日联席制度是12345海口智慧联动平台的重要举措，目的是更快、更好地为群众办事。“今年，海口节假日的游客有所增长，更加需要我们做好精细化城市管理服务，让良好的节假日秩序变成游客良好的城市体验。”12345海口智慧联动平台相关负责人告诉记者。

国庆假期，成都开展“美丽成都·出行有礼”文明旅游活动，成都旅游协会等还联合发布了《2018国庆假期文明旅游倡议书》，不断增强市民和游客的文明意识。

久久为功不懈怠

文明旅游，是一个长期养成的过程，需要久久为功不懈怠。

“文明旅游虽然已渐成风尚，但不文明行为仍然存在。”安徽黄山风景区工作人员黄辉坦言，文明旅游不可能一蹴而就，需要各方合力、长期坚持。黄山市文化和旅游局相关负责人介绍：“为进一步将文明旅游工作推向纵深，市文化和旅游局将制定《全市旅游志愿服务工作实施方案》，建立全市旅游志愿服务总队，将全市旅游志愿服务活动系统深化推进。”

“通过实施市民文明旅游提升行动，以宣传引导、规范约束和社会监督等方式，努力构建文明旅游社会环境。”赤峰市文化和旅游局相关负责人表示，赤峰市将文明旅游纳入全市精神文明建设中，让文明旅游工作常态化，让更多群众享受文明旅游工作创建成果。

（资料来源：人民日报，2018年10月7日）

（二）旅游资源的保护方式

世界各国在旅游资源的保护方面，所采用的方式大致有如下两类。

（1）运用法律手段，实行立法，加强法制。瑞士、日本、墨西哥、法国、埃及等国，在其所制定的旅游法规中，详细地规定了保护各种旅游资源的具体条款。瑞士森林法规定：每年种树数量要多于砍伐的数量；不论是谁，即使是自己私有的树也不能随便砍伐。埃及旅游法规定：除非旅游部长许可，任何人不得以任何方式利用、开发、占有或处置任何旅游区或其中一部分。

（2）根据旅游资源的观赏、历史、文化科学价值和环境质量、游览活动等条件，将其划分为不同的级别加以保护。《法国风景区和文物古迹保护法》规定，在国民教育部长领导下，设立一个“风景、景色和高级景物委员会”，负责对文物古迹和风景区的清理与划级工作。这个委员会根据文物古迹的艺术性、历史性、科学性和传奇性，将其划分为若干级别，分别登记入册。

（三）旅游资源的保护措施

根据旅游资源衰败的原因，应用持续发展理论和人与自然共生理论，对旅游资源采取相应的以防为主、以治为辅、防治结合的保护措施。虽然灾难性的自然变化不可避免，但可以采取措施，减弱自然风化的程度，延缓其过程。而人为破坏，则可以通过法律、政策、宣传和管理途径加以杜绝。至于已遭破坏的旅游资源，视其破坏轻重程度和恢复的难易程度，采取一定程度的维修和重建措施。

1. 减缓旅游资源自然风化的对策

旅游资源自然风化的起因是自然界由于大气中光、热、水环境的变化引起的，存在这一问题的主要是历史文物古迹。出露于地表的旅游资源要完全杜绝自然风化是不可能的，但在一定的范围内改变环境条件减缓其风化过程是完全可能的。如将裸露的风吹日晒下的旅游资源加罩或盖房予以保护。乐山大佛曾建有 13 层的楼阁覆罩其上，既金碧辉煌，又保护了神像，后毁于战火。类似的建筑应该恢复和建设。

2. 杜绝人为破坏旅游资源的对策

透过旅游资源人为破坏原因的表面看本质，旅游资源人为破坏的根源主要是广大民众保护旅游资源的意识不强，不少人不知道旅游资源的价值；法制不够健全；旅游资源保护理论研究不成熟；旅游资源开发和旅游管理不善；等等。只有解决根源上的问题，才能真正杜绝旅游资源的人为破坏。具体说来可采取以下措施。

（1）健全旅游资源法制管理体系。将保护旅游资源提高到法律的高度，并有相应的奖惩条文来保障条例实施，对景区的一些建设性破坏，或加强对旅游者的管理等方面都可以起到极为重要的作用，使旅游资源的保护工作有法可依。

（2）加强旅游资源保护的宣传教育。首先，要改变旅游从业者“旅游业是无烟工业”的错误思想，认识到无合理规划的旅游业对生态环境、社会环境的破坏相当严重。其次，要加强宣传，以增强旅游者的保护意识，逐步形成文明旅游、科学旅游、健康旅游的社会氛围。

（3）完善风景名胜区保护系统。我国建立的各级风景名胜区、各类自然保护区等，都可以从政策、理论、技术、管理等方面加强对旅游资源的保护。

（4）大力开展旅游资源保护的研究和人才培养。大力开展旅游资源保护的研究可以完善旅游资源保护的理论体系，对保护工作有巨大的指导作用。可以通过对在职人员进行培训和在专业院校中加强保护人才的培养等方式培养专业人才。

【案例链接 4-2】

治理不文明旅游行为不妨“变堵为疏”

2018 年某日，一则“4 万人游茶卡盐湖，天空之镜变垃圾场”的视频引发网友热议。从视频中可以看到，游客随手丢弃的塑料鞋套横陈在景区走廊上，景区清洁人员正忙不迭地将塑料鞋套夹入垃圾桶中，景区广播也在呼吁游客将废弃鞋套丢入垃圾桶内，然而地上被丢弃的鞋套仍然在不断增加……随手乱丢的垃圾，遮住了茶卡盐湖美丽的“容颜”，甚至有媒体报道，茶卡盐湖景区最多一天能清理出 12 吨垃圾。

一面是旅游接待量持续增长，一面是垃圾清理量成倍增加，这一喜一忧让人哭笑不得。面对这样的尴尬局面，建议景区在进一步加强管理、批评游客环保意识有待提升的同时，想一些妙招、出一些高招，引导游客自觉参与景区环境保护，实现游客与景区良性互动。

这让笔者想到了近几年采访过程中了解到的一些案例，如浙江仙居的“绿币”制度、湖北武汉的“文明旅游银行”等各地在引导游客增强环保意识、提升文明程度的积极尝试。

浙江仙居的“绿币”制度是当地为引导市民、游客践行绿色生活方式而推出的奖励措施。市民游客参与绿色生活方式的相关活动记录，经认定后，可获得相应的“绿币”奖励。“绿币”可用于消费、生活缴费、公益捐赠等，1 绿币相当于 1 元人民币，首期“绿币”奖励基金为 30 万元。该县淡竹乡还针对游客食、住、行、娱、游等环节中的低碳旅游行为，制定了绿色生活清单，列出“绿币”兑换条件，每条对应不同的“绿币”数额，引导游客绿色消费。体验完“绿币”兑换的游客无不交口称赞。这不仅是引导游客提升绿色消费理念的一种激励措施，还成为当地的一种特殊旅游体验，让很多游客念念不忘。

湖北武汉成立的“文明旅游银行”也是一种类似的文明旅游激励措施。2014 年 10 月，“文明旅游银行”由原武汉市旅游局发起，东湖游船公司、南方国际旅行社、湖北省海外旅游集团联合成立。按照相关规定，游客参加文明旅游培训，可获 5 分文明积分；在旅途中没有不文明言行，可得 20 分文明积分……这些文明积分可用于兑换景区门票等旅游产品。

当然，全国各地类似的尝试还有不少，也取得了积极成效。尤其是“文明旅游银行”已经得到了越来越多地方的认可。笔者认为，这些尝试有一个共同点，就是面对游客的不文明行为，不妨采取“变堵为疏”的策略，通过参与性更强、互动性更优的激励措施，引导游客自发参与其中，进而达到共建共享、共荣共生的目的。

思路一变天地宽。面对游客的不文明行为时，与其批评游客文明素质不高、景区管理不力，不如换个角度看问题，换个思路想办法。如果茶卡盐湖景区能够推出类似“绿币”“文明旅游银行”这样的激励措施，相信会有越来越多的游客愿意参与其中，“天空之镜”也就不会变成垃圾场了。

文明旅游，有你有我。只有唤起广大游客的自觉，让广大游客参与其中，才能从根本上解决不文明旅游问题。

（资料来源：文化与旅游部官网，2018 年 9 月）

3. 已破坏的旅游资源的恢复对策

绝大多数旅游资源一旦遭到破坏则难以恢复，但有的历史建筑的文化价值和旅游价值都相当高，虽然已经衰败，甚至不复存在，但仍可以采用治理、恢复措施重现其风采，即可以培修复原，整旧如故或仿古复修。要维护好自然生态平衡与协调发展，保持旅游资源长存于世、永具魅力，就必须正确处理好如下两方面的关系。

（1）保护与近期需要的关系。保护旅游资源是符合人类长远利益的大事，它不仅要求保护旅游资源本身，还要求保护其周围环境。但人们往往从近期利益和目标出发，为生产发展和生活所需而置保护要求于不顾，如侵占或污染土地，开山劈石殃及文化古迹和自然风光，肆意开垦毁坏林木，甚至进行破坏性建设。这些近期需要的做法往往会损害长远利益，从而给旅游业乃至社会的发展带来威胁。

（2）保护与开发的关系。保护与开发理应相辅相成，保护得好才具有开发利用价值，开发利用又推动保护工作。但在现实中两者往往会出现不一致的情况。如为了加强保护要限制人员数量和游览时间，对旅游活动方式也要慎重选择，这就与旅游者和旅游经营者的需要发生矛盾。这就需要我们在本末关系、整体部分关系中辩证地分析问题和处理问题，在旅游资源及其环境的良性循环基础上处理保护与开发的关系问题。

本章小结

旅游资源是旅游活动的基础和前提。对旅游者来说，它是旅游活动的对象，是旅游活动的客体；对旅游接待国或地区来说，它是发展旅游业的凭借和依据，是旅游活动开展的客观前提。旅游资源具有观赏性、地域的固定性、季节的变化性、吸引力的定向性、价值的不确定性和时代性、开发的多样性、利用的永续性和易损性等特征。客观而科学地评价旅游资源是旅游区综合开发的重要环节。在对旅游资源进行开发时，要坚持正确的原则，处理好开发与保护的关系，避免破坏性开发。

同步练习

一、填空题

1. 旅游活动的客体为________________。

2. 旅游资源评价的系列要素主要有旅游资源的密度、容量、特质、________、________和________。

二、单项选择题

1. 旅游资源比其他资源更容易遭到破坏，无论是自然景观还是历史遗存，一旦遭到破坏将不可再生，无法恢复，这体现了旅游资源的（　　）。

A. 综合性　　B. 易损性　　C. 不确定性　　D. 季节性

2. 突发性灾害是指自然界中突然发生的灾害。下列选项中，不属于突发性灾害的是（　　）。

A. 风蚀　　B. 泥石流　　C. 海啸　　D. 地震

三、多项选择题

1. 我国学者魏向东综合有关分类方法，按旅游资源的基本属性将旅游资源分为(　　　　)。

A. 自然旅游资源　B. 人文旅游资源　C. 社会旅游资源　　D. 现代旅游资源

2. 下列属于旅游资源开发主要步骤的是(　　　　)。

A. 通过调查得出概念　　　　　　　B. 作出草拟的项目

C. 作出最后的设计　　　　　　　　D. 作出开发规划

四、简述题

1. 按照《旅游资源分类、调查与评价》(GB/T 18972—2003)可将旅游资源分为哪些类型？

2. 旅游资源具有哪些特征？

3. 简述旅游资源的开发原则。

4. 简述旅游资源开发的主要内容。

5. 简述旅游资源受破坏的原因和保护措施。

实训项目

在教师的指导下，选择离学校较近的一个景区，对照表 4-1，辨认旅游资源的主要类型，并考察旅游资源的开发与保护情况。

调查目的：通过实地观察，强化对旅游资源类型的认知，并加深对旅游资源开发与保护的理解。

调查工具：相机、摄像机、录音笔、问卷调查表等。

调查要求：分组调查。

调查报告：以小组为单位形成调查报告，字数 2 000~3 000 字。

第五章　旅游业

学习目标

知识目标

- 理解和掌握旅游业的概念和特点。
- 理解和掌握旅行社的性质、分类及设立条件。
- 理解和掌握旅游饭店的作用及分类。
- 理解和掌握旅游交通的概念、类型。
- 理解和掌握旅游商品的概念及种类。

能力目标

- 能准确划分旅游业的内部结构。
- 能正确认识和分析旅行社的作用。
- 能正确认识和分析旅游饭店的等级分类及作用。
- 能正确分析旅游交通类型各自的优缺点和我国旅游交通的现状。
- 能正确分析我国旅游商品的发展。

第五章素养目标

【关键概念】

旅游业　旅游业的构成　旅行社
旅游饭店　旅游交通　旅游商品

思维导图

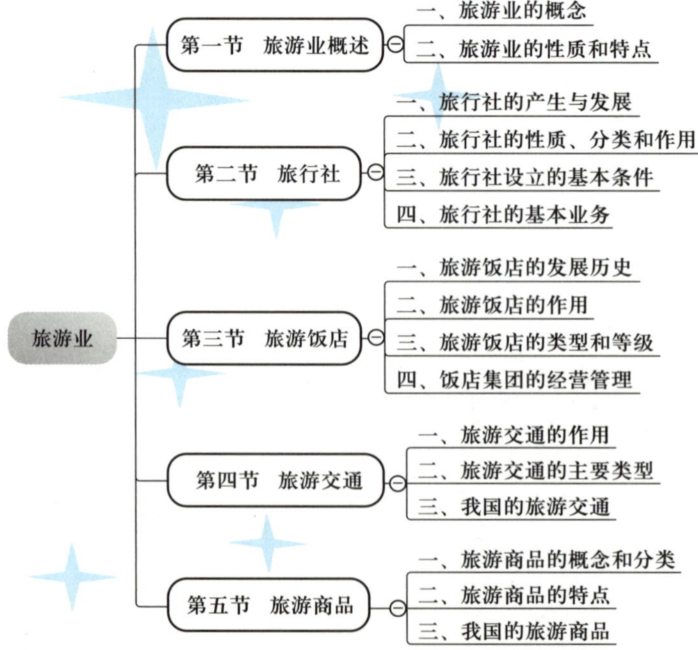

旅游业是一种综合性的产业，也是当今世界最大的产业，它是人类社会经济发展到一定阶段的产物。旅游业由旅行社、旅游饭店、旅游交通、旅游商品等旅游经营企业构成，这些企业互相依存，形成产业链条。

第一节　旅游业概述

欧美工业革命的兴起和完成，促使经济和社会结构发生了巨大的变革，也为近代旅游业的诞生创造了条件。20 世纪 50 年代以来，世界形势相对稳定，全球经济快速增长，各国人民交流日益频繁，这些有利因素都为现代旅游业的发展带来了前所未有的机遇。在世界范围内，旅游逐渐成为人们生活中不可缺少的重要内容，是人们最主要的生活方式和社会经济活动之一。

旅游业被称为朝阳产业，第二次世界大战以来，在世界范围内发展迅猛。1992 年，旅游业成为全球第一大产业，成为收入最高和最大的就业部门。特别是随着第三世界经济的发展、人们收入水平的提高、闲暇时间的增多以及教育水平的提高，参加旅游的人数大大增加，21 世纪的旅游业有着更为广阔的发展空间。

自 1978 年改革开放以来，在我国各级政府的高度重视下，旅游业已经成为中国第三产业中最具有活力与潜力的新兴产业，在大多数地方还成为拉动当地经济发展的支柱产业、优势产业或先导产业，旅游业在国民经济中的地位不断得到巩固和提高。根据中华人民共和国 2018 年国民经济和社会发展统计公报显示：2018 年全国国内游客 55.4 亿人次，比上年增长 10.8%；国内旅游收入 51 278 亿元，增长 12.3%。入境游客 14 120 万人次，增长 1.2%。其中，外国人 3 054 万人次，增长 4.7%；港澳台同胞 11 066 万人次，增长 0.3%。在入境游客中，过夜游客 6 290 万人次，增长 3.6%。国际旅游收入 1 271 亿美元，增长 3.0%。国内居民出境 16 199 万人次，增长 13.5%。其中因私出境 15 502 万人次，增长 14.1%；赴港澳台出境 9 919 万人次，增长 14.0%。全年实现旅游总收入 5.97 万亿元，同比增长 10.5%。初步测算，全年全国旅游业对 GDP 的综合贡献为 9.94 万亿元，占 GDP 总量的 11.04%。旅游直接就业 2 826 万人，旅游直接和间接就业 7 991 万人，占全国就业总人口的 10.29%。中国已成为全球第三大入境旅游接待国和连续多年保持世界第一大出境旅游客源国地位。

一、旅游业的概念

旅游业是以旅游资源为凭借，以旅游设施为条件，向旅游者提供旅游活动所需的各种产品和服务的经济产业。旅游资源、旅游设施和旅游服务是旅游业的三大要素。其中，旅游资源是旅游业发展的前提条件，旅游设施是旅游业发展的重要保证，而旅游服务则是旅游产品的本质所在。

旅游业是一种综合性产业，涉及多行业、多部门，包括各种各样的企业和组织。在众多的企业和组织中，除了旅行社是纯粹服务于旅游业外，很难说其他哪一种企业是专为旅游活动而单独存在的。因此,旅游业的行业界定不如其他行业清晰、明确。但随着旅游业的发展,人们对旅游业本身的认识也在不断地深化。

有些学者把旅游业的定义分为狭义和广义两种。狭义的旅游业就是在旅游者和交通、住宿及其他有关单位中间,通过办理旅游签证、中间联络、代购代销,为旅游者导游、交涉、代办手续,利用自己的交通工具、住宿设施提供服务,从而取得报酬的行业,主要就是指旅行社。广义的旅游业是为国内外旅游者提供服务的一系列有关的行业,既包括直接旅游企业,如旅行社、饭店等,也包括间接旅游企业,同时,还包括支持旅游业发展的各种旅游组织。旅游业的构成如图 5-1 所示。

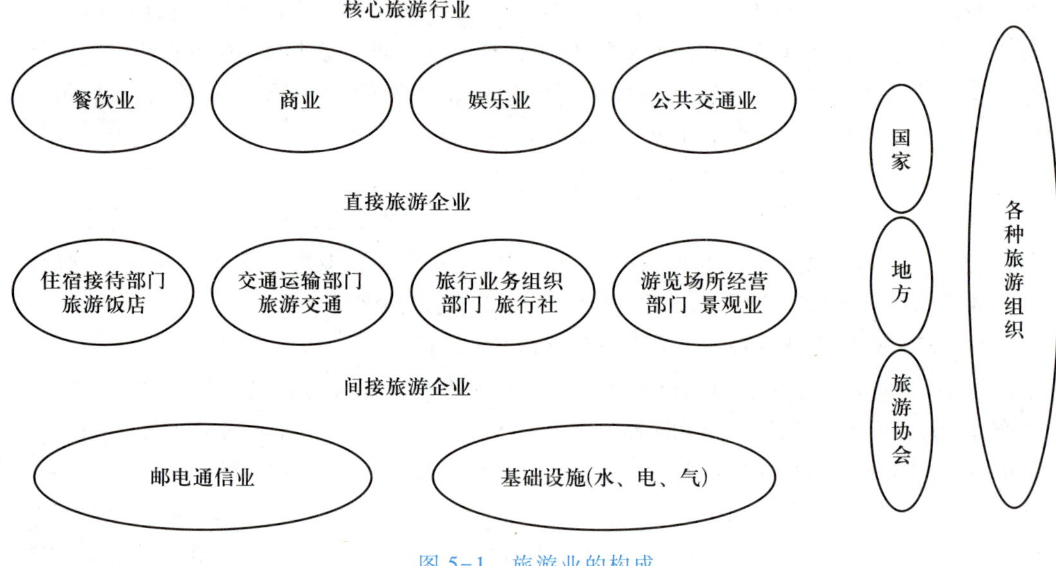

图 5-1 旅游业的构成

另外,从不同的角度、不同的出发点,对旅游业也有不同的理解。从旅游者的角度出发,旅游业就是直接或间接为旅游者提供各种服务的各行业的总称。就旅游经营者而言,旅游业就是以旅游者为中心,围绕旅游者而展开各种经营的行业。可见,旅游业是以为旅游者提供服务为核心,是由直接满足旅游者吃、住、行、游、购、娱等需求的企业组成,是一个企业群体,在旅游活动中起旅游供给的作用。当然,我们常见的旅游企业主要是旅行社、旅游交通公司、旅游饭店、旅游餐馆和旅游商店等。其中,旅行社、旅游饭店和旅游交通被认为是旅游业的三大支柱,在旅游业中居主导地位。

二、旅游业的性质和特点

(一) 旅游业的性质

旅游业的性质主要表现在经济性、服务性和文化性 3 个方面。

1. 经济性

经济性是旅游业的根本性质。首先,世界上大多数国家已经把旅游业作为一项产业来发展，而并非完全的文化事业。在有些国家和地区，旅游业已经成为其经济收入的重要来源，甚至成为支柱产业。我国于 1986 年将旅游业列入国民经济的组成部分，明确了旅游业的产业性质，旅游业被纳入社会经济发展的宏观计划。其次，旅游业的基础构成是各类旅游企业，企业的本质是为营利的目的而存在的。旅游活动是一种消费活动，旅游者在旅游过程中，不仅有吃、住、行等基本生活需要，更要求在心理上和精神上得到满足，而旅游企业正是通过向旅游者出售旅游产品和服务，从中获取经济效益。毋庸置疑，旅游企业的经营行为受商品交换规律的制约，受市场经济供求关系的支配。

2. 服务性

通常一个国家的产业分为三个层次，即第一产业、第二产业和第三产业。其中，第一产业包括农、林、牧、渔业；第二产业包括采矿、制造、建筑、电力、燃气及水的生产和供应业；第三产业是除第一产业、第二产业以外的其他行业，主要是指服务业，具体包括交通运输、仓储和邮政业，信息传输、计算机服务和软件业，批发和零售业，旅游、住宿和餐饮业，金融业，房地产业，租赁和商业服务业，科学研究、技术服务和地质勘察业，水利、环境和公共设施管理业，居民服务和其他服务业，教育、卫生、社会保障和福利业，文化、体育的娱乐业，公共管理和社会组织，国际组织等。旅游业是第三产业的重要组成部分，其所提供的产品从本质上讲是服务性产品。

旅游业所提供的各种服务可以分为以下几种情况。

（1）通过服务提供有形产品，如旅游商店出售的旅游商品。

（2）通过服务体现价值，服务价值物化或附加在有形产品中，如饭店里提供的美味佳肴等。

（3）纯粹服务，既不创造有形产品，也不物化或附加在有形产品中，其服务过程就是产品生产过程，如导游服务，我们称之为无形服务。

3. 文化性

旅游业还表现出强烈的文化属性。文化是人类在社会历史实践过程中所创造的物质财富和精神财富的总和。旅游者的旅游活动不仅是一种物质享受，更是一种异质文化的消费。不同的国家和地区有不同的文化，表现在风土人情、生活习俗、历史民族、饮食起居等各个方面，旅游者在旅游活动过程中自觉不自觉地要与这些异质文化发生联系，同时以自己表现出来的本国文化影响目的地居民。所以，从这个意义上讲，有人把旅游者称为“文化的使者”，旅游活动的过程即文化接触与交流的过程。旅游业的文化性要求旅游企业提供和开发的产品要有丰富的文化内涵，即强烈的地方特色和民族特色，使旅游者通过对旅游产品和服务的消费，深切感受到异域文化的魅力。同时，树立起旅游企业和旅游目的地鲜明的旅游形象，不断地吸引各方旅游者，扩大客源市场，产生良好的经济效益与社会效益。

（二）旅游业的特点

旅游业是国民经济中的一个服务行业，与第三产业的其他服务行业相比较，具有以下几个特点。

1. 综合性

旅游业是综合性很强的产业，其综合性特点能从以下几方面反映出来。

（1）旅游业要满足旅游者的多种需要，即包括从离家外出直至返回出发地期间在吃、住、行、游、购、娱各方面的需要。所以，旅游业所提供的旅游产品是多种成分、多种项目的综合体。如图 5-2 所示为外地旅游者在武当山上学太极。

图 5-2　武当山上外地旅游者学太极

（2）旅游业的综合性表现为具有关联性。为了满足旅游者的多种需要，就要由多种不同类型的企业提供相应的商品和服务，这些不同类型的企业虽然分别属于若干相互独立的行业，但是为旅游者提供服务这一共同职能以及满足旅游者需要这一业务关系的纽带把它们综合成为有机整体，从而将国民经济中的其他行业和部门都联结在一起。

（3）旅游业的综合性表现为带动性。旅游业作为第三产业的重要组成部分，能向第一产业和第二产业产生辐射，在自身综合发展的同时，带动诸多行业的共同发展。一方面，旅游业首先使直接为旅游者服务的诸多行业得到发展，如交通运输、城市建设、饭店、旅行社、娱乐、商业服务等；另一方面，对与之相关的工农业、建筑、园林、邮电、信息、金融保险等几十个行业的发展起到直接或间接的带动作用。这种带动作用有力地促进了各产业的共同发展，从而合理配置资源，优化产业结构，促进整个国民经济全面发展。

（4）旅游的综合性还表现为依赖性。旅游业的发展需要以旅游资源为前提，以旅游设施为条件，以旅游服务为核心，总体来说以国民经济的综合发展水平为依托。对于旅游客源国，国民经济的发达程度决定了旅游者的数量、消费水平和消费频度。对于旅游接待国，国民经济的发达程度决定了旅游综合接待能力的强弱，在一定程度上影响着旅游服务的质量。

2. 敏感性

敏感性主要是指一个行业在发展过程中对内外部环境不利因素的抵御程度。总体来说，旅游业的敏感性是比较大的。这些不利因素可分为内部环境和外部环境两个方面。从旅游业的内部环境来看,旅游业是由许多企业、部门和环节组成的有机整体,存在一定的内在比例关系,任何一个相关行业的脱节,都会造成旅游经营活动难以正常运转。如一个地区的交通不顺畅,进不来、出不去、散不开,那么即使旅游资源再优美,旅游设施再优越,旅游服务再优秀,也只能无奈兴叹。所以,旅游业的发展必须消除内部瓶颈,统筹兼顾、协调发展。另外,从旅游业的外部环境来看,自然、政治、经济、社会因素的变故,如地震等自然灾害、恶劣的气候、疾病的流行、经济的衰退、国家关系的变化、政治动乱乃至恐怖活动、战争等都会对旅游业产生重大影响。如中东地区是三大宗教汇集之地,历史悠久、文化底蕴深厚、民风特异,旅游资源极其丰富,是世界各国旅游者向往的地方,但由于连年战争,使该地区的旅游业得不到应有的发展。

3. 季节性

旅游业的季节性是指旅游企业的经营在单位时间内接待人数的周期性变化,表现出明显的淡旺季。旅游业季节性的特点在很大程度上受到客观因素的影响和制约。

(1) 自然因素的制约。春夏秋冬会导致旅游景观的气候性变化,形成一定规律的淡旺季。如黄山平时游人如织,但一进入冬季,只能封山休养;黄果树瀑布在春夏季节蔚为壮观;而哈尔滨的冰雕、吉林的雾凇只能在冬季出现。另外,季节气候还会影响到旅游者出游的舒适程度。所以,在中国大部分地区,通常在春秋形成旅游旺季,而冬夏游人大大减少,形成淡季。

(2) 受节庆活动的影响。如内蒙古的那达慕大会、傣族的泼水节、广州的广交会、杭州的西博会等,在节日活动期间,当地旅游企业形成接待旺季,而其余时间为平季或淡季。

(3) 客源地节假日时间也造成旅游业的淡旺季。如日本是中国最大的国外客源市场,日本政府规定每年春天和秋天有两次假日,导致以日本市场为主的旅游区在这两段时间就成为旅游旺季。我国自 1999 年开始实行七天长假以来,“五一”和国庆期间各旅游景点人满为患,各旅游企业开足马力,还是不能满足市场的要求,形成了旅游旺季。

旅游业的季节性特点给旅游企业的经营带来很大的困难。在旅游旺季,往往疲于应付,导致服务质量无法保证,旅游者满意度不高。中国国内旅游投诉主要发生在旅游旺季期间;而在旅游淡季,旅游企业又吃不饱,造成设施和人员大量闲置。因此,如何采取措施拉近淡旺季的差距,保证企业资源的合理和有效利用,是旅游业发展的重要课题。

4. 垄断与竞争性

旅游资源、旅游设施和旅游服务是现代旅游业的三要素。在各国各地区旅游业的优势比较中,有些自然景观和历史文化遗迹是某个地区所独有的,表现出旅游业的垄断性特点。如中国的万里长城、埃及的金字塔、印度的泰姬陵、柬埔寨的吴哥窟、美国的尼亚加拉大瀑布、澳大利亚的大堡礁等,都是人工无法复制和替代的。而其他的旅游景观、旅游设施和旅游服务,由于可以替代和复制,在面对相同的旅游市场时,就形成了旅游业的竞争性,如旅行社争夺同一批客源;旅游饭店通过提高服务质量吸引回头客等。

旅游业的垄断与竞争性特点,决定了一个国家在发展旅游业时,要注意保护其垄断资源,并在此基础上形成自己独有的旅游产品。同时,要不断地完善旅游设施,提高服务质量,注意市场开拓,保持旅游业的发展优势。

5. 国际与涉外性

旅游分为国内旅游、入境旅游和出境旅游 3 种形式。无论是本国居民到其他国家旅游,还是外国居民到本国来旅游,都赋予了旅游业国际性和涉外性的特点。

首先,相对于国际贸易中有形产品的进出口,旅游业被称为无形贸易,尤其是发展中国家,入境旅游业可成为其重要的外汇收入来源,并具有独特的创汇优势,形成旅游出口。

其次,在国际旅游中,旅游者往往会遇到不同语言、不同货币、不同生活方式、不同价值观念等相冲突的问题,同时需要办理签证、边检、出入关、货币兑换等一系列手续,这些都是旅游业涉外性与国际性的具体体现。

随着全球经济的一体化,现代旅游业更成为国际性产业。通过旅游业,各国各地区在政治、经济、文化上得以交流并相互影响。通过旅游业,不同国度、不同思想、不同信仰、不同文化的旅游者得以接触和交往。通过旅游业,改革开放中的中国在世界上的地位和形象得以树立、改善。

6. 劳动密集型

判断一个行业是否属于劳动密集型的标准并不是其雇用员工的多少,也不是投资总额与雇佣员工的比例大小,而是其工资成本占全部营业成本的比重高低。由于旅游业的产品是以提供劳务为主的旅游服务,与其他行业相比,设备投资和销售费用较低,工资成本在全部营业成本中占据了较大比重,所以旅游业被公认为劳动密集型产业。世界上很多国家都把发展旅游业作为扩大就业人口、缓解就业压力的重要途径。

第二节 旅 行 社

旅行社产生于 19 世纪 40 年代,随着近代尤其是现代旅游业的发展,旅行社的发展更为迅速,逐渐形成在旅游业中的“上游与核心”地位,是旅游业的三大支柱之一,担负着沟通和连接旅游者与旅游目的地的重要职能。

一、旅行社的产生与发展

(一) 世界旅行社的产生与发展

旅游活动的历史非常悠久,而世界旅行社的产生仅是近百年来的事情。旅行社的产生是商品经济、科学技术及社会分工发展的直接结果,是旅游活动长期发展的必然产物。

18 世纪中叶发生在英国的工业革命对旅游业的发展产生了巨大作用:随着生产力的迅速发展和社会财富的急剧增加,产生了大量的中产阶层,他们具备了旅游的经济实力和条件；科技的进步变革了交通工具，提高了运输能力，使人们的旅游活动变得方便而快捷；工业的发展，使大量人口流向城市，都市化的生活方式使旅游成为一项经常性的活动。

1845年，托马斯·库克在莱斯特正式成立了托马斯·库克旅行社，开始专门从事旅行代理业务，从而成为世界上第一位专职的旅行代理商，也标志着近代旅游业的诞生。托马斯·库克对于旅游业发展的贡献，不仅在于他开创了近代旅游业，而且还表现在他使旅游面向大众，薄利多销，推动了旅游的社会化，促进了旅游业的迅速发展。

在托马斯·库克之后，旅行社适应了人们不断增长的旅行需求，在世界各地迅速发展起来。旅行服务机构的出现，对旅游活动的开展起了巨大的推动作用。旅行社的产生从根本上改变了旅游活动的性质，标志着旅游活动进入了产品化时代，加快了旅游活动的大众化、社会化的发展进程。同时，导致了旅游产品购销方式的质变，即变消费者多次性购买为一次性购买，变旅游供应者的分散销售为集中性销售，促进了世界旅游业的发展。第二次世界大战以后，世界旅游业取得了前所未有的发展，远远高于同期世界经济的平均增长速度。目前，全球已形成由近8万家旅行社组成的整体服务网络，成为世界旅游业的重要组成部分。

（二）中国旅行社的产生与发展

中国早期的旅行社是外国人在中国设立的旅游机构。1923年，爱国人士陈光浦先生在上海商业储蓄银行设立旅行部。1927年，该部独立并更名为中国旅行社，现为香港中国旅行社股份有限公司，是中国最早的旅行服务机构。新中国成立以后，为了加强和世界各国的交流与合作，成立了两大旅行社。一是1954年成立的中国国际旅行社总社（简称国旅）及其分社；二是1949年成立的华侨服务社（1974年改名中国旅行社，简称中旅）总社及其分社。1978年，中国开始实施对外开放政策，这一年来华旅游入境人数共180万人次，旅游创汇2.6亿美元。但在1978年改革开放以前，这些旅行社从成立之日起就一直从事以政治目的为主的对外接待工作，基本不具备企业的性质。1980年，中国青年旅行社总社（简称青旅）在北京成立，与中国国际旅行社、中国旅行社并称为中国三大旅行社。三大旅行社从此开始了我国旅行社行业垄断的局面并且分工明确，根据文化和旅游部有关规定，中国国际旅行社主要接待外国来华旅游者，中国旅行社主要接待来华旅游的海外华人，而中国青年旅行社则以来华旅游的青年旅游者作为主要接待对象。1980年，三大旅行社接待的来华旅游者占全国有组织接待人数的80%。

1984年，国务院就我国旅行社体制改革作出规定：打破三大旅行社的垄断，放开经营，下放国际外联权，并规定旅行社由行政事业单位改为企业性质。1985年，《旅行社管理暂行条例》出台，标志国家开始对旅行社作为相对独立的行业进行管理，为旅行社的发展提供了有利条件，旅行社行业获得了比较大的发展。20世纪90年代初，我国政府开始允许中国公民出国探亲和旅游，这是我国旅游业发展中的重大突破。对旅行社来说，这不仅意味着更为广阔的客源市场，同时也改变了我国旅行社在国际合作中的地位，为旅行社的进一步发展提供了更为广阔的天地。随着旅行社数量的增多，行业竞争变得激烈，行业利润率降低，中国旅行社行业由卖方市场进入了买方市场。1995年，旅行社行业实行质量保证金制度。1996年，国务院颁布了《旅行社管理条例》。1996—1999年持续对旅游市场进行治理整顿。2000—2001年又进行了出境旅游市场的整顿,使我国旅行社行业的接待质量上了一个新台阶,改变了无序竞争的局面,进入了一个有序的发展阶段。

进入21世纪,中国旅行社行业的企业数量大幅度增加,从业人员数量也同步增长,业务经营规模继续扩张,效益状况稳定。《2016年中国旅游业统计公报》显示:2016年末,全国纳入统计范围的旅行社共有27 939家,比上年末增长1.2%。全国旅行社资产总额1 277.9亿元,比上年下降4.8%;各类旅行社共实现营业收入4 643.1亿元,比上年增长10.8%;营业税金及附加10.4亿元,比上年下降35.4%。2016年,全国旅行社共招徕入境游客1 445.7万人次、6 020.5万人天,分别比上年增长2.1%,下降0.05%;经旅行社接待的入境游客为1 942.9万人次、6 714.6万人天,分别比上年下降1.8%,增长2.8%。全国旅行社共组织国内过夜游客15 604.9万人次、48 702.0万人天,分别比上年增长14.1%和11.7%;经旅行社接待的国内过夜游客为17 088.6万人次、53 147.5万人天,分别比上年增长11.4%和40.3%。

旅行社为促进旅游业发展、满足人民群众的旅游需求以及促进经济发展发挥了很重要的作用。但是,《旅行社管理条例》公布10余年来,旅行社行业的经营体制、经营模式、经营行为发生了非常大的变化。特别是由于社会主义市场经济体制的不断完善、国家各项法律制度的不断健全以及国家对依法行政提出了更高的要求,《旅行社管理条例》的许多内容已明显不能适应新形势下的要求。主要表现在旅行社企业准入条件较高,以经营范围作为企业类别划分,审批权限过高,不适应中央关于加快发展服务业的要求。原有内容带有浓厚的"重审批、轻管理"的色彩,在企业的设立、审批方面作了极其细致的规定,但对企业的经营行为规范方面,或者是严重缺失,或者是缺乏针对性。旅行社组团业务的扩张,使经营网络化的要求更为迫切,分社、服务网点等新业态逐步显现,需要对这些新出现的分支机构的设立、经营行为作出规范。由于严重缺乏针对经营行为的法律规范,近年来,旅行社在经营活动中出现了诸多不正当竞争的行为,侵害旅游者、导游合法权益的问题突出,有的问题还相当严重,迫切需要建立、完善相应的对经营行为的要求,为整顿市场秩序、保护旅游者利益,提供充分、有力的法律依据。有鉴于此,2009年2月20日,国务院公布了《旅行社条例》,于2009年5月1日起施行。《旅行社条例》对原《旅行社管理条例》进行了全面修改,进一步降低了旅游市场准入门槛,减轻了旅行社的经营负担,同时加大了对旅行社违法经营行为的打击力度,旨在为旅游者创造一个"开开心心旅游、明明白白消费"的出游环境。2013年10月1日实施的《中华人民共和国旅游法》对旅行社经营进一步作了规定。2017年9月原国家旅游局发文《关于规范旅行社经营行为维护游客合法权益的通知》。

【拓展阅读5-1】

关于修改《旅行社条例实施细则》和废止《出境旅游领队人员管理办法》的决定

为依法推进简政放权、放管结合、优化服务改革,根据《全国人民代表大会常务委员会关于修改〈中华人民共和国对外贸易法〉等十二部法律的决定》《国务院关于修改部分行政法规的决定》(国务院令第666号)、《国务院关于印发注册资本登记制度改革方案的通知》(国发〔2014〕7号)、《国务院关于取消和调整一批行政审批项目等事项的决定》(国发〔2014〕27号)、《国务院关于促进旅游业改革发展的若干意见》(国发〔2014〕31号)和《国务院关于取消和调整一批行政审批项目等事项的决定》(国发〔2014〕50号),2016年原国家旅游局决定对《旅行社条例实施细则》部分条款进行修改,并废止《出境旅游领队人员管理办法》。

一、对《旅行社条例实施细则》作出修改

(一)将第六条中的"《条例》第六条第(一)项规定"和第七条中的"《条例》第六条第(二)项规定"修改为"旅行社"。

(二)将第八条第一款修改为:"申请设立旅行社,经营国内旅游业务和入境旅游业务的,应当向省、自治区、直辖市旅游行政管理部门(简称省级旅游行政管理部门,下同)提交下列文件:(一)设立申请书。内容包括申请设立的旅行社的中英文名称及英文缩写,设立地址,企业形式、出资人、出资额和出资方式,申请人、受理申请部门的全称、申请书名称和申请的时间;(二)法定代表人履历表及身份证明;(三)企业章程;(四)经营场所的证明;(五)营业设施、设备的证明或者说明;(六)工商行政管理部门出具的《企业法人营业执照》。"

增加两款作为第二款、第三款:"旅游行政管理部门应当根据《条例》第六条规定的最低注册资本限额要求,通过查看企业章程、在企业信用信息公示系统查询等方式,对旅行社认缴的出资额进行审查。""旅行社经营国内旅游业务和入境旅游业务的,《企业法人营业执照》的经营范围不得包括边境旅游业务、出境旅游业务;包括相关业务的,旅游行政管理部门应当告知申请人变更经营范围;申请人不予变更的,依法不予受理行政许可申请。"

(三)将第十条第一款修改为:"旅行社申请出境旅游业务的,应当向国务院旅游行政主管部门提交经营旅行社业务满两年、且连续2年未因侵害旅游者合法权益受到行政机关罚款以上处罚的承诺书和经工商行政管理部门变更经营范围的《企业法人营业执照》。"

删去第十条第二款中的"旅行社持旅行社业务经营许可证向工商行政管理部门办理经营范围变更登记"。

(四)将第十四条修改为:"旅行社在银行存入质量保证金的,应当设立独立账户,存期由旅行社确定,但不得少于1年。账户存期届满1个月前,旅行社应当办理续存手续或者提交银行担保。"

(五)删去第十九条第一款第(一)项、第二十条中的"《条例》第六条第(一)项、第(二)项及"和第二十三条第一款第(一)项。

(六)将第二十一条第二款修改为:"设立社可以在其所在地的省、自治区、直辖市行政区划内设立服务网点;设立社在其所在地的省、自治区、直辖市行政区划外设立分社的,可以在该分社所在地设区的市的行政区划内设立服务网点。分社不得设立服务网点。"

(七)增加七条,作为第三十一条至第三十六条和第五十九条。

(八)将第四十七条(修改后为第五十三条)第一款中的"3月底"修改为"4月15日"。

（九）删去第五十九条（修改后为第六十六条）第一款。

此外，对相关条文顺序作相应调整。

二、废止《出境旅游领队人员管理办法》（原国家旅游局令第18号）

（资料来源：知网百科）

二、旅行社的性质、分类和作用

（一）旅行社的性质

旅行社是为人们旅行提供服务的专门机构，它在不同的国家和地区具有不尽相同的含义，不同国家和地区的法律对旅行社的性质也有不同的规定。在我国，《旅行社条例》规定："旅行社是指从事招徕、组织、接待旅游者等活动，为旅游者提供相关旅游服务，开展国内旅游业务、入境旅游业务或者出境旅游业务的企业法人。"其中的旅游业务是指为旅游者代办出、入境和签证手续，招徕、接待旅游者旅游以及为旅游者安排食宿等有偿服务的经营活动。

（二）旅行社的分类

1. 国外旅行社的类型

在西方，有三分法和二分法两种。三分法是人们按照业务范围将旅行社划分为旅游经营商、旅游批发商和旅游零售商三类。二分法是将旅行社分为批发旅游经营商和旅游零售商两类。

批发旅游经营商是指以组织和批发包价旅游产品为主要经营业务的旅行社，有的兼营旅游产品零售业务。旅游经营商在经营活动中，先与交通运输、饭店、旅游景点等旅游部门或企业签订协议，以批量购买的价格订购各种单项旅游产品。然后，在对旅游市场进行调查、预测和分析的基础上，将这些单项旅游产品包装、组合成包价旅游产品或其他旅游产品。再把这些旅游产品通过旅游代理商或者直接出售给旅游消费者。旅游经营商的规模一般都比较大，企业数量相对比较少。

旅游零售商是指那些从批发旅游经营商处批发旅游产品，再直接出售给旅游者的企业。旅游代理商的主要业务是充当旅游经营商的代理者，为旅游者提供旅游咨询和旅游接待服务，为旅游经营商招徕和组织旅游者。这类旅行社规模一般比较小，但数量比较多。

图片：旅行社办公场所

2. 我国旅行社的类型

长期以来，我国的旅行社按照经营的业务范围分为国际旅行社和国内旅行社两种类型。国际旅行社的经营范围包括入境旅游业务、出境旅游业务和国内旅游业务。国内旅行社的经营范围仅限于国内旅游业务。近年来，随着我国旅游市场的不断发展和完善，入境旅游人数大幅增加，现有国际旅行社的数量难以满足我国旅游市场的需要。随着从事国内旅游业务的旅行社业务水平不断提高，其已经具备了接待入境旅游的能力。为此，《旅行社条例》取消了旅行社类别划分，统一了从事国内旅游业务和入境旅游业务的准入条件，规定取得旅行社业务经营许可后，就既可以经营国内旅游业务也可以经营入境旅游业务。

（三）旅行社的作用

旅游业是一个综合性产业，旅行社在旅游业中犹如一个桥梁和纽带，把旅游过程中的食、住、行、游、购、娱等环节联结了起来，其作用体现在以下几个方面。

视频：走进导游服务

1. 旅行社是旅游活动的组织者

旅游者在旅游活动中，需要各种旅游服务如交通、住宿、餐饮、游览、购物和娱乐等，而提供这些服务的部门和企业分属于不同的行业，相互之间联系比较松散。旅行社将这些服务和产品组合起来系统地提供给旅游者，使旅游者不再担心旅游过程中可能遇到的各种困难，使旅游活动得以顺利开展。现代大众旅游的迅速发展和旅行社的组织作用是分不开的，可见，旅行社不仅为旅游者组织旅游活动，还在旅游业各个组成部门之间起着组织和协调作用。

2. 旅行社是旅游产品的销售者

旅游活动是人们从客源地到旅游目的地的游览活动，旅游者在到达旅游目的地之前，一般对那里的旅游服务部门和企业知之甚少或完全不了解。各个旅游企业虽然也直接向旅游者出售自己的单项旅游产品，但大量的产品还是通过旅行社销售给旅游者。旅行社在旅游者和旅游企业之间充当媒介，拉近了供需方的距离，简化了旅游产品的交换关系。随着我国经济的迅速发展和人民生活水平的提高，国内旅游发展迅猛，其中国内远途旅游产品基本是通过旅行社销售的，而国外旅游者在我国的旅游也都是通过旅行社预订和购买才能顺利实现其旅游目的。

3. 旅行社是旅游资讯的提供者

旅行社在旅游业的各个企业中是最先和旅游者接触的，处于旅游市场需求信息的上游和前沿。一方面，旅行社不断地向旅游企业及时提供旅游市场信息，以便各旅游企业从旅游市场的需求出发，不断地调整产业结构，适应旅游者的需要；另一方面，旅行社与旅游业各部门和企业保持密切联系，把产品信息传递给客源市场，向旅游者提供各种咨询服务，帮助旅游者作出理想的选择。

三、旅行社设立的基本条件

视频：如何成立旅行社

根据《中华人民共和国旅游法》第二十八条规定：设立旅行社，招徕、组织、接待旅游者，为其提供旅游服务，应当具备下列条件，取得旅游主管部门的许可，依法办理工商登记。

（1）有固定的经营场所。

（2）有必要的营业设施。

（3）有符合规定的注册资本。

（4）有必要的经营管理人员和导游。

（5）法律、行政法规规定的其他条件。

视频：认识导游人员

《旅行社条例》规定，设立外商投资旅行社，由投资者向国务院旅游行政主管部门提出申请，并提交相关的证明文件。外商投资旅行社不得经营中国内地居民出国旅游业务以及赴香港特别行政区、澳门特别行政区和台湾地区旅游的业务，但是国务院决定或者我国签署的自由贸易协定和内地与香港、澳门关于建立更紧密经贸关系的安排

另有规定的除外。

四、旅行社的基本业务

《中华人民共和国旅游法》第二十九条规定了旅行社可以经营境内旅游、出境旅游、边境旅游、入境旅游和其他旅游业务。不同的旅行社在所属类型和经营规模上存在一定的差异，经营的具体业务可能也有区别，但是旅行社的基本业务是相同的。一般而言，旅行社的基本业务包括以下几个方面。

（一）设计业务

组合旅游产品，设计旅游线路是旅行社最基本的业务。旅行社首先应在充分掌握旅游市场需求的基础上，根据不同消费者的特点，结合自身实力及其他旅游产品供应企业的现状，巧妙组合旅游产品，精心设计旅游线路，使之对旅游者产生较大的吸引力。

（二）促销业务

促销业务是旅行社的重要业务之一。旅行社产品促销的目的在于通过各种有效的传播媒介，将有关旅游产品信息传递给客源市场或潜在的消费者，通过反复提示和诱导，加深他们对旅游产品的了解，引起其注意和兴趣，进而激发其消费欲望，最终促使购买行为的实现。

（三）销售业务

销售业务是指旅行社通过一定的销售渠道将旅游产品推向市场，从而出售给旅游中间商或最终消费者的过程。产品的销售状况直接关系到旅游企业的生存和发展，只有完成销售过程，旅游产品才能实现价值和使用价值，旅行社才会取得利润。

（四）采购业务

旅行社提供给旅游者的产品和服务，并不完全是旅行社自行生产的，大部分需要由其他相关企业和部门提供。也就是说，旅行社向其他旅游企业采购旅游产品后，经过重新组合加工，再转售给消费者。由此可见，采购业务作为旅行社的一项重要业务内容，直接关系到旅游产品的成本和质量。目前，旅行社采购的产品涉及交通服务、住宿服务、餐饮服务、景点游览、娱乐服务、保险产品等。

视频：导游带团程序之参观游览服务 1

（五）接待业务

接待业务是旅行社的一项核心业务。它是指旅行社依据销售承诺，为已经预订旅游产品的消费者，提供到达本地后的旅游接待服务，包括为旅游者安排在当地停留期间的食、住、行、游、购、娱等各项活动。旅游接待过程是旅行社的直接生产过程，而旅游者往往通过旅游接待服务水平来衡量旅游产品质量。因此，可以说接待服务水平的高低将直接影响旅行社产品质量的好坏，反映旅行社的管理水平的高低，进而影响旅行社的形象和声誉。

视频：导游带团程序之参观游览服务 2

【知识链接 5-1】

在“互联网+旅游”模式下对比分析传统旅行社与 OTA 经营优劣势

随着互联网技术的发展与不断普及，“互联网+旅游”成为一种新的流行趋势。

（一）传统旅行社

1. 传统旅行社经营优势

第一，品牌形象经典且影响力大。传统旅行社有着悠久的发展历史，中国的第一家旅行社——中国旅行社，于1949年11月建立。中国旅行社总社是中国最大的旅行社之一，创写了中国旅游行业的多项第一：首家接待外国旅游者、首家接待台湾同胞、首家经营中国公民出境游。目前，中国旅行社旗下拥有遍及世界范围100多家旅行社，品牌影响力大，辐射范围广。“CTS中旅”商标荣获中国“驰名商标”称号，深受消费者的喜爱与信赖。

第二，资源优势。一些老牌的传统旅行社资源丰富，具体体现为与各大航空公司、酒店、景点等建立长期而又稳定的合作，经常可以拿到远低于市场价格的特价机票、特价酒店、特价景点门票等，以绝对的价格竞争优势在市场份额中占据很大比重。例如，春秋旅游依托强大的资源优势，行业地位较为稳固。春秋旅游凭借丰富的航空资源，又经过30多年的市场发展，目前已成为国内连锁经营最具规模的旅游批发商和包机批发商。

2. 传统旅行社经营劣势

第一，旅行社间的恶性竞争导致市场环境混乱，收益大幅下降。由于散客游逐渐成为流行趋势，团队旅游人数大幅减少，使得旅行社利润减少很多。为了吸引更多客源，增加旅行社营业收入，不同旅行社之间掀起了“价格战”。各种低价团、零付团费横空袭来，旅行社之间的恶性竞争导致旅游市场环境混乱，收益大幅下降，甚至很多旅行社出现亏损。

第二，缺乏创新意识。很多传统旅行社在经营过程中都存在缺乏创新意识这一特点，多年一成不变的旅游线路、老套的导游讲解词等，缺乏新意与吸引力。此外，随着信息化时代的到来，传统旅行社的发展跟不上时代发展潮流，做不到与时俱进，没有充分将互联网发展带来的资源优势融入企业发展背景中，没有进行相应有效的改革与转型。

（二）OTA（在线旅行社）

1. OTA经营优势

第一，经营成本低。OTA不同于传统旅行社，可以进行无实体店铺经营，省去了房屋购置费用或房屋租赁费用及实体店铺日常经营所需耗费的成本，如实体店铺的装修费用、水电费用、办公用品费用等。利用无实体店铺经营的低成本优势在旅游供给和旅游需求方面开展中介服务。

第二，打破信息的不对称性。OTA利用互联网信息全面、传播速度快等特点，充分将各项旅游资源进行整合，并为游客提供景点介绍、特价机票、特价酒店等信息，使游客在足不出户的情况下，就可以通过图片、视频、景区VR全景图等方式全面了解不同旅游目的地。同时，OTA可以通过对不同酒店、不同航空公司进行价格对比的方式，让游客对价格有一个更加直观而全面的了解，为游客提供更多的选择。此外，OTA可以利用互联网大数据将年龄结构不同、消费水平与消费喜好等方面不同游客的旅游需求进行收集与整合，建立数据库，并进行详细分析，然后从多个角度对游客进行分类，从而为游客提供个性化服务等。例如，为游客制定专属旅游线路，为游客提供旅游攻略等。

2. OTA经营劣势

第一,OTA经营体系不够正规,相关从业人员专业度不高。很多OTA企业都是由与互联网相关的其他行业转型创立的,很多经营者都是非旅游专业从业人员,对旅游业了解程度不够深入,对当前的旅游市场环境分析不够透彻。虽然能够利用互联网优势将大量的旅游信息进行整合,但打造的旅游产品种类相对较少且缺乏特色。

第二,人工成本费用高。OTA在经营过程中,人工成本耗费很大。人工成本主要指的是人工客服这一职位工作人员。例如,据统计,携程员工构成体系中有70%的员工岗位是人工客服类。其数量庞大,需要支付大量的人工费用,大大增加了企业在经营过程中的成本。而传统旅行社在这方面与之相比有更多的优势。大多数传统旅行社日常经营一家门店只需2~3名员工即可为游客办理各项业务,有效节省了人工成本,降低了经营费用。

总之,传统旅行社虽然目前在尝试转型与改革,加入网上运营部分,但目前更多只是局限于网页浏览,能为游客提供的信息依然不够全面,网页功能不够丰富,而且传统旅行社的相关从业人员缺乏相应的线上运营所需的知识与技能。OTA虽然提供的信息多、覆盖面广,但其旅游产品种类不够丰富,缺乏旅游特色,加之相关从业人员对旅游业专业知识及行业情况了解程度不够。双方发展虽然各有各的优势,但同时也都有所欠缺,如果未来传统旅行社与OTA进行合作,实现“线下传统旅行社+线上旅行社(OTA)”,相信两者都会有更大的发展前景,这或许会成为旅行社业的未来发展趋势。

(资料来源:百度文库)

第三节 旅游饭店

旅游饭店是向旅游者提供住宿、餐饮、购物和娱乐等服务项目的企业,是旅游者外出旅游过程中的“临时的家”。旅游饭店和旅行社、旅游交通构成了旅游业的三大支柱。

一、旅游饭店的发展历史

饭店业因旅游活动应运而生。西方的饭店业始于古罗马时期的食宿设施,其发展进程经历了所谓的古代客栈时期、大饭店时期、商业饭店时期和第二次世界大战以后的现代新型饭店时期,至20世纪60年代,已经出现了不少在世界各地拥有上百家企业的大饭店公司,从而形成了庞大独立的饭店行业。

(一)古代客栈时期

客栈时期是饭店业发展历史中最漫长的阶段。在19世纪中叶以前,就世界范围而言,人们的出行主要是进行商务活动,出行的方式以徒步和马车为主。为了适应人们的这种需要，在一些大道沿线和主要城镇中出现了客栈。这些客栈，由于受当时社会经济发展水平、市场规模和需求层次的影响，主要是一些设施简陋、功能单一，仅供人们食宿的场所。

（二）大饭店时期

19 世纪后半叶，以英国为主的西方国家，先后完成了工业革命，出现了较现代化的交通工具，为富裕阶层外出旅游提供了便利，大大缩短了在途时间。这个时期的饭店规模较大，设施富丽堂皇，服务日趋规范和多样，但主要是为了满足王公贵族等上层社会的需求。1829 年，在波士顿落成的特里蒙特饭店被称为第一家现代化饭店，为整个新兴的饭店行业确定了明确的标准。这家饭店有 170 套客房，其规模在当时来说十分可观。它还是第一个建有前厅的饭店，宾客不再在酒吧柜台上登记入住。餐厅设有 200 个座位，供应法式菜肴，服务人员训练有素。客房内房门可以加锁，备有脸盆、水罐和肥皂等。特里蒙特饭店就是以此闻名，成为饭店历史上的里程碑。另外，由英国人恺撒·里兹经营管理的伦敦萨伏依饭店可以说是当时豪华饭店的代表。此饭店配备了发电系统和自己的供水系统，部分房间有了浴室，这样的“硬件”设施为现代饭店发展创造了良好的开端。英文单词 ritzy 也由此而来，意即极其时髦、非常豪华、讲究排场。

（三）商业饭店时期

如果说大饭店时期满足的只是少数上层社会需求的话，那么 20 世纪初开始的资本主义商品经济把饭店的服务对象转向大众化的客人。美国是商业饭店的发源地，1908 年由“商业饭店之父”斯塔特勒主持设计和管理的斯塔特勒饭店成为现代商业饭店的里程碑。饭店每间客房都带有独立卫生间，还设有通宵洗衣、自动冰水供应、消毒马桶坐圈和送报上门等服务，其“只用一个半美元就能租到带浴室的客房”的广告宣传，获得了大多数商业旅行者的青睐，使商业饭店很快打开市场。

斯塔特勒的主要功绩在于改变了过去饭店建设讲究豪华的做法，使饭店的实用性、舒适性和服务质量相结合。饭店开始注重成本，采取了薄利多销的经营方针。设施设备重视标准化、方便化、简朴化和实用性，以后又用计算机进行管理和控制，迎合了 20 世纪以后商业旅行的大众化。

（四）新型饭店时期

第二次世界大战之后，科技和社会经济迅速发展。飞机、汽车和火车成为人们远程出行的主要交通方式。人们出行不仅是为了公务，旅游度假已经成为社会普通阶层日常生活的组成部分，为了适应人们多样化的消费需求，新型的旅游饭店得以兴起。旅游饭店一般位于城市的中心、机场附近、高速公路沿线、旅游胜地等处，规模更大，服务更规范，类型更为多样，如商务饭店、会议饭店、度假饭店、汽车饭店等。饭店的设施设备更为现代化，饭店的功能除了提供住宿和饮食外，还可以提供会议、展览、购物、娱乐、商务等多种项目的服务，成为人们社交的重要场所。这个时期，首先出现在美国的饭店集团发展迅速，并逐步扩展到了世界其他地方，国际性饭店集团开始崛起，如假日酒店集团、希尔顿集团、喜来登酒店集团等，成为现代新型饭店时期的主要特征。

二、旅游饭店的作用

(一)旅游饭店是旅游业发展的重要基础设施

旅游饭店是向旅游者在游览活动中提供休息、住宿和餐饮服务为主的多功能场所。旅游资源是旅游业发展的前提条件,而旅游饭店则是旅游活动得以顺利进行的重要保证。一个国家和地区的饭店数量、规模和服务管理水平,反映了该国家和地区的经济发展水平、旅游业发展水平,标志着这里的旅游接待能力并影响旅游业的发展。因此,旅游饭店在旅游业中起着基础作用,是旅游业发展的重要基础设施。

(二)旅游饭店是旅游收入的重要来源

旅游饭店的经济作用主要体现在两个方面:一是接待入境旅游者形成收入,尤其是外汇收入;二是接待国内旅游者,起到货币回笼和调节地区差距的作用。

(三)旅游饭店提供社会就业机会

旅游饭店是一个劳动密集型的服务性行业,可以比其他部门提供更多的就业机会。另外,旅游饭店的发展不仅可以创造饭店内部的直接就业机会,而且会像农业、食品、养殖、建筑、水电等相关行业一样提供间接的就业机会。据估计,在中国每增加一间客房,可以创造1~2人的直接就业机会和2~5人的间接就业机会。

(四)旅游饭店提供社会文化活动场所

现代旅游饭店功能多样,除能提供基本的食宿之外,还附有会议室、多功能厅、咖啡厅、酒吧、健身房等。其环境气氛能为旅游者也为当地居民提供幽雅的社交场所。人们可以在这里举行会议、开展科学文化交流、商谈业务、进行健身娱乐等多项社会文化活动。

三、旅游饭店的类型和等级

旅游饭店的分类标准多种多样,一般可根据饭店特色、规模大小、等级档次等划分为不同的类型。

(一)根据饭店特色分类

根据旅游饭店的特色,一般将饭店划分为商务型饭店、度假型饭店、会议型饭店、公寓型饭店和其他特色饭店等类型。

1. 商务型饭店

商务型饭店主要用于接待从事经商和公务活动的旅游者,此外还包括部分零散客人、观光旅游者和小型会议参加者。其所接待的商务旅游者经济条件比较好,文化水平比较高,讲究身份地位,对价格不敏感。商务型饭店一般坐落在市区交通便利和商业繁华的地方,与客人需求相适应,饭店外部装修豪华,内部富丽堂皇,设施设备齐全,服务项目较多。除一般的客房、餐饮能满足较高水平的需要外,饭店还能满足客人的多种商务方面的需要,配备如国际直拨电话、传真、互联网、洽谈室、会议室、商务中心、秘书服务、洗衣服务、各种娱乐设施等。

2. 度假型饭店

度假型饭店主要用于接待游乐、度假和疗养等类型的旅游者。度假型饭店大多建在海滨、温泉、海岛、森林等景区附近,风景优美,环境幽雅,气候宜人。此类饭店的特点是除了提供一般的餐饮、住宿设施外,娱乐服务项目比较丰富,如常建有康乐中心及游泳、潜水、划船、登山、攀岩、滑雪、骑马、高尔夫、网球等设施。由于旅游业的季节性,有些度假型饭店具有淡旺季的特点,旺季人满为患,淡季客源不足,这会给饭店带来经营管理上的困难。

3. 会议型饭店

会议型饭店主要用于接待各种会议团体,承接各种会议。会议型饭店一般设在政治、经济中心城市或交通便利的旅游胜地。这类饭店除了应该具备相应的住宿和餐饮设施外,每个楼层必须设置一个以上的会议厅或多功能厅以供开会、宴会、展览之用,以及配备如扩音、录放、投影等视听会议设备。如接待国际会议,还应配备同声翻译系统。会议型饭店的接待服务人员要有一定的会议接待经验,能够帮助会议组织者协调、处理各种会议事务。会议型饭店客人的消费水平相对高于度假型客人。

4. 公寓型饭店

公寓型饭店以接待家庭、商务机构为主。这些客人多半入住时间比较长,因此在客房的布局上往往采用家庭式,设有卧室、起居室、厨房、冰箱、贮藏室等。饭店通常备有专门的食品、饮料,向客人供应成品或半成品,饭店的环境家庭气氛较浓,客源相对比较稳定,房价具有便宜、实惠的特点。公寓型饭店在国外比较常见和流行,在我国还没有成为普遍的现象,主要是以商务机构的入住为主。

5. 其他特色饭店

除以上几类饭店以外,还有许多特色饭店,如海洋饭店、塔顶饭店、井底饭店、派对饭店等,这些饭店风格迥异,满足了客人各种各样的特殊需求,为整个饭店业增光添彩。

(二)根据规模大小分类

一般根据饭店客房数量的多少把饭店分为大型饭店、中型饭店和小型饭店。

1. 大型饭店

大型饭店的客房数量在500间以上,服务项目和设施设备齐全,消费价格较高。

2. 中型饭店

中型饭店的客房数量在300~500间,服务项目和设施设备较为齐全,消费价格适中。

3. 小型饭店

小型饭店的客房数量在300间以下,能提供一般的住宿和餐饮服务,属于经济型饭店,适合于大众旅游者消费。

当然,在国外也有其他的分法,即把600间客房以上的称为大型饭店;300~600间客房的称为中型饭店;300间客房以下的称为小型饭店。

(三)根据等级档次分类

为了便于饭店营销机构进行推销和不同档次饭店的比较,保护饭店及客人的利益,国际性饭店组织和许多国家从20世纪60年代开始,主要根据饭店的建筑、装饰、设施设备、服务与管理水平、宾客评价等情况对饭店进行分等论级。比较流行的分等制度和表示方式是星级制，一般划分为五级，用“☆”表示，星号越多，饭店的等级越高，最高级别为五星级。

我国的饭店星级评定制度始于 1986 年，随着旅游饭店业的发展，其间几经修改。1997 年，我国颁布了《旅游涉外饭店星级的划分及评定》(GB/T 14308—1997)。2010 年，中华人民共和国国家标准《旅游饭店星级的划分与评定》(GB/T 14308—2010)开始执行。

1. 一星级饭店

一星级饭店属于经济型饭店。要求布局基本合理，饭店内公共信息图形符号符合 LB/T 001—1995 标准，有采暖、制冷设备；有前厅和总服务台，18 小时在岗服务，提供接待、问讯、结账、留言、定时外币兑换、贵重物品保存、行李搬运、16 小时值班经理、英语服务等；20 间以上可供出租的客房，装修良好，至少 75%的客房有卫生间；有专供客人使用的男女分设公共浴室，16 小时供应热水；客房、卫生间每天全面整理 1 次，及时更换床单和枕套；有中餐厅并提供早餐服务等。

2. 二星级饭店

二星级饭店属于低星级饭店。除一星级的要求外，前厅和总服务台 24 小时在岗服务，能接受客房和餐饮预订，有客人自行开启的贵重物品保险箱，有客人休息处，总机能用英语服务等；20 间以上可供出租的客房，有电话和彩色电视机，100%的客房设有卫生间，18 小时供应热水，提供一般洗衣和送餐服务等；有中餐厅、咖啡厅(简易西餐厅)，提供酒吧服务等。公共区域有停车场，4 层以上楼房有客用电梯等。

3. 三星级饭店

三星级饭店属于中星级饭店。除二星级的要求外，饭店布局要有一定的特色，有计算机管理系统；前厅和总服务台提供一次性结账、信用卡、12 小时外币兑换、24 小时值班经理、18 小时大堂经理和店内寻人服务，有饭店和客人同时开启的贵重物品保险箱，有残疾人坡道、轮椅和专用厕位，总机人员能用 2 种外语服务等；40 间以上可供出租的客房，装修良好，有音响系统和闭路电视演播系统，有单人间、套间和残疾人房间，客房内设有微型酒吧，24 小时供应热水，提供叫醒、干洗、熨烫和擦鞋服务等；有适量的宴会单间和小宴会厅，有独立的封闭式酒吧；公共区域 3 层以上楼房有客用电梯，有小商场等。另外，在涉及客房、餐厅及酒吧、商务设施及服务、会议设施、公共及健康娱乐设施、安全设施方面的 79 个选择项目中至少选择 11 项。

4. 四星级饭店

四星级饭店属于较高星级饭店。除三星级的要求外，饭店布局功能划分合理，装修采用高档材料并具有突出风格，有中央空调、背景音乐和计算机管理系统；前厅和总服务台 18 小时提供外币兑换服务；40 间以上可供出租的客房，70%客房的面积不小于 20 平方米，装修豪华，至少有 3 个开间的豪华套间等；公共区域有足够的高质量客用电梯，有商场、专门的商务中心和医务室等。另外，在涉及客房、餐厅及酒吧、商务设施及服务、会议设施、公共及健康娱乐设施、安全设施方面的 79 个选择项目中至少选择 28 项。

5. 五星级饭店

五星级饭店属于最高星级饭店。除四星级的要求外，饭店装修豪华，风格独特；总机人员能用3种以上外语服务;40间以上可供出租的客房,至少有5个开间的豪华套间等。另外,在涉及客房、餐厅及酒吧、商务设施及服务、会议设施、公共及健康娱乐设施、安全设施方面的79个选择项目中至少选择35项。目前,在有些城市还出现了超五星级饭店,以表明这些饭店的设施设备和服务水平更好、更高。

图片:三亚高星级酒店夜景

【知识链接5-2】

云南昆明《旅游民宿服务规范》于2022年9月1日起正式实施

经昆明市人民政府批准,昆明市场监管局于2022年8月1日发布《旅游民宿服务规范》地方标准,该标准于2022年9月1日起正式实施。

旅游民宿作为发展旅游产业转型升级的全新载体,丰富了旅游住宿产品的供给结构。自2015年以来,以知名旅游目的地为依托的旅游民宿呈井喷式增长,云南大理、丽江、昆明等主要旅游目的地的旅游民宿业在这一时期实现了迅猛发展。到2020年,昆明地区大小酒店和旅游民宿已达9 000余家,其中旅游目的地的旅游民宿占比达到11%。

2019年7月,文化和旅游部发布了《旅游民宿基本要求与评价》行业标准,为旅游民宿这一非标准住宿的规范化管理提供了方向性的引导,旅游民宿行业的体系化建设全面展开。同年9月,云南省文化和旅游厅发布了《云南省旅游民宿建设和管理规范》试行版,该规范以文件形式下发,主要体现行业管理部门对民宿的管理要求,对云南省旅游民宿的规范建设和管理起到了有效的推进作用。

此次发布的《旅游民宿服务规范》结合地方实际,符合地方旅游民宿发展特点,对引导、规范和促进昆明乃至云南旅游民宿业的标准化、规范化发展具有十分重要的作用。《旅游民宿服务规范》积极链接旅游诚信评价体系,结合消防、卫生、安全等必要条件,对服务规范、工作流程、人员要求、设施设备等方面提出可操作的规范化要求,在确保旅游民宿硬件设施达标的基础上,加强软件建设、提升顾客体验、强调品质化发展、改善旅游民宿服务质量,为昆明旅游民宿行业的高质量发展奠定坚实基础。《旅游民宿服务规范》作为一套相对完整的地方性规范,既是国家法规的具体细化与落实,又是对旅游民宿消费者诉求的积极回应。《旅游民宿服务规范》在传统标准的基础上,针对旅游民宿产品进行了个性化修订和细化,使其更适合旅游民宿的客观要求,体现了行业管理的先进性。《旅游民宿服务规范》是旅游民宿走向市场的"通行证",是实现旅游民宿科学管理的基础。《旅游民宿服务规范》的实施,可以推动旅游民宿建立良好的经营秩序,实现旅游民宿的科学管理并提高管理效率。

(资料来源:文化与旅游部官网)

四、饭店集团的经营管理

(一)饭店集团的概念及类型

饭店集团又称为饭店连锁或饭店联号,是指在一个国家或多个国家经营的,直接或间接控制两个以上的饭店,并以相同的店名、店徽,统一的管理程序、规章制度、操作规程和服务标准联合经营的饭店企业集团。饭店集团所属的饭店主要有 4 种类型。

(1) 饭店集团直接投资或控股并且自行经营管理的饭店。

(2) 饭店集团与饭店业主签订租赁合同,即公司对这类饭店只有经营权而无所有权,饭店集团根据租赁合同向业主支付租金。

(3) 饭店集团代替经营管理的饭店,由饭店集团派出人员按统一的模式进行管理。我国许多饭店采用这种方式。

(4) 成员饭店以特许经营权的方式进行经营管理,饭店的管理程序、服务标准必须符合饭店集团的统一要求,并交纳一定的品牌使用费。

(二) 饭店集团的经营优势

饭店集团是第二次世界大战之后逐渐发展起来的饭店经营方式,在当今经济全球化的背景下,饭店集团化更是成为饭店业发展的方向和趋势。这主要因为饭店集团有其特有的经营优势。

1. 品牌的优势

品牌的竞争是当今饭店竞争的实质。饭店集团依靠其知名的品牌经营,为市场所熟悉和信任,引致客人对饭店品牌的忠诚,可以赢得市场,保持价格,获得美誉。品牌优势是饭店集团的最大优势所在。

2. 管理的优势

饭店集团化在其长期发展过程中形成的管理程序、规章制度、操作规程和服务标准有一整套模式,可以保证其服务和产品质量的稳定性,从而赢得市场。

3. 营销网络的优势

由于饭店集团所属的成员饭店都使用统一的名号、统一的管理模式和服务标准,因此便于树立独立的集团形象,为旅游者所分辨和认识。同时,一个成员饭店的营销宣传可以产生集团整体的效果。另外,饭店集团的全球网络预订系统使集团内各成员饭店之间可以相互输送客源,获得强大的营销网络优势。

4. 成本的优势

饭店集团的成本优势体现在两个方面:一是集团可以根据各成员饭店的分布情况,将某些大型设施设备集中起来为成员饭店服务。如建立食品加工和配送中心,这样与单体饭店自己配备相比,可以大大降低单位产品的成本。二是集团较大的物品采购数量使其与供应商讨价还价的能力加强,从而能够获得比较低的采购价格。

5. 人才的优势

饭店集团往往从战略的高度聘请和培训理论水平高、实践经验丰富的管理人才,随时为集团内饭店提供服务。有的饭店集团还设立自己的培训大学,具有比较完善的培训系统,专门培训所需的各类饭店人才,并经常对在职员工进行轮训,在此过程中不断地提高管理和技术水平。

6. 资本的优势

饭店集团借助规模经营的优势,一般具有良好的信用。对外,可以为成员饭店融资创造条件,从而有利于集团的扩张和加快饭店的更新改造。对内,可以及时调控成员饭店的资金空缺，对新建设的饭店或暂时资金运作有困难的饭店给予倾斜和扶持。

7. 风险扩散的优势

旅游业是一个对市场敏感的行业，有时导致饭店经营受外部影响比较大，饭店集团的各成员饭店分布比较分散，从而能降低和抵消市场风险，提高抗风险能力。

【案例链接】

洲际酒店集团

洲际酒店集团成立于1777年，是目前全球最大及网络分布最广的专业酒店管理集团，拥有洲际、皇冠假日、假日酒店等多个国际知名酒店品牌和超过60年的国际酒店管理经验。同时，洲际酒店集团也是世界上客房拥有量最大（高达650 000间）、跨国经营范围最广（分布将近100个国家），并且在中国接管酒店最多的超级酒店集团。包括中国大陆25个省、自治区、直辖市。

旗下品牌有以下几个。

洲际酒店及度假村

1998年3月，巴斯集团以29亿美元从日本Saison集团手上收购了洲际酒店及度假酒店，这项交易使巴斯集团的酒店数目一下子增添了187家。

在满足国际商务旅游者及休闲旅游者的独特需求方面，洲际酒店已建立了一定的声誉，它亦善于将全球性的服务标准巧妙地与当地的传统相结合。多年来，洲际酒店远近驰名，一直是各国商人喜爱入住的酒店。此外，洲际酒店具有的独特文化特色及其在顶级酒店市场的地位，使集团的酒店品牌日趋多元化。

皇冠假日酒店

皇冠假日品牌的前身是由假日酒店于1983年衍生出来的酒店品牌，1994年发展成为独立的酒店品牌，以突出其高品位、高消费的市场形象及以商务旅游者为主的特色。

皇冠酒店及度假酒店以合理的价格提供高档的酒店住宿设施。它专为满足今日精明的旅游者的需求而设，并以提供更优质的服务及设施来迎合那些追求物有所值的商务旅游者。超过140家皇冠酒店分布于全球40多个国家，每家皇冠酒店均提供先进的会议设施、专职负责会议的专业员工及完善的商业服务。同时，还配备设备齐全的健美中心、餐饮设施和多样化的休闲活动。

假日酒店

假日酒店以超值的价格为今日的商务及休闲旅游者提供可靠友善的服务以及现代化的设施。无论在大小城镇、寂静的公路沿线还是在熙来攘往的机场附近，均可看到假日酒店的踪影，因为提供全面服务的假日酒店都是位于交通方便的地区。假日酒店在全球已开设了1 600多家酒店，不仅保持着全球最具规模的单一酒店品牌的地位，同时也是世界上最广为人知的酒店品牌之一。

快捷假日酒店

洲际酒店集团的前身六洲酒店集团于1991年推出快捷假日酒店，这一举动成为酒店业史上最成功的事件之一。该集团通过创造这一品牌，迅速地划分出一类中档酒店市场，这类酒店只提供有限的酒店服务而不包含餐饮设施。在不到10年的时间里，快捷假日酒店品牌在世界各地的酒店数目已增至1 000多家。

清新、简洁是快捷假日酒店的特色，它为商务及休闲旅游者提供的收费价格也极具竞争力。至于快捷假日酒店推出的Guest Stay Smart SM优惠计划，除可让宾客免费享用包括新鲜水果、麦片及糕点在内的早餐外，还可免费使用当地电话服务（只限美国）。此外，宾客还可在美国及加拿大的各家快捷假日酒店阅读一本曾获奖的酒店专有杂志Navigator。快捷假日酒店以几乎每3天便开设一家新酒店的惊人速度继续扩张。

英迪格酒店

这一品牌创建于2004年，通过全新的理念向客人提供高档的入住体验。

（资料来源：百度百科）

（三）我国饭店集团的发展

近20年来，随着旅游业的蓬勃发展，饭店数量不断增多，规模不断扩大，饭店业的竞争也不断加剧，竞争的结果产生了饭店集团。饭店集团首先产生于美国，然后扩大到欧洲各地，最近在亚洲也得到了迅速发展。目前，全世界较大的饭店集团已达数百家，控制着全球客房总数的绝大多数，根据国际饭店与餐馆协会的统计，2000年世界饭店管理集团排名前10位的为圣达特、六洲、马里奥特、雅高、精品国际、希尔顿、最佳西方国际、喜达屋、卡尔逊、凯悦。

1982年，中国香港半岛集团正式管理北京建国饭店，这标志着国际饭店集团开始进入中国饭店市场。20世纪80年代登陆中国市场的还有喜来登、希尔顿、雅高、香格里拉、新世界、凯悦、美丽华等十余家饭店管理集团。90年代，国际饭店管理集团进入中国市场的步伐明显加快，这个时期是我国旅游业蓬勃发展的阶段，也是国际饭店集团关注中国市场，积极扩大市场份额的时期，形成了国际竞争的局面。

我国饭店集团的发展是和企业集团的发展同步的。20世纪80年代初，国内就开始了企业集团的探索。1980年7月，国务院颁布了《关于推动经济联合的暂行规定》，肯定了发展经济联合的重要意义，全国各地出现了一批各种形式的企业联合体。1984年前后，上海相继成立了华亭、锦江、新亚、东湖4家以饭店、服务为主业的企业集团。1986年，中央提出要建立我国的饭店集团。1987年，我国相继成立了联谊饭店集团、华龙饭店集团和友谊饭店集团。为了促进中国饭店的集团化发展，原国家旅游局在1988年向国务院提交了“关于建立饭店管理公司及有关问题的请示”并获得批准，中国第一批饭店管理公司随之成立。1993年，锦江国际管理公司成立，成为我国目前最大的一家饭店管理公司。20世纪90年代以后，其他产业将富余的资金投入旅游业，形成了一些规模较大的饭店集团。另外，各个地区也组建了各自的旅游集团。

2017年全国星级饭店统计公报数据显示：截至2017年底，全国星级饭店统计管理系统中共有10 645家星级饭店，其中一星级82家，二星级2 026家，三星级5 166家，四星级2 525家，五星级846家。完成填报的为10 417家，填报率为97.86%。

2017 年,星级饭店统计管理系统中有 9 566 家企业的经营数据通过了省级旅游主管部门的审核,数据汇总情况如表 5-1 所示。

表 5-1 2017 年全国星级饭店经营情况

饭店星级	饭店数/座	客房数/(万间·万套$^{-1}$)	床位数/万张	客房出租率/%	营业收入/亿元	营业税金/亿元	固定资产/亿元
合计	9 566	147.06	250.55	61.43	2 083.93	96.88	5 161.10
五星级	816	28.64	43.78	56.63	812.71	33.58	2 027.76
四星级	2 412	50.37	81.99	51.30	714.91	27.93	1 929.45
三星级	4 614	55.27	100.66	47.08	476.43	30.83	1 018.94
二星级	1 660	12.48	23.58	80.59	78.55	4.20	183.41
一星级	64	0.3	0.54	63.11	1.13	0.34	1.54

(资料来源:2017 年中国旅游业统计公报)

第四节 旅游交通

一、旅游交通的作用

旅游交通是指旅游者利用某种手段和途径,实现从旅游出发地到旅游目的地,再从旅游目的地回到旅游出发地,以及在旅游目的地所在区域的空间转移过程。

(一) 旅游交通是旅游活动的必要条件

在旅游活动中,旅行是手段,游览是目的。要达到游览的目的,就需要解决旅游者空间位移的问题,借助于旅游交通,可以使旅游者解决旅游活动中的空间位移。旅游交通把客源地和旅游接待地联系了起来,在二者之间起桥梁和纽带的作用,使旅游者的旅游目的得以实现。

(二) 旅游交通是旅游业发展的推动者

旅游交通对旅游业的发展起着巨大的推动作用,现代旅游业的产生和发展是和现代交通的发展紧密相连的。在古代,生产力水平低下,交通工具落后,人们步行或以畜力代步,出行受到很大的限制,活动范围有限。1825 年,在英国出现了世界上第一条铁路,随后托马斯 · 库克于 1841 年组织了世界上第一个火车旅行团,从此才有了商业旅游业。第二次世界大战后,现代交通快速发展,特别是大型喷气式客机的普及和更新换代,使旅游交通的运量、速度、安全性、舒适度都大大提高,为战后旅游业的发展奠定了基础和提供了可能。现代交通不仅缩短了旅游客源地与目的地之间的相对距离,同样也缩短了旅游景区(点)之间的距离,使旅游景区(点)形成网络,更便于人们游览。现代交通业为现代旅游业的发展提供了强大的推动力,反过来现代旅游业也为交通业的发展提供了市场需求。

（三）旅游交通收入是旅游业收入的重要组成部分

旅游业是一个涵盖了旅行社业、旅游交通业、住宿业、餐饮业、娱乐业、旅游产品制造业等系列产品的综合性产业。在旅游者的消费中，尤其是国际旅游，交通费用大约要占三分之一，成为旅游业收入的重要组成部分。

二、旅游交通的主要类型

根据交通工具、交通线路和地理环境不同，旅游交通可以划分为航空、铁路、公路、水路和特种旅游交通等基本类型。各种旅游交通类型由于运输方式不同，有各自的特点。

（一）航空

航空旅游交通是各种类型旅游交通中速度最快、距离最远的，乘坐时舒适、安全、省时。民用喷气式客机在20世纪五六十年代出现之后，发展非常迅速，到了70年代宽体客机又得以发展，使飞机的载客量大为增加，也更为舒适。但是航空旅游交通也有其不足之处：飞机的购置费用太高，能耗大，运量相对小，受气候条件的影响大。只适合远距离、点对点运送旅游者，不适合近距离和面状旅游之用。因为这些弱点，航空旅游交通必须和其他交通相互配合，取长补短，共同完成旅游交通服务。

在现代旅游中，航空旅游交通分为定期航班服务和旅游包机服务。定期航班是民航公司按照对外公布的航班时刻表飞行的民航服务。旅游包机服务是一种不定期的航空包机服务业务，可以按旅行社的要求定时间、定航线，很受旅游者的欢迎。

（二）铁路

铁路旅游交通的优点是运量大、速度快、运价低、时间准、安全性高、受气候条件影响小等。铁路旅游交通在我国国内的长距离旅游交通中起着骨干作用。旅游者在乘坐火车时，可以在车厢内饱览铁路沿线的自然风光，开阔视野。铁路旅游交通的不足是灵活性差，建设周期长，一次性投入大等。

在我国，铁路旅游交通一直居于主要地位。近几年来，铁路部门几次进行提速，开通了假日专列。为了使旅游者的旅途生活舒适、省时，在一些主要的旅游线路增设了直达列车，以保证旅游者旅途的舒适和缩短到达目的地的时间。

（三）公路

公路旅游交通是最普遍的短途运输方式，乘坐汽车旅游有许多优点：第一，对自然条件适应性强，一般道路都可以行驶，随时停留，可以任意选择旅游点，把旅游活动扩大到面；第二，用途多，可以捎带简易的炊具、卧具，解决食宿。汽车旅游交通的局限性主要是运载量小、速度慢、运费高，受气候变化影响大，有时候安全性较差。

汽车旅游是世界旅游交通发展的大趋势之一。目前在西方经济发达国家，由于高速公路网的建立和家庭轿车的普及，乘坐汽车外出旅游的人占据绝大多数。在我国，随着高速公路的修建和轿车越来越多地进入家庭，汽车旅游也表现出强劲的发展势头。

（四）水路

水路旅游交通包括内河航运、沿海航运和远洋航运。水路旅游交通具有运载量大、能耗小、成本低、舒适等优点。大型的渡轮一次可以运载数百乃至上千名旅游者，远远超过了大型飞机的运载量。在各种旅游交通的价格中，乘坐轮船的价格是最为便宜的。旅游客轮被人们誉为“流动的旅馆”，旅游者在轮船上能够尽情地观赏湖光山色、两岸美景或日出日落。水路旅游交通不利的方面是行驶的速度慢，受季节、气候和水情的影响，准时性相对较差。

诞生于 20 世纪 60 年代后期、开始于北美的现代邮轮产业，30 年来以 8%～9% 的速度增长。目前，国际邮轮产业发展已比较成熟，到 2010 年，世界上共有 303 艘邮轮，其主要市场在北美和欧洲。进入 21 世纪以来，我国邮轮旅游快速发展。邮轮市场成为我国航运业、旅游业新的经济增长点。目前邮轮界已达成共识：中国是全球邮轮旅游业发展最快的新兴市场。2017 年我国内地全年共接待国际邮轮 1 181 艘次，同比增长 16.93%，接待邮轮出入境游客 495.5 万人次。其中，从我国沿海城市出发的国际邮轮 1 098 艘次，同比增长 18.45%。图 5-3 所示为豪华邮轮。

图 5-3 豪华邮轮

（五）特种旅游交通

特种旅游交通主要是指旅游景区、景点的渡船、索道、缆车、轿子、滑竿、马匹、骆驼（见图 5-4）等形式的旅游交通方式。其优点是便于旅游者通过一些难行路段，可以辅助老弱病残完成旅游，由此还带有娱乐、观赏性质，可以提高旅游价值，能够招徕旅游者。不足之处是某些交通设施如索道、缆车等，有时会造成与风景名胜的不协调现象和对风景区的破坏。

图 5-4 骑骆驼漫游腾格里沙漠

【知识链接 5-3】

旅游交通智库在京成立,助力旅游交通融合发展

为了推动我国旅游交通快速发展,2019 年 1 月 8 日,由北京交通大学、中国公路学会、北京大学、交通运输部规划研究院、交通运输部科学研究院、中国旅游车船协会在北京共同发起组建旅游交通智库——“旅游交通 30 人论坛”。据悉,论坛旨在打造中国旅游交通高水平交流平台,为国家旅游交通的发展献策献力。

北京交通大学风景道与旅游交通研究中心主任余青介绍,论坛的核心使命为“探索旅游交通前沿重大理论,推动中国旅游交通创新实践”。“旅游交通 30 人论坛”的专家委员会成员由国内旅游、交通以及相关的服务、科技、创新等产业的专家组成,专家具有多元化的背景,将通过多学科的交流,使论坛成为旅游交通的高水平学术交流平台。

中国公路学会旅游交通工作委员会主任委员孙国庆表示,随着国家交通强国战略的实施,国家生态文明建设的不断推进,以及自驾车和全域旅游时代的到来,交通与旅游的融合发展大势渐成,交通、旅游、景观、地学、环境、生态、经管等多学科跨界融合发展也是大势所趋。

中国车船协会自驾游与露营房车分会秘书长刘汉奇表示,自驾车旅游、铁路旅行、低空飞行、游轮旅游、慢行交通等旅游交通正如火如荼地发展,顺应了时代发展的迫切需求。其中,风景道、旅游公路的发展尤为迅猛,成为深受自驾车游客喜爱的线形旅游目的地,风景道作为一种新型旅游功能区,是区域协同发展的重要抓手,受到了政府的高度重视。

据悉,“旅游交通 30 人论坛”每年将确定一个前瞻性的旅游交通主题,该主题应富有新意、具有时代气息,走在产业发展的前端,吸引参加论坛的嘉宾成员从不同角度讨论该主题,以促进旅游交通融合发展。

(资料来源:新华网)

三、我国的旅游交通

近年来,随着国民经济发展与旅游业的繁荣,我国的民航、铁路、内河及海洋客运、公路交通事业得以迅速发展,已形成了以铁路交通为主的立体的旅游交通网络。众多国际航空公司提供了多条飞往中国大陆的航线,为海外旅游者来中国大陆旅游提供了交通保证与方便。各交通部门不断地完善服务体系,积极提高预备水平,尽可能帮助旅游者消除旅途中的枯燥与疲惫,使我国旅游交通的软硬条件都得到了很大发展。

《2017 年交通运输行业发展统计公报》显示,2017 年末全国公路总里程 477.35 万千米,比上年增加 7.82 万千米。全国高速公路里程 13.65 万千米,比上年末增加 0.65 万千米。2017 年末,全国等级公路里程 433.86 万千米,比 2016 年末增加 11.31 万千米。等级公路占公路总里程的 90.9%,提高 0.9 个百分点。其中,二级及以上等级公路里程 62.22 万千米,增加 2.28 万千米,占公路总里程 13.0%,提高 0.3 个百分点。全国高速公路 10.23 万千米,比 2016 年末增加 0.39 万千米。全国高速公路车道里程

60.44 万千米，增加 2.90 万千米。

全国农村公路（含县道、乡道、村道）里程达 400.93 万千米。全国通公路的乡（镇）占全国乡（镇）总数的 99.99%，通公路的建制村占全国建制村总数的 99.98%；其中，通硬化路面的乡（镇）占全国乡（镇）总数的 98.39%，通硬化路面的建制村占全国建制村总数的 98.35%，比上年末分别提高 0.38 个和 1.66 个百分点。

全国公路桥梁达 83.25 万座、5 225.62 万米，比上年末增加 2.72 万座、308.66 万米。其中，特大桥梁 4 646 座、826.72 万米，大桥 91 777 座、2 424.37 万米。全国公路隧道为 16 229 处、1 528.51 万米，比上年末增加 1 048 处、124.54 万米。其中，特长隧道 902 处、401.32 万米，长隧道 3 841 处、659.93 万米。

我国“五纵七横”国道主干线覆盖 10 多亿人口，东部地区平均 30 分钟上高速，中部地区平均 1 小时上高速，西部地区平均 2 小时上高速，全国所有省会城市、83%的 50 万以上人口大城市和 74%的 20 万以上城镇人口中等城市，以及机场、铁路枢纽，都将被高速公路网连接起来。

2017 年，全国铁路旅客发送量完成 30.84 亿人，同比增长 9.6%；全国铁路营业里程达到 12.7 万千米，比上年增长 2.4%，其中高铁运营里程达 2.5 万千米。铁路科技创新水平明显提高，在高速铁路、高原铁路、重载运输等领域取得一系列科技创新成果，我国铁路技术水平进入世界先进行列。。

2010 年，全国水运主通道总体布局规划是发展“两纵三横”共 5 条水运主通道：“两纵”是沿海南北主通道、京杭运河淮河主通道；“三横”是长江及其主要支流主通道、西江及其主要支流主通道、黑龙江松花江主通道。除沿海南北主通道外，内河主通道由通航千吨级船队的 4 级航道组成，共 20 条河流，总长约 1.5 万千米。这些主通道连接了 17 个省会和中心城市、24 个开放城市和 5 个经济特区，使之成为沿海南北、沿江工业带经济发展服务的航运体系。同时，结合水资源综合利用工程，渠化航道，提高标准，改善航运条件。统计数据显示，2017 年全国水路客运量达到 2.83 亿人，比上年增长 3.9%。

民航局 2017 年数据显示，我国民航累计完成旅客运输量 5.52 亿人次，同比增长 13.0%；货邮运输量 705.8 万吨，同比增长 5.7%；运输总周转量 243.54 亿吨千米，同比上涨 9.5%。2017 年，我国境内民用航空的已颁证的机场共有 229 个。2017 年全国机场全年完成旅客吞吐量 11.48 亿人次，比上年增长 12.9%。其中，国内航线完成 4.86 亿人次，比上年增长 13.9%（其中内地至香港、澳门和台湾地区航线为 1 027.0 万人次，比上年增长 4.3%）；国际航线完成 5 544.2 万人次，比上年增长 7.4%。中国所有通航机场中，年旅客吞吐量在 100 万人次以上的有 84 个，比上年增加 7 个；年旅客吞吐量在 1 000 万人次以上的为 32 个，增加 4 个；北京、上海和广州三大城市机场旅客吞吐量占全部机场旅客吞吐量的 24.3%。

总体而言，新中国成立以来，尤其是改革开放以来，我国交通基础设施、运输装备和运输总量规模迅速扩大，质量水平大幅提高，整体结构明显改善，一个颇具规模的现代交通运输系统已初步形成。

第五节 旅游商品

一、旅游商品的概念和分类

旅游商品是指旅游者在旅游过程中所购买的实物商品，包括各种工艺品、文物复制品、土特产品、文化艺术品、旅游纪念品、其他商品等。

旅游商品丰富繁杂，大体可以分为以下几类。

（一）工艺美术品

工艺美术品是指经过装饰加工，具有传统工艺和地方特色的商品。我国的工艺美术品历史悠久、技艺精良，如景德镇的瓷器、北京的景泰蓝（见图 5-5）、杭州的丝绸、宜兴的紫砂壶以及各地生产的牙雕、玉雕、石雕等。工艺美术品具有实用性和欣赏性的双重功能，品种繁多，并带有地方特色，很容易受到旅游者的喜爱。

图 5-5 景泰蓝

（二）土特产品

土特产品是指一个国家或地区旅游目的地当地出产的，具有浓厚地方特色的产品。包括各种名酒、名茶、名烟、中药材和其他农副产品等，既可馈赠亲友，又可自用和留作纪念。

（三）文化艺术品

文化艺术品主要包括文房四宝、文物古玩、金石字画等。这类商品传统特色浓，文化特征明显，纪念意义广泛，但价格较高，在我国的国际旅游经济活动中具有较强的创汇能力。

（四）旅游日用品

旅游日用品是指旅游者在旅游过程中购买的具有实用价值的生活日用品，如草帽、手杖、折伞、扇子、服装等。这类商品既有实用价值又有纪念意义，一方面可以满足旅游者参观游览的实际需要，是旅游生活必需品；另一方面，这些商品的造型、商标和图案可以引起旅游者日后的愉快回忆，对旅游产品的宣传与促销也可起到辅助作用。

（五）旅游纪念品

旅游纪念品是指以旅游景点的文化古迹或自然风光为题材，利用当地特有的原材料制作，带有纪念性的各种各样的商品。如旅游纪念章、纪念图片、无锡泥人（见图 5-6）等。这类商品品种极多，题材丰富，数量最大，销路最为广泛，深受旅游者的欢迎，在旅游商品中占有重要地位。

二、旅游商品的特点

图 5-6 无锡泥人

旅游商品具有客观实用性和主观欣赏性的作用，这决定了其有实用性、艺术性、纪念性、礼品性的特点。

（一）实用性

实用性是指旅游商品不仅要有纪念、欣赏价值，而且应对旅游者具有实际使用的效能。要提高旅游商品的实用性，一是要搞好调查研究，了解旅游者的爱好与生活方式，根据旅游者的需求特点确定产品的发展目标；二是要努力提高产品质量。

（二）艺术性

艺术性是指旅游商品的整体设计要新颖奇特、美观别致，使产品具有艺术欣赏的价值。艺术性应体现在产品的设计、造型和包装中。以往，我国只重视工艺美术品的艺术性，而忽视了其他旅游商品的艺术性，这种做法使我国的旅游商品与旅游发达国家相比存在较大的差距。要达到旅游商品的艺术性，不仅要努力提高工艺水平，而且要把民族特色、地方特色、时代特色和人们的艺术欣赏习惯结合起来。

（三）纪念性

纪念性是指旅游商品应能显示出旅游者在旅游目的地参加旅游活动的标志与地方特征，便于旅游者带回去后仍能留下或引起美好的回忆。旅游商品的纪念性是区别于普通日用品的一个最显著的特点。因此，旅游商品的开发应能体现民族、民俗、地方的风格特征。

（四）礼品性

礼品性是指旅游商品不仅制作要精致，而且要注意其颜色、规格、包装，既便于旅游者携带，又能给人以华丽高贵的感觉，使之成为馈赠亲友的佳品。我国的旅游商品丰富多彩，富有特色，但普遍存在包装不够精美的问题，使其在国际市场缺乏竞争力。

三、我国的旅游商品

我国旅游商品的发展经历了一个由无到有、由种类单一到相对丰富的过程。当前，各地都已开始意识到发展旅游购物的重要性，开始重视旅游商品的设计，在加强宣传力度的同时，在制作、工艺、包装上较以前有所提高，初步形成了以旅游纪念品、土特产品、实用工艺品等为主体的旅游购物结构。

目前，海外旅游者在我国旅游购物的场所向多元化方向发展，从主要选择综合商场及旅游定点商店购物变为主要选择饭店商品部和免税店购物。其中，免税店作为国际旅游者重点集中的高档场所，在旅游购物业中起着举足轻重的作用。1980 年，中国的第一批免税店相继出现在北京、广州、上海机场，经过 20 多年的发展，数量已达 150 多家，销售网络覆盖 24 个省、市、自治区的 90 多个开放城市和边境地区。2001—2002

年上半年，各地纷纷举办各种旅游购物节，如第三届青岛旅游购物节、广东澄海金秋联谊暨旅游购物节等。2001 年，三亚瑞海购物公园开始建设，这是三亚构筑旅游“购物天堂”的重大举措。2002 年 4 月，由原国家旅游局主办、中国旅游协会承办的首届中国旅游纪念品设计大赛在南京举办。这些活动对提高我国旅游商品的设计生产水平，促进旅游商品的设计、生产与销售的结合，提高旅游创汇中的旅游购物收藏人的比重，增强我国旅游商品的市场竞争力，都起到了积极的作用。

但是，我国旅游商品的发展仍存在不少需要改进的问题。如观念落后，缺少研、产、供、销的良好机制；市场定位不准确，旅游商品市场管理不力，存在散、小、乱、差的局面；生产企业以中小厂家为主，大企业很少；旅游商品的技术水平较低，文化含量不高，地方和民族特色体现不多等。为此，我们要积极进行旅游商品的发展，使旅游商品成为继旅行社、旅游饭店、旅游交通之后旅游业的第四个支柱产业。

【拓展阅读 5-2】

中国游客十大出境购物地

中国游客依然是全球规模最大、消费能力最强的客源，2018 年中国人出境游花了 8 000 多亿元。那么，中国人在购物消费方面有什么新的变化？他们最喜欢去哪里买买买？

中国旅游研究院的数据显示，2018 年中国出境旅游市场规模和消费支出再创历史新高，分别接近 1.5 亿人次、超过 1 200 亿美元（8 000 多亿元人民币）。

中国人都在哪里买买买？近日，中国最大的在线旅游平台携程根据旗下“携程全球购”的大数据，发布了“2018 出境游购物消费报告”。据携程全球购客人订单数据，从消费规模看，2018 年最受出境旅游者青睐的 TOP10 购物城市排行榜分别为：中国香港、东京、首尔、大阪、迪拜、爱丁堡、中国澳门、新加坡、旧金山和名古屋。

数据显示，日本是人气排名第一的出境购物目的地国家，在 TOP10 购物目的地中就有东京、大阪、名古屋三大城市上榜。它们分别排第 2、4、10 位，是日本非常繁华的城市。而且日本的很多东西都是比较受欢迎的，因为他们的东西假货比较少，从众所周知的日常用品到锅一类的，人们都愿意来这里购买。

在哪些地方人均消费最高？从携程全球购数据报告看出，伦敦、巴黎、澳门三地位列出境游购物人均单笔花费最多城市的前三位，在其后分别是迪拜、冲绳、京都、大阪、名古屋、香港、新加坡和福冈。其中，伦敦人均单笔最高消费超过 3 万元；巴黎人均单笔消费为 1 万多元，澳门为 6 000 多元排第三。

2018 年的访日游客人数同比增长 8.7% 至 3 119.19 万人，连续 7 年保持增长。按不同国家和地区来看，中国的游客人数最多，同比增长 13.9% 至 838 万人，对整体人数增长起到拉动作用。

在 2018 年访日外国游客的消费额方面，中国大陆游客占 34.1%，位居首位。在 2018 年访日游客的人均购物费方面，中国大陆游客仍位居首位。据称，中国访日游客非常热衷购物，但第二次访日以后则在购物上出现精挑细选的倾向。

（资料来源：中国经济周刊）

本章小结

旅游业是以旅游市场为对象,有偿为旅游者的旅游活动创造便利条件,并提供所需商品和服务的所有行业和部门的综合性产业。旅游业主要由旅行社、旅游饭店、旅游交通、旅游购物等部分构成。旅游业具有综合性、敏感性、季节性、垄断性和竞争性、国际性和涉外性等特点。改革开放以来特别是进入21世纪以来,我国旅游交通事业发展取得了巨大成就。

同步练习

一、填空题

1. ______、________和________被认为是旅游业的三大支柱。

2. 旅游业的性质主要表现在______、______和______ 3个方面。

二、单项选择题

1. 爱国人士陈光浦先生在上海商业储蓄银行设立旅行部,后该部独立并更名为中国旅行社,现为香港中国旅行社股份有限公司,是中国最早的旅行服务机构,其最早成立于(　　)。

A. 1911年　　B. 1923年　　C. 1927年　　D. 1949年

2. 在我国,(　　)旅游交通一直居于主要地位。

A. 航空　　B. 公路　　C. 铁路　　D. 水路

三、多项选择题

1. 下列属于旅游商品的特点的有(　　　　)。

A. 实用性　　B. 艺术性　　C. 纪念性　　D. 礼品性

2. 下列属于饭店集团的经营优势的有(　　　　)。

A. 品牌优势　　B. 管理优势　　C. 风险扩散优势　　D. 营销优势

四、简述题

1. 如何理解旅游业的概念?

2. 旅游业有哪些基本性质?

3. 旅游业有哪些特点? 如何理解这些特点?

4. 旅行社在旅游业中起着什么作用?

5. 我国旅行社是怎样分类的? 其设立分别需要哪些条件?

6. 什么是饭店集团? 饭店集团有哪些经营优势?

7. 旅游交通可以分为哪几类? 各自有什么特点?

8. 我国旅游商品存在哪些问题? 如何加以改进?

实训项目

对本地区的旅游业基本情况进行调查。

调查目的:了解本地区旅游业各组成部分的发展情况和特点。

调查工具:照相机、摄像机、录音笔、统计年鉴等。

调查要求:分组调查。

调查报告:以小组为单位形成调查报告,阐述本地区旅游业各个组成部分的发展情况及特点,字数2 000~3 000字。

第六章　旅游市场

学习目标

知识目标

- 理解和掌握旅游市场的基本概念。
- 认识旅游客源市场的重要性。
- 掌握国际旅游客源的分布格局和国际旅游客流规律。
- 了解我国旅游业的客源市场。
- 理解旅游产品与旅游营销的基本内涵。

能力目标

- 能分析国际旅游客源的分布格局和国际旅游客流规律。
- 能说明我国旅游业在国际市场竞争中存在的问题。
- 能分析我国旅游业的客源市场。
- 能运用旅游营销的基本理念分析问题。

第六章素养目标

【关键概念】

旅游市场　旅游市场细分　旅游产品

旅游营销　旅游客源市场　旅游客流

思维导图

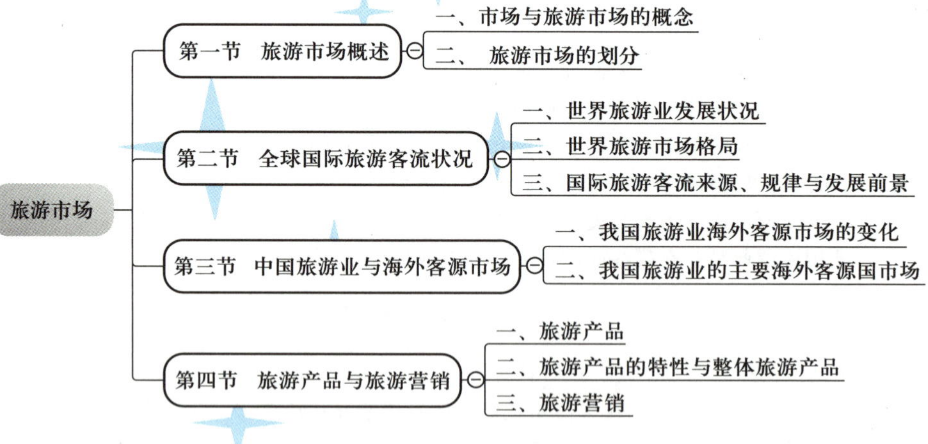